辽宁省首批"十二五"普通高等教育本科省级规划教材

船舶与船员管理

（第三版）

主编　郑中义

主审　吴兆麟

大连海事大学出版社

图书在版编目(CIP)数据

船舶与船员管理 / 郑中义主编 . —3 版 . —大连 : 大连海事大学出版社, 2019. 6(2024. 7 重印)

辽宁省首批“十二五”普通高等教育本科省级规划教材

ISBN 978-7-5632-3809-5

Ⅰ. ①船… Ⅱ. ①郑… Ⅲ. ①船舶管理—高等学校—教材 ②船员—管理—高等学校—教材 Ⅳ. ①U692 ②U676. 2

中国版本图书馆 CIP 数据核字(2019)第 115318 号

大连海事大学出版社出版

地址:大连市黄浦路523号 邮编:116026 电话:0411-84729665(营销部) 84729480(总编室)

http://press. dlmu. edu. cn E-mail:dmupress@ dlmu. edu. cn

大连永盛印业有限公司印装 大连海事大学出版社发行

2007 年 12 月第 1 版 2019 年 6 月第 3 版 2024 年 7 月第 3 次印刷

幅面尺寸:184 mm×260 mm 印张:14. 25

字数:352 千 印数:2201～3200 册

出版人:刘明凯

责任编辑:宋彩霞 责任校对:张 冰

封面设计:张爱妮 版式设计:解瑶瑶

ISBN 978-7-5632-3809-5 定价:32. 00 元

内容简介

本书共分为十三章,内容包括:绪论,船舶与船员管理法规,船舶检验与船舶技术证书,船舶登记与升挂国旗,船舶口岸检查,船舶安全监督,通航水域管理与安全保障,船舶安全营运与防止污染管理,海上保安,老旧运输船舶及报废船舶管理,船员注册、培训、考试与发证,海员证、船员服务簿与船员档案管理,船员值班标准及船舶安全配员。

本书可作为航海院校海事管理及相关专业教材,亦可供从事海事管理及船舶与船员管理工作的在职人员及相关领域管理人员使用。

编者的话

《船舶与船员管理》(第三版)是在2014年8月在大连海事大学出版社出版的第二版的基础上改编而成的。该教材主要针对大连海事大学海事管理专业(本科)而编写。

《船舶与船员管理》自2014年8月出版至今,国际海事公约特别是国内海事立法发生了较大变化。根据本科教学质量管理体系的相关要求,需要更新。经申请,得到大连海事大学资助,得以重新出版。

在教材的改编过程中,根据主审及其他教师的意见不断修改完善,以保证教材的实用性及系统性。

教材的第九章由李猛副教授撰写,其他章节由郑中义撰写。全书由郑中义统稿。

感谢出版社相关人员为本书出版所做的工作！感谢所有关心本书出版的人！

限于编者水平,书中难免有不足之处,敬请广大读者批评指正。

编　者

2019年5月

目　录

第一章　绪论 …… 1
第一节　船舶与船员管理概述 …… 1
第二节　船舶与船员管理机构 …… 5
第二章　船舶与船员管理法规 …… 17
第一节　船舶与船员管理法规概述 …… 17
第二节　我国的法规体系 …… 18
第三节　国际海上人命安全公约 …… 26
第四节　海员培训、发证和值班标准国际公约 …… 31
第三章　船舶检验与船舶技术证书 …… 36
第一节　船舶检验概述 …… 36
第二节　船舶检验机构 …… 38
第三节　船级检验 …… 41
第四节　海船法定检验与技术证书 …… 49
第五节　船舶检验与发证协调系统 …… 55
第四章　船舶登记与升挂国旗 …… 60
第一节　船舶登记概述 …… 60
第二节　船舶登记条件 …… 65
第三节　船舶登记条例 …… 68
第四节　船舶升挂国旗管理 …… 73
第五章　船舶口岸检查 …… 76
第一节　国际航行船舶进出口岸检查 …… 76
第二节　国际航行船舶进出中国口岸检查办法 …… 80
第六章　船舶安全监督 …… 81
第一节　船舶安全监督概述 …… 82
第二节　船旗国管辖的安全监督检查 …… 83
第三节　港口国监督的安全监督检查 …… 87
第四节　港口国监督的产生、发展 …… 87
第五节　各地区港口国监督基本情况介绍 …… 96
第六节　船舶安全监督规则 …… 108
第七章　通航水域管理与安全保障 …… 110
第一节　水域划定与管理 …… 110
第二节　船舶安全保障 …… 113
第三节　船舶引航 …… 118

第四节　船舶应变与演习……………………………………………………………………… 122
第八章　船舶安全营运与防止污染管理 ……………………………………………………… 126
第一节　船舶安全营运与防止污染管理概述………………………………………………… 126
第二节　安全管理体系……………………………………………………………………… 130
第三节　安全管理体系的评审及程序……………………………………………………… 132
第四节　国内安全管理规则………………………………………………………………… 137
第九章　海上保安 ………………………………………………………………………… 141
第一节　海上保安概述……………………………………………………………………… 141
第二节　船舶与港口设施保安……………………………………………………………… 144
第三节　我国对海上保安的相关规定……………………………………………………… 152
第十章　老旧运输船舶及报废船舶管理 …………………………………………………… 155
第一节　老旧运输船舶管理概述…………………………………………………………… 155
第二节　《老旧运输船舶管理规定》的主要内容 ………………………………………… 157
第三节　进口废旧船舶检查检验与交接…………………………………………………… 160
第四节　船舶拆解监督管理………………………………………………………………… 161
第十一章　船员注册、培训、考试与发证 …………………………………………………… 165
第一节　船员注册…………………………………………………………………………… 165
第二节　海船船员的分类与分级…………………………………………………………… 167
第三节　船员培训…………………………………………………………………………… 169
第四节　海船船员适任考试………………………………………………………………… 175
第五节　内河适任证书申请、签发 ………………………………………………………… 178
第十二章　海员证、船员服务簿与档案管理 ……………………………………………… 183
第一节　海员证……………………………………………………………………………… 183
第二节　船员服务簿………………………………………………………………………… 190
第三节　海员健康证书与船员档案………………………………………………………… 194
第十三章　船员值班标准及船舶安全配员 ………………………………………………… 196
第一节　船员值班标准……………………………………………………………………… 196
第二节　船舶配员及最低安全配员规则…………………………………………………… 209
参考文献 …………………………………………………………………………………… 220

第一章 绪 论

第一节 船舶与船员管理概述

一、船舶与船员管理的概念

船舶与船员管理是行政管理的一部分，是指经法律和法规授权实施行政管理的机关、机构和企事业单位等，依法律、法规和本国参加的国际公约的规定，对船舶与船员所实施的行政管理。其主要目的是维护国家主权；保障水上人命与财产安全；防治水域污染。

船舶与船员管理是一个内容较为宽泛的概念，本书所指的船舶与船员管理是狭义的概念，主要是指法律与法规授权的海事管理机构依法对船舶和船员所实施的行政监督管理。从船舶与船员管理的概念中，可以归纳出船舶与船员管理的特征，具体内容如下：

1. 船舶与船员管理是国家行政管理的一部分，属航政管理的范畴。亦即船舶与船员管理所依据的法律规范是行政法律规范。

2. 船舶与船员管理的主体必须是经国家法律和法规明确授权实施海事管理的机关、机构和企事业单位等。从我国船舶与船员管理的整体上讲，船舶与船员管理机构主要是执行国内有关的行政法规、标准和我国加入的有关的国际公约的机关、机构和企事业单位。因此，要求海事管理执法机构是合法的，在执法中应依据行政法的行政合法性和合理性等原则。

3. 由于航运具有国际性，所以船舶与船员管理具有涉外性。主要表现在：

(1) 从管理所依据的法律、法规和规章的效力看，可涉及我国管理水域内航行、停泊和作业的外国船舶以及船上的人员。例如我国《海上交通安全法》第二条规定："本法适用于在中华人民共和国沿海水域航行、停泊和作业的一切船舶、设施和人员以及船舶、设施的所有人、经营人。""沿海水域"是指中华人民共和国沿海的港口、内水和领海及国家管辖的一切其他海域。同时，我国的海事行政法规规范也适用于在外国水域的中国籍船舶及船上人员。

(2) 国际公约或条约也成为缔约各国船舶与船员管理机构的执法内容。例如被认为是有关海事的最重要、影响最大的国际公约《国际海上人命安全公约》(简称 SOLAS 公约) 和《海员培训、发证和值班标准国际公约》(简称 STCW 公约) 被国际大多数国家所承认，成为世界范围内关于船舶和船员安全管理的基本规则。

4. 船舶与船员管理的法律规范具有技术性较强的特点，其内容大部分是对船舶和船员提出的技术标准和要求。例如，SOLAS 公约对货船、客船及滚装船提出的稳性标准等内容，大都是从实际或实践中总结出的关于防止船舶发生海事或减少海事损失的技术标准；STCW 公约为保证海船船员的适任，对不同等级船员的适任提出了技术标准等。

二、船舶与船员管理内容

船舶与船员管理有广义与狭义之分，广义的船舶与船员管理包括国家各相关部门对船舶与船员管理，例如海事管理机构、海关、防疫机关等对船舶与船员的管理，此处的船舶与船员管理是指狭义上的概念。

船舶与船员管理与通常所讲的通航水域管理、船舶交通管理、危险货物运输管理、船舶防污染管理、海事调查处理、水上搜寻与救助、航标管理、船舶法定检验等一起构成海事行政管理的整体。但限于各国的不同状况，船舶与船员管理的内容方面也不尽相同。在我国，根据《海上交通安全法》《内河交通安全管理条例》（以下简称“内河条例”）等法规和我国加入的有关国际公约的规定，船舶与船员管理工作主要包括以下几方面：

1. 根据国内法规及我国加入的国际公约的规定，对船舶实施法定检验，并签发相应的技术证书。

2. 负责船舶的登记，签发船舶所有权证书、船舶国籍证书及船舶抵押与租赁证明；负责船舶法定配备的操作性手册与文书的审核与签发工作；审批船舶的各种应急计划，并监督船舶与船员根据规定进行相应的应急演习；负责外国籍船舶管理和审理外国籍船舶进入我国未开放水域或港口的审批工作；受理航运企业安全管理体系及保安的审核发证申请及审核工作；签发海员证和船员服务簿。

3. 负责船员、引航员强制培训；办理船员、引航员与适任相关的评估与考试手续，签发船员与适任相关的证书与证明、引航员等级证书；外籍船员在中国籍船上任职审批；监督船舶人员配备，签发船舶最低安全配员证书等。

4. 办理外国籍船舶的进口审批手续，监督执行国家强制引航制度；负责港口国监督和船旗国监督检查；对国际航行船舶实施进出口检查，并签发进出口许可证等。

5. 监督检查船舶的安全技术状况和航行、装载情况，特别是船舶载运危险货物和其他货物的安全监督、停靠泊安全监督，防止船舶污染水域监督等工作。

6. 审核水上、水下施工和大型设施的水上拖带的安全状况；使用岸线涉及水上交通安全时，对工程进行审核；管理监督沉船、沉物上标志的设置；强制清除碍航物体；调整、划定港口与港外作业各种功能区域、港区水域界限；划定和报批港外安全作业区、避风锚地、船舶定线制；公布禁航区；发布航行警（通）告。

7. 监督船舶港内的安全值班；进行港内船舶明火作业的审批与监督。

8. 监督安全管理体系、保安规则的有效运行。

9. 负责监督船舶载运危险货物运输安全及防治船舶污染海域工作；航标配布与管理工作等。

三、船舶与船员管理的方式、目的和意义

船舶与船员管理的方式主要是监督管理。它通过行政许可、监督检查、登记等法规赋予的手段，对行政相对人是否履行了有关法规规定的义务做出评价，并对未履行义务的相对人，依据相关法规的规定及所赋予的权力，如行政强制执行等，迫使相对人履行法规设定的义务，或

依法采取相应的措施对行政相对人进行惩戒，如行政处罚等。

水上交通运输在各国的经济中占有十分重要的地位。而船舶是水上运输的工具，船员是水上运输工具的操作与管理人员，这说明船舶和船员与水上交通运输的关系是十分密切的。归纳各国船舶与船员管理现状，其目的主要表现为：

1. 维护国家主权

维护国家主权是船舶与船员管理的目的之一。如我国《海上交通安全法》第一条、第十一条规定；以及各国关于船舶强制引航的规定等。维护本国的航运保护政策也是船舶与船员管理的一个重要方面。如《海上交通安全法》第三十九条规定："外国派遣船舶或飞机进入中华人民共和国领海或领空上空搜寻救助遇难的船舶或人员，必须经主管机关批准。"这主要是由于，根据海上有关救助的法律，成功的救助会使救助人获得较高的救助报酬。因此，引起了许多国家的注意，为保护本国的救助业，以各种不同形式确定了沿海国在其领海救助的优先权；除救助方面外，还有航运劳务市场的保护。这主要体现在悬挂本国国旗的船舶，其上船员本国籍公民必须占有一定比例。

2. 保障水上人命和财产安全，保护水域环境

保障水上人命财产安全是世界各国船舶与船员管理的共同目的，也是船舶与船员管理的最原始动力。这主要表现在各国制定的有关法律、法规等，IMO 制定的有关公约、标准或规则，基本上都是围绕着保护人命、财产安全和防止海洋环境污染的。如我国《海上交通安全法》第一条规定："为加强海上交通安全管理，保障船舶、设施和人命财产的安全，维护国家权益，特制定本法。"许多国际公约的产生也是受水上事故影响的结果。如 1912 年 4 月 15 日英国豪华邮轮"泰坦尼克号"在她的英国至美国的处女航中，与冰山相撞，沉没于纽芬兰岛附近，导致 1 517 人死亡。该事故引起了举世震动，导致了《1914 年国际海上人命安全公约》的产生。纵观美国海上安全的历史也会发现，美国船舶与船员管理的法规基本上都是船舶事故作用的结果。如美国 1838 年关于蒸汽机船检验的立法直接诱因是 1838 年春天发生的"Moselle 号""Oronoko 号""Pulaski 号"船舶的三起爆炸事故。另外，从系统论的观点出发，水上交通安全系统是由人、船、环境组成的，船舶与船员是该系统的两个关键因素，国际海事组织（IMO）的研究表明：80%的水上交通事故与人为因素有关。因此，船舶与船员的状况如何，对水上安全的影响极大。

3. 保证海上交通运输健康有序地发展，为社会经济建设服务

在对外经济贸易中，海上运输是最基本也是最重要的运输方式。而船舶是货物运输的工具，船员是实现海上运输的人为因素。这足以说明船舶与船员管理对海上货物运输的重要性。

4. 公证的作用

在船舶登记的抵押、租赁登记中，船舶与船员管理的目的是产生一种公证作用，使抵押权产生对抗第三方的法律效力等。

四、国际上船舶与船员管理内容的发展

在国际上，关于船舶与船员管理内容的发展经历了一个由各国立法管理到国际立法管理与各国立法管理相结合的发展过程。主要经历了下列发展阶段：

（1）各国自发的立法阶段。在船舶与船员管理的历史进程中，保护水上人命财产安全、维

护国家经济秩序是各国对船舶与船员管理产生的原始动力。因此，19 世纪最初的管理主要是针对蒸汽机船的锅炉爆炸所采取的行动。为此对锅炉的设计、材料、检验以及为避免爆炸，船员所应采取的行动等方面所做的规定。那时，由于人们对蒸汽机船这一新兴的工业到底采取何种管理方式持有不同的态度和看法以及对它还缺乏较为深入的研究，致使在立法中，对蒸汽机船有关安全的立法还不是太具体，缺乏系统的安全管理意识。因此，那时候关于蒸汽机船安全的立法还是比较混乱和不成系统的。

（2）国际船舶与船员管理立法的开始。到 20 世纪初，船舶与船员管理的国际立法才开始。一方面是由于国际贸易的国际性要求；另一方面是由于 1912 年的 4 月 15 日英国豪华邮轮“泰坦尼克号”在纽芬兰岛附近与冰山相撞的事故，导致了第一个关于船舶安全的国际公约《1914 年国际海上人命安全公约》的产生，开始了国际立法的进程。在“泰坦尼克号”事故的调查中，发现导致船舶事故的原因主要是船舶救生设备、船舶构造、材料及船舶设备的问题，因而产生了对这些方面管理的需要。同时，为保证船舶的安全运行和船上的各种操作，也产生了对船员素质、数量上管理的需要。人们通过事故分析还发现，船舶的安全也受其干舷的影响，产生了对船舶干舷、布置、船舶开口位置等方面进行管理的需要。

（3）1982 年 7 月 1 日，巴黎港口国监督（亦称港口国管理）备忘录的实施加快了国际社会关于船舶与船员管理立法的进程。其后，管理的内容不断完善和深化。目前，为保护本国航运业，保护本国沿海水域不受污染，消灭低于标准船舶的营运，从根本上防止与船舶有关的事故的发生，又产生了船舶安全监督检查与港口国监督。

（4）1993—1994 年国际安全管理规则的制定，使得船舶与船员管理的内容更加深入。它涉及船公司安全管理体系的评估和审核。其最终的目的在于检查、督促船公司及船舶建立一套安全管理体系，彻底履行国际上有关船舶安全营运和防止污染的国际公约、规则及标准，杜绝或减少由于人为因素或管理所导致的事故。

（5）2002 年 12 月 9 日至 13 日，IMO 通过了对《1974 年国际海上人命安全公约》的修正案及《国际船舶和港口设施保安规则》。该规则于 2004 年 7 月 1 日生效。该规则主要是针对在美国“9・11”事件以后，为防止恐怖分子对国际航行船舶及港口设施的袭击而要求缔约国主管机关应采取的一些相应措施。该规则的通过与实施可能会给“海上安全”赋予新的含义。

（6）为适应航运业发展新形势，提高海事劳工标准的效力，国际劳工组织于 2006 年 2 月 23 日在日内瓦通过了《2006 年海事劳工公约》。该公约适用于所有海员，被称为海员的“人权法典”。截至 2015 年 3 月 25 日，已有 66 个国家批准了这一公约，其商船总吨位超过世界商船总吨位的 80%，对国际航运业有重要影响。该公约由条款、规则和守则三部分构成。条款和规则规定海员的核心权利和原则以及成员方的基本义务，明确了海员上船的最低要求。守则是规则的实施细则，由强制性标准和非强制性导则组成。此外，该公约还规定了港口国检查制度，如果港口国在检查中发现船舶存在严重违反公约的问题，港口国可以滞留船舶，禁止船舶在采取必要措施前离港，并且未批约国不享受豁免，必须接受检查。

第二节 船舶与船员管理机构

船舶与船员管理机构是实现国家对船舶与船员管理的必要保障。因此,各国都设有行使船舶与船员管理职能的机构。我国的管理机构为海事管理机构。

一、我国船舶与船员安全监督管理机构

交通运输部下设海事局,对外称"中华人民共和国海事局",是我国海事管理机构。该主管机关除负责船舶与船员管理之外,还主管航政管理其他方面的工作,如通航水域管理、船舶交通管理、危险货物运输管理等。

在中央所辖水域内,交通运输部海事局直属的有沿海港口和水域的20个海事局,其中正厅(局)13个,副厅(局)7个。地方所辖水域内所设立的地方海事局在业务上受交通运输部海事局的指导。根据具体情况,交通运输部海事局直属海事局,除局内所设处室外,可设海事局或海事处。直属海事机构统称为"中华人民共和国×××海事局"。

在各类海事管理机构中,设有分管船舶与船员管理具体工作的职能部门。在副厅(局)以上的各海事局内,大都设有"船舶监督处""船员管理处""船舶检验监督处""通航监督管理处",负责船舶与船员管理的具体工作。在上述四个处室中,主要对船舶与船员进行管理的部门是"船舶监督处""船员管理处""船舶检验监督处",其他部门也承担与船舶与船员相关的部分工作。

(一)船舶监督处在船舶与船员管理方面的主要职责

1.部海事局船舶监督处的主要职责

负责船舶登记和适航管理;管理船舶装运危险货物及其他货物的安全监督工作;管理船舶安全监督检查工作并负责亚太地区港口国监督合作事务;负责船舶最低安全配员管理工作;负责防止船舶污染的监督管理工作;审批外国籍船舶临时进入我国非开放水域,承办港口对外开放的有关审批工作;负责船舶进出港(境)有关手续的管理工作;办理中国便利运输委员会办公室日常工作。

2.部直属海事局船舶监督处的主要职责

根据直属各局具体情况不同,船舶监督处的职责可能略有不同,但差别不大。船舶监督处在船舶与船员管理方面的主要职责是:

(1)贯彻执行国家有关水上交通安全的法律、法规及规章,结合本辖区实际情况,制定有关船舶管理的各项实施细则并监督执行。

(2)管理、指导局属各分支机构的船舶安全监督管理工作,组织协调业务交流和培训。

(3)负责辖区内国际航行船舶和大连地区国内航行船舶的注册登记工作,核发注册登记证书和其他相关证书;管理、指导局属其他分支机构授权范围内的国内航行船舶注册登记工作。

(4)管理、指导和协调国际航行船舶进出口审批、查验和国内航行船舶进出港签证工作;

负责特殊要求船舶进出港口审批工作。

(5)管理、指导和协调局属各分支机构的港口国监督和船舶安全监督检查工作;参与对安检人员的岗位培训和业务考核。

(6)负责组织辖区内船舶、设施重大违法案件和重大安全隐患的调查处理。

(7)经授权,负责相应地区相关航运企业的ISM管理工作。

(8)承担有关法规规定和上级交办的其他工作任务。

(二)船员管理处在船舶与船员管理中的主要职责

1. 部海事局船员管理处的主要职责

负责船员管理工作;组织制定船员、引航员、磁罗经校正员和海上设施检验工作人员适任资格标准;管理船员、引航员、磁罗经校正员培训、考试、发证工作;审定船员、引航员、磁罗经校正员技术培训机构资质并管理其质量体系审核工作;负责海员证件管理工作。

2. 部海事局直属海事局船员管理处的主要职责

部海事局直属海事局船员管理处在船舶与船员管理方面的主要职责是:

①贯彻执行国家有关海船(内河)船员管理的法律、法规和规章,履行有关国际公约及上级制定的实施细则;组织拟订辖区范围内有关船员管理的规范性文件及工作程序。

②负责局船员考试、评估技术委员会的建立及其工作的组织开展。

③负责局船员考试、评估和发证质量体系的建立及有效运行;管理、指导分支海事局船员考试、评估和发证质量体系的建立及对其运行情况实施监督检查。

④负责权限范围内引航员、磁罗经校正人员、海上设施有关人员、海船船员和内河船员相应级别适任证书的考试、评估、发证和管理工作。

⑤负责或授权分支海事局负责船员专业和特殊培训考试、评估、发证及管理工作。

⑥负责权限范围内船员公司、船员中介机构的注册管理及证书申办员的监督管理。

⑦负责船员教育和培训机构的监督管理及培训项目的审核、验收工作;审核权限范围内船员教育和培训机构质量管理体系。

⑧负责海员证及船员出境证明的签发和管理工作。

⑨负责权限范围内船员档案管理;协助有关部门对船员管理业务的统计工作。

⑩承办上级和局领导交办的其他工作。

(三)船舶检验监督处在船舶与船员管理中的主要职责

1. 部海事局船舶检验监督处的主要职责

管理船舶检验和船舶技术监督工作;监督管理中国籍船舶、海上设施及在我国沿海作业的外国海上设施的法定检验发证工作;审定船检机构及验船师资质并实施监督管理;承办法定检验授权事宜;审批外国验船组织在我国设立代表机构并实施监督管理。

2. 部海事局直属海事局船舶检验监督处的主要职责

(1)贯彻执行国家有关船检方面的方针、政策、规范和法规;

(2)对辖区内船舶检验业务实施监督管理;

(3)负责辖区内船舶、海上设施及相关船用产品法定检验、审图、发证工作的管理;

(4)负责辖区内船舶、海上设施及相关船用产品审图、检验、发证工作的行业管理;

(5)受部海事局委托,对辖区内船舶检验机构资质进行认可和管理;
(6)受部海事局委托,对辖区内船舶检验机构的验船人员组织考试和协助发证工作;
(7)受部海事局委托,代行对辖区内外国验船组织驻华机构的监督管理;
(8)收集并反馈验船师执行法规、规范的意见和建议;
(9)受理对验船工作的投诉;
(10)参与重大海损事故调查;
(11)协调各方面船舶检验机构的关系;
(12)承办部海事局交办的其他工作。

(四)通航监督管理处在船舶与船员管理中的职责

1.部海事局通航监督管理处在船舶与船员管理中的职责

管理通航秩序和通航环境;组织实施水上巡逻和交通管制,维护水上交通秩序;划定航道(路)、禁航区、交通管制区、港外锚地和安全作业区等水域;管理航道(路)、禁航区、交通管制区、锚地和安全作业区等水域;负责水上水下施工作业(含使用岸线)碍航性审核和监督检查,管理沉船沉物打捞和碍航物清除;管理航行警(通)告工作;负责水上搜救、船舶污染水域清除和监控值班;负责水上安全通信和信息网络运行工作;负责国际搜救卫星组织事务和船舶报告制工作。

2.部直属海事局通航监督管理处在船舶与船员管理中的职责

(1)贯彻执行国家有关通航安全管理、水上交通事故调查处理和海上搜救等方面的法律、法规和规章,履行相关的国际公约及上级制定的实施细则。

(2)对辖区内通航安全管理工作实施宏观管理和监督检查,组织拟定有关的管理规定和工作程序。

(3)管理辖区内巡航工作,组织协调各分支海事局跨区域的水域巡航工作。

(4)审批辖区航路、港外水上非涉外锚地、危险货物过驳作业点;参与有关部门关于海域划定方面的协调工作。

(5)审核辖区水域内重大的或跨区域的水上水下施工项目通航安全事宜,以及重大的与通航安全有关的水域规划、调整和港区岸线使用。

(6)负责并组织实施辖区内水上交通事故调查处理、海事签证和结案管理工作。

(7)审核外国籍船舶临时进入辖区非开放水域的申请和辖区内二类口岸开放的相关工作;核准辖区内超规范标准的船舶进出港事宜。

(8)组织、协调辖区内助航设施配布的审核工作。

(9)负责或授权分支海事局负责权限范围内航行警(通)告的发布及管理工作。

(10)承担省海上搜救中心办公室和局交通战备办公室的工作,负责组织、协调搜救责任区内的重大海上搜救行动,处理省海上搜救中心日常业务。

(11)负责辖区内通航安全管理、水上交通事故调查处理和海上搜救业务有关文件资料、档案的保管、整理和归档工作,协助有关部门对相关业务的统计工作。

二、我国水上交通安全监督管理机构的历史沿革

我国航政管理机构或船舶与船员管理机构也经历了由无到有和逐渐完善的发展过程。

(一)中华人民共和国成立阶段

中华人民共和国成立后,仿照苏联的管理体制,将航政管理机构改名为“港务监督”。交通部海运管理总局内设“海务、港务监督室”,各港口港务局内设“港务监督室”,对外称“中华人民共和国港务监督”。当时中央人民政府在1963年颁布的《中央人民政府交通部海运管理总局海务、港务监督工作章程》中确定了其法律地位。该章程明确规定:港务监督是国家政权机关,对内进行行政监督,监督进入港口内之船只在港域内遵守国家法令、政策及各项规章制度。我国的这种管理体制一直到1983年《海上交通安全法》和1986年《内河交通安全管理条例》以后才有根本性的变革。

(二)航政管理机构的发展和完善阶段

1. 按“政企分开原则”,作为独立的行政部门时期

随着我国改革开放的深入,海上安全管理的体制日渐与管理的要求不相适应。在1983年颁布实施《海上交通安全法》的基础上,1985年国务院做出了改革水上交通安全监督管理体制的决定。按照政企分开的原则,建立由中央和地方分工负责的水上安全监督管理体制。沿海大港口由中央管理,小港口由地方管理,海区内水域秩序由中央统一管理。交通部直属港务监督按海区分管,管区内已设有港监机构的小港的小海湾,仍由地方在划定的水域范围内实施监督管理。长江、珠江干线和黑龙江的水上安全监督管理由交通部设置的港航监督机构统一负责,其他内河水域由各省、自治区、直辖市交通厅(局)设置的港航监督机构负责。交通部于1986年开始对海上安全监督管理体制进行了改变,先后将隶属于沿海各港港务局的17个港务监督、15个海上无线电通信机构和3个隶属于航道局的航标测量部门划出,组建了14个海上安全监督局,作为交通部直属一级行政执法机构的海上安全监督局。

海上安全监督局的成立对于我国加强海上安全监督管理,保护水上人命、财产安全及防止船舶污染水域起到了巨大作用。但在实践中又会产生国家海上安全监督局与地方港务监督之间的矛盾问题,以及港务监督与船舶检验局之间的矛盾问题。这些矛盾的出现客观上又要求完善我国航政管理机构。

2. 当前船舶与船员管理机构情况

从1986年船舶与船员管理机构进行了实质性改变后,仍在不断完善之中。在1994—1995年完成了港务监督机构内部职责的重新划分,使部分地方港务监督机构与交通部直属港务监督合并。根据国务院国发函〔1998〕48号《国务院办公厅关于做好合并中央与地方水上安全监督机构工作的通知》及国发办〔1999〕54号《国务院办公厅关于转发交通部水上安全监督管理体制改革实施方案的通知》。1999年6月,国务院办公厅批准了《水上安全监督管理体制改革实施方案》(以下简称“方案”),成立了由交通部领导的部外局——中华人民共和国海事局,负责我国水上交通安全管理的全部事宜。

本次改革的指导思想是:水上安全监督管理体制改革要坚持精简、统一、高效的原则。在统一领导体制下,明确界定中央与地方对有关水域的管理分工,实行“一水一监、一港一监”。在不同水域、同一港口和同一地区不得重复设立水上安全监督管理机构。通过改革,进一步理顺关系,明确职责,统一政令、统一布局、统一监督管理,逐步建立与社会主义市场经济体制相适应的,分工负责、运转协调、行为规范、办事高效、执法统一的水上安全监督管理新体制。

在新的管理体制中,确定了以下几方面问题:

(1)水域界定:中央管理水域为沿海(包括岛屿)海域和港口、对外开放水域及主要跨省、自治区、直辖市内河(长江、珠江、黑龙江)干线及港口的水上安全监督工作,由交通部统一领导。中央管理水域以外的内河、湖泊和水库等的水上安全监督工作,由各省、自治区、直辖市人民政府负责。

(2)基本原则:中央管理水域内的水上安全监督工作由交通部设置专门机构进行管理。

(3)业务管理:中华人民共和国海事局(部海事局)对全国水上安全监督工作实行业务领导。设在中央管理水域的中央各水上安全监督机构及设在其他水域的地方各水上安全监督机构,分别在所辖水域内实施水上安全监督工作。

(4)直属海事机构:根据水上安全监督管理工作需要和中央与地方水监机构的现状,设置20个海事机构,名称统一为"中华人民共和国××(地名或河流名)海事局"。主要职责:负责辖区内水上安全管理、海上航标管理、水上安全通信管理、防止船舶污染及其他有关管理工作;按照授权,管理船舶和海上设施检验、港口航道测绘工作;负责船舶登记、船舶法定配备的操作性手册与文书审批、船舶所有人安全管理体系审核与监督和船员培训、考核发证、船员证件管理工作;负责辖区内水上搜寻救助工作、污染事故应急处理和重大水上交通事故的调查、处理等工作。

(5)分支机构:直属局在有关重要港口设立分支机构。其主要职责是依法具体实施水上安全、防止船舶污染的管理工作,执行直属局赋予的其他任务。

(6)派出机构:直属局和分支机构根据工作需要,在有关地域设立派出机构,对所辖区域的水上安全实施现场监督和管理。

在各省、自治区、直辖市所管理的地方水域,由地方交通主管部门所设立的地方海事机构负责水上安全的监督管理。

三、国外船舶与船员管理机构

(一)美国海岸警卫队(United States Coast Guard,USCG)

1. 美国海岸警卫队的性质

美国海岸警卫队与其他任何机关都有所不同,具有其独特性。美国海岸警卫队在任何时候都是美国的一支武装部队,其地位等同于其他四个武装部队——陆军、空军、海军及海军陆战队,海岸警卫队是美国唯一的国防部队之外的军队。

海岸警卫队成立于1794年8月4日,主要是作为财政部的一部分提供船舶税收服务,美国国会1915年的一部法案将海岸警卫队的船舶税收服务和海上救生服务融合到一起。美国法案第十四条对海岸警卫队的法定地位进行了阐述:"1915年7月28日成立的海岸警卫队应当是一个军事化的组织,并且始终是美国军队的一个分支。"在战争时期,海岸警卫队隶属于国防部,称为"第一舰队",这也是为什么美国海军的舰队编号是从第2开始的。

从1967年起,美国海岸警卫队归交通部管理。美国"9·11"事件后,在2003年3月31日,海岸警卫队成为美国国土安全部(Department of Homeland Security)的一部分。

美国海岸警卫队拥有许多飞机、小船、快艇及岸站,利用这些设施执行法律,促进海上安全。而在战时,或者由总统宣布时,它就成为海军的一部分,由海军统一指挥。

2. 美国海岸警卫队的使命

美国海岸警卫队的主要任务是:保障国家安全,保护在港口及水道的公共、环境和美国经

济利益。美国海岸警卫队主要有三大工作目标,分别是防御准备、海上安全和海上执法。在船舶与船员监督管理方面其业务范围如下:

(1)执行水上法令,监督检查船舶、设施和人员遵守国家法规的执行情况;

(2)进行水上巡逻,取缔和查处违章事件,维护港口、海区和内水的安全秩序;

(3)调查处理事故,执行海事法令;

(4)进行船员考试,颁布船员职务证书,审查船员资格;

(5)对船舶、设施进行注册登记,监督检查和检验船舶与设施的技术状况,签发国籍证书和技术证书,审批船舶建造计划;

(6)监督和防止船舶污染,查处污染案件,保护海洋环境;

(7)管理岸线、港口、航道及水上的消防、通信、助航设施,观测海洋气象、冰情,发布航行警告,实施水上交通管理;

(8)防止海难事故,组织、指挥和实施海难救助工作、防台工作、破冰工作;

(9)监督检查水上危险货物的装卸、运输和储存;

(10)缉私和取缔海上犯罪,保护200海里渔区。

3. 美国海岸警卫队的机构设置

美国海岸警卫队,有对在其管辖水域内的船舶、设施和人员搜查、罚款、逮捕和扣留船舶的司法警察权,但不负责法律审判。

美国海岸警卫队总部设在华盛顿,下分设东西两大区司令部和12个地区司令部,并在全国设有54个分部。每个分部管理附近的一个或几个港口。

(二)海上技术安全局和日本海上保安厅

日本的船舶与船员管理主管机关是国土交通省领导下的海上技术安全局和日本海上保安厅。

除货船安全构造证书和国际载重线证书由国土交通省委托日本船级社(NK)外,海上技术安全局主要负责船舶其他技术证书发放工作。液化气船、海上平台等由日本船级社检查,但海上技术安全局负责技术报告的审核,船舶的发证及技术监督,船舶安全监督检查,对船员教育、培训、技术标准的执行,以及组织对船员的考试、发证等工作。海上技术安全局在日本全国设有11个海上技术安全机构。

日本海上保安厅主要负责海上警备、海难救助、水道测量、航路标识等工作,是日本水上交通安全主管机关。其职责范围包括:

(1)执行海上法令。

(2)预防海难事故,组织和实施海难救助打捞;进行海难与海损事故调查;配合国际搜救业务。

(3)有关水路测量及水文观测;有关水路图志和航空图志的调查、编制业务和有关灯塔及其他航标的建设、维护和使用等业务。

(4)进行海洋科学考察。

(5)统一发布航行警告。

(6)有关沿海水域巡逻警戒,取缔海上犯罪、违章,搜捕海上犯人等。

(7)维护海上交通安全,对在航道、水道和港内航行的船舶实行交通管制。

(8)执行港长职权。

(9)管理海上建筑施工等工作。

当前,日本管区海上保安本部共有11个,各管区保安本部的组织结构并不完全相同。通常情况下每个管区保安本部内设有6个部,即总务部、经理补给部、船舶技术部、警备救难部、海洋信息部和交通部。但也有的管区保安本部内只设5个部,如第十管保安本部内没有船舶技术部。管区保安本部除内设若干个部门外,还领导管区内的若干个保安部。有的保安部下还设有保安署。

日本海上保安厅对管辖水域内的违章船舶和船员有搜查、警告、罚款、拘留人员或扣留船舶的司法警察权。

日本海上保安厅总部设在东京,全国分设11个管区保安本部、69个保安(监)部、60个保安署和7个海上交通管制中心、海上保安航空基地2个、航空基地12所、国际组织犯罪对策基地1所、特殊警备基地1所、特殊救难基地1所、机动防治基地1所、水路观测所1所、罗兰中心1所和航路标识事务所1所。

四、国际海事组织

国际海事组织(International Maritime Organization, IMO)是联合国主管海上事务的专门机构,是对海上交通安全具有直接影响和负有广泛责任的国际组织。其具体任务是对海上安全、防止污染、便利运输、通信导航、航运技术、航行效率、船员标准、海事责任以及与此有关的各种法律问题进行研究,组织国际交流和资料交换,制定各种国际公约、规则并编写相应的手册,推动各国进行合作和采用统一的国际标准,帮助发展中国家发展航运事业等的机构。IMO总部设在英国伦敦。

1. 成立的背景

鉴于海运业的国际性,长久以来人们就认识到要增进海上安全,就需要有一个国际的常设机构来协调和促进有关海上安全的国际公约和协定的执行。第二次世界大战结束后,各国经济建设的恢复为海运事业的发展带来了新的生机。随着联合国的诞生及各种专门的国际性机构的陆续建立,1948年2月在日内瓦召开的联合国国际航运会议上,各国决定成立政府间海事协商组织(IMCO),通过了《政府间海事协商组织公约》。该公约确定了该组织的宗旨、任务、职权范围、组织机构、法律地位、经费来源及与联合国和其他机构的关系等一系列问题。该公约规定其生效的条件是必须有21个国家参加该公约,且这21个国家中的7个国家各自拥有的海船吨位不少于100万总吨。经过10年的时间(1958年),公约生效的条件才得到满足。1959年1月,在伦敦召开了第一次大会正式成立了政府间海事协商组织(简称海协)。海协成立后,曾几次对《政府间海事协商组织公约》进行修订。根据1975年通过的修正案,海协的名称于1982年5月22日正式改名为IMO。截至2018年12月,已有174个正式成员和3个联系会员。

2. 组织机构形式

IMO成立60多年来,其组织机构随着工作任务的发展而有所变动。现设有大会、理事会、秘书处和5个委员会(具体组织结构见图1-1)。IMO的工作主要通过各专业委员会及下属小组委员会进行。

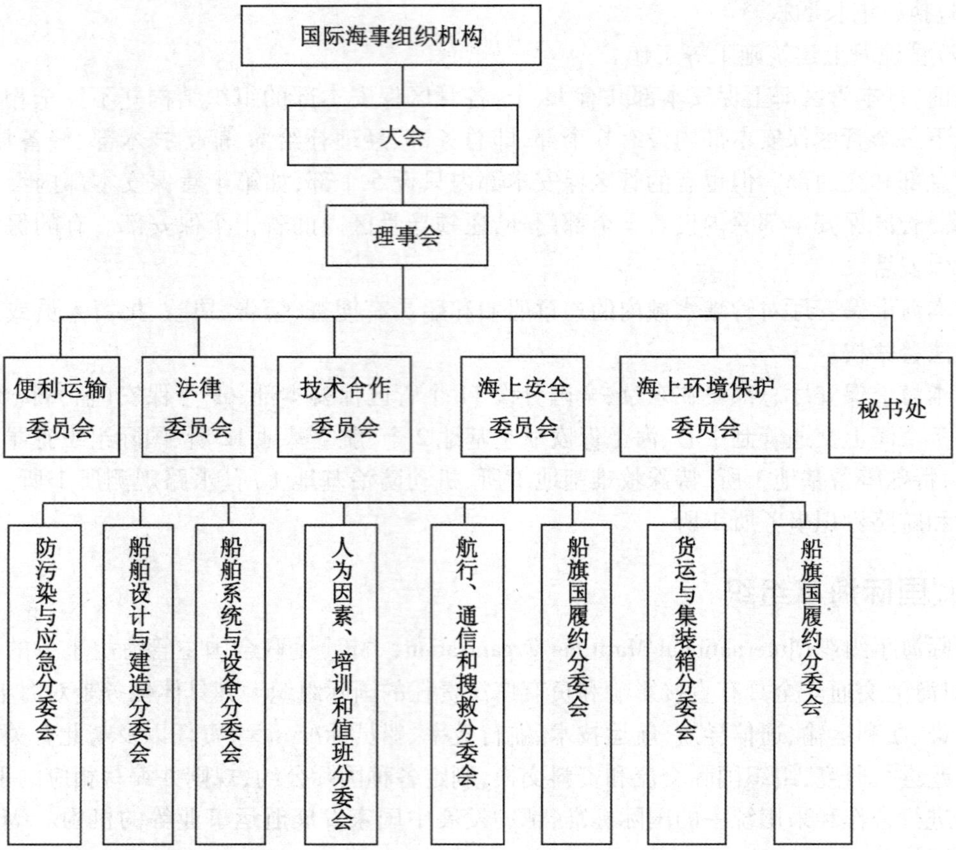

图 1-1　IMO 组织结构图

(1)大会(Assembly)

大会是 IMO 的最高管理机构，由全体成员组成。它每两年举行一次会议，主要职权是：选举大会主席、副主席和理事会理事；接受并审议理事会的报告，对大会提出的问题做出决定；批准该组织的工作计划，通过预算，审查开支；确定设置临时或永久性机构；建议各成员国接受和采用有关海上安全、防止污染等方面的规划或准则；考虑发展中国家的特别需要，为促进技术合作采取适当的行动；对召开国际会议或通过国际公约及其修正案做出安排。

(2)理事会(Council)

理事会由大会选出的 40 个理事国组成，每届任期两年，可连选连任，它是 IMO 唯一通过选举产生的机构。理事会是 IMO 的执行机构，在大会的领导下，在大会休会期间，除向成员国政府提出海上安全及防止污染建议的职能外，行使全部职能。其他职能包括：①协调 IMO 各机构的活动；②起草 IMO 的工作计划及估计预算，并提交给大会；③接受各委员会及其他机构的报告和建议，对接受的报告及建议进行评价、提出建议，一并提交给大会及各成员国；④提出 IMO 秘书长人选，提交大会批准；⑤讨论 IMO 与其他组织关系的协议或安排，提交大会批准。

理事会成员的选举标准是：①10 个理事国(A 类理事国)，应是在国际航运方面有最大利害关系的国家；②10 个理事国(B 类理事国)，应是在国际海上贸易方面有最大利害关系的国家；③20 个理事国(C 类理事国)，是没有进入上述两类理事国的国家，并且在海上运输或航行中具有特殊利益，其进入理事会将代表世界主要地理上的区域。经大会选出的 2018—2019 年度的理事会成员国如下：

①A 类理事国(10 国)：中国、希腊、意大利、日本、挪威、巴拿马、韩国、俄罗斯、英国、美国；

②B 类理事国(10 国)：澳大利亚、巴西、加拿大、法国、德国、印度、荷兰、西班牙、瑞典、阿拉伯联合酋长国；

③C 类理事国(20 国)：巴哈马、比利时、智利、塞浦路斯、丹麦、埃及、印度尼西亚、牙买加、肯尼亚、利比里亚、马来西亚、马耳他、墨西哥、摩洛哥、秘鲁、菲律宾、新加坡、南非、泰国、土耳其。

理事会每年至少召开一次会议。

(3)海上安全委员会(Maritime Safety Committee，MSC)

IMO 是一个技术性组织，其绝大多数工作是由各委员会及下属的小组委员会进行的。海上安全委员会是 IMO 开展技术工作的委员会中最早的一个，也是最大的一个，担负着该组织技术工作的主要任务。海上安全委员会由所有成员组成(即所有成员国均可参加该委员会的活动)。海上安全委员会每年召开一至两次会议，向理事会提出有关海上安全的规章草案，并提交上次会议以来的工作报告。

海上安全委员会视工作需要下设若干个小组委员会，其名称分别表明各自的任务。目前海上环境委员会所设的小组委员会有 7 个。

各小组委员会每年开一至两次会议，亦对所有成员国开放。开会期间还根据议题需要分别设立一些工作组协助工作。

(4)海上环境保护委员会(Marine Environment Protection Committee，MEPC)

MEPC 是从海上安全委员会下属的海上防污染小组委员会发展起来的，于 1973 年设立。该委员会的主要职责是审议 IMO 范围内有关防止和控制船舶对海上环境造成污染的任何事宜；制定和修改管理规章的指导原则；督促各会员国采取适当措施；鼓励各有关国家实行区域合作；向各会员国特别是发展中国家提供科学技术和资料。该委员会每年至少开一次会议，讨论各项议案，采取行动。

MEPC 成立后积极开展工作，使得 IMO 的中心工作在增进海上安全的基础上拓展及保护海上环境。IMO 现在的口号是“Safe，Secure and Efficient Shipping on Clean Oceans”。

(5)法律委员会(Legal Committee)

法律委员会成立的目的是处理 1967 年发生的“托利 · 坎庯号”轮触礁沉没并引起严重的海上污染事件所涉及的法律问题，开始是理事会的附属机构，后来在 1975 年第九届大会上决定其成为与海上安全委员会及其他委员会并列的常设委员会。它负责审议 IMO 范围内的所有法律事务，向理事会报告工作。它每年召开一至两次会议。

(6)技术合作委员会(Technical Co-operation Committee)

技术合作委员会是理事会的一个附属机构，后在 1977 年第十届大会之后成为与海上安全委员会等具有同等地位的委员会。在联合国系统内 IMO 是第一个在公约中正式承认技术合作委员会的组织，由此可见该组织的工作中技术援助的重要性。技术合作委员会每年召开一至两次会议。它的主要职责是：审议技术合作项目及有关事宜，利用联合国计划开发署和其他国家自愿提供的资金进行技术援助，如帮助发展中国家培训船员、派遣专家进行技术指导、提供教学科研设备与资料等。世界海事大学的开办也是开展技术合作的一个例子。

(7)便利运输委员会(Facilitation Committee)

便利运输委员会是理事会设立的一个附属机构,负责就便利海上运输问题向理事会提出意见,并向秘书处提供各国执行《便利国际海上运输公约》的情况。便利运输是指减少船舶进出港口和码头时的手续和简化有关文件。该委员会亦向所有成员国开放。

(8)船旗国履约分委会(Flag State Implementation Committee)

该分委会属于海上安全委员会和海洋环境保护委员会的一个新分委会。该分委会是在海洋环保委员会做出了类似决定后一致同意建立起来的。分委会的任务由 MSC 和 MEPC 联合工作组拟定,该工作组认为 IMO 各公约的有效性主要取决于接受公约的各国政府的执行方式,但有些政府在执行公约过程中曾遇到种种困难,该分委会的主要任务是寻求保证 IMO 各公约在全球有效实施的必要措施,并特别顾及发展中国家的需要。

工作组为分委会列出了 7 项工作目标:①确定 IMO 公约文件所赋予船旗国的责任范围;②评估船旗国目前对 IMO 各公约的履约水平;③确定船旗国在完全执行 IMO 各公约方面存在困难的领域;④对各成员国作为港口国、沿岸国及船员培训发证国在执行 IMO 各公约中存在的问题进行评估;⑤确定上述第③项和第④项中所述问题的原因;⑥提出有关建议以帮助各成员国执行并遵守 IMO 各公约;⑦监视所采取行动的完成情况。

(9)秘书处(Secretariat)

秘书处由 IMO 秘书长、副秘书长、海上安全委员会秘书及该组织认为必要的人员组成。秘书长是最高行政负责人,由理事会任命并经大会核准。秘书处负责保存和保管执行 IMO 各项任务所必需的文件、记录和报告,并负责处理日常事务。秘书长负责向理事会提交年度财务决算和年度财务预算,负责把 IMO 的活动情况通知各成员国,还负责执行大会、理事会和各技术工作委员会做出的决议。

IMO 的工作语言为汉语、英语、法语、俄语、西班牙语。

3. 工作与活动

IMO 的主要活动内容及其工作成绩,可概括为自它诞生近 60 多年来,通过了 40 多个关于海上安全、防止污染和其他事务的国际公约和议定书,还通过了 600 多个与之相关的规则和建议案。开展技术合作也是一个重要内容。

一般说来,各委员会或小组委员会进行制定国际公约的初期工作,所产生的文件草案提交国际会议讨论。IMO 邀请联合国所有成员国(包括非 IMO 成员国)参加国际会议。国际会议通过最终文本并交各国政府批准。一个已经通过的文件要满足一定的条件(一定数目国家的批准)才能生效。一般,公约越重要,生效的条件就越严格。各缔约国有义务实施公约的规定。

IMO 通过的现仍有效的主要公约有:

(1)《1974 年国际海上人命安全公约》(SOLAS 1974);

(2)《1972 年国际海上避碰规则公约》(COLREG 1972);

(3)《1954 年国际防止海上油污染公约》;

(4)《1973 年国际防止船舶造成污染公约及 1978 年议定书》(MARPOL 73/78);

(5)《1965 年国际便利海上运输公约》;

(6)《1966 年国际船舶载重线公约》(LL 1966);

(7)《1969 年国际船吨位丈量公约》;

(8)《1969 年国际干预公海油污事件公约》;

(9)《1969 年国际油污损害民事责任公约》;

(10)《1971 年设立国际油污损害赔偿基金公约》;

(11)《1971 年特种业务客船协定》等。

其中许多公约对世界航运具有深远和广泛的影响。如 SOLAS 1974 有 164 个国家加入,吨位达到世界船舶总吨位的 99. 18%;LL 1966 有 162 个国家加入,吨位达世界船舶总吨位的 99. 17%;COLREG 1972 有 159 个国家加入,占世界船舶总吨位的 99. 17%;STCW 78/95 有 113 个国家加入,占世界船舶总吨位的 94. 67%;MARPOL 73/78 有 157 个国家加入,占世界船舶总吨位的 99. 15%。

除公约和其他正式条约文件外,IMO 还通过了数百个涉及面广的建议案。鉴于一些重要事务不宜作为规定列入公约、正式条约,于是便形成了规则、指南和推荐做法等建议案。这些建议案一般以大会决议附件形式出现,用来补充和促进实施公约的规定或用以保证各国统一解释和应用公约的规定。它们对各国政府无法律约束作用,但为各国制定国内法律提供指导作用。事实上,许多国家已把这些建议案中的规定编入国家的法律规章中加以应用。

IMO 多年来通过的主要规则和建议案有:

(1)《国际海上危险品运输规则(1965)》;

(2)《散装货物安全操作规则(1965)》;

(3)《国际信号规则(1965)》;

(4)《散装危险化学品船构造和设备规则(1971)》;

(5)《甲板装载木材船安全操作规则(1973)》;

(6)《散装液化气体船构造和设备规则(1975)》;

(7)《渔民与渔船安全规则(1974)》;

(8)《动力支撑艇安全规则(1977)》;

(9)《移动式近海钻井船构造和设备规则(1979)》;

(10)《船舶噪声级规则(1981)》;

(11)《核能商船安全规则(1981)》;

(12)《特殊用途船安全规则(1983)》;

(13)《国际气垫船规则(1983)》;

(14)《国际散装化学品规则(1983)》;

(15)《潜水系统安全规则(1983)》;

(16)《船舶安全积载和系固操作规则(1991)》;

(17)《船舶安全营运和防止油污染管理规则(1993)》;

(18)《国际船舶和港口设施保安规则(2002)》等。

上述规则和建议案中的规定有时被作为或编进有关公约的修正案。规则和建议案能使一些规定和要求较快地推荐给各国政府考虑并采取行动。因为,将这些规定写进公约就需要让各国有足够时间慎重考虑,并使缔约国政府负有国际性的法律义务。

IMO 现与另外 63 个政府间国际组织有正式合作协议,还与 78 个非政府间(民间)国际组织有咨询关系,它们能以观察员身份参加 IMO 各机构(包括委员会、小组委员会)的活动。这些国际组织广泛地代表海运、法律和环境相关方面,通过提供资料文件和专家建议与意见为各机构的工作做出贡献。但是,这些组织在 IMO 的任何机构中或会议上无表决权。

IMO 不断适应新形势和新要求而积极努力地工作和开展活动。在早期，工作重点主要是制定国际公约和规则，后来重点发展为保证已通过的国际公约和规则等能够尽快生效并确实得到实施。各国政府集中精力有效地保证现行法规确实得到实施，对于 IMO 工作的顺利开展是至关重要的。

第二章 船舶与船员管理法规

第一节 船舶与船员管理法规概述

船舶与船员管理属于行政管理范畴。该种管理主要是根据国家有关法律和行政法规以及国家参加的有关国际公约进行的。因此,船舶与船员管理法规的建设是十分重要的。

为了对国内主要法规和主要国际公约有较为全面的认识,现介绍如下。

一、国内法规

我国全国人大常委会、国务院、交通运输部及船舶与船员管理主管机关制定和实施了大量有关针对水上交通安全管理的法律、行政法规、行政规章和规范性文件,其中涉及船舶安全管理的法规约 70 件,涉及船员管理的法规约 47 件,防止船舶污染的法规约 75 件,其他的法规(海事处理及救助打捞管理、通航环境管理)约 84 件。主要的法规有:

(1)《中华人民共和国海上交通安全法》;

(2)《中华人民共和国港口法》;

(3)《中华人民共和国内河交通安全管理条例》;

(4)《中华人民共和国对外国籍船舶管理规则》;

(5)《中华人民共和国船舶登记条例》;

(6)《中华人民共和国航标条例》;

(7)《中华人民共和国海上交通事故调查处理条例》;

(8)《中华人民共和国国际航行船舶进出中华人民共和国口岸检查办法》;

(9)《中华人民共和国船舶安全监督规则》;

(10)《老旧运输船舶管理规定》;

(11)《关于进口废旧船舶检查、检验和交接工作的若干规定》;

(12)《船舶引航管理规定》;

(13)《关于船舶拆解监督管理的暂行办法》;

(14)《中华人民共和国船舶最低安全配员规则》;

(15)《中华人民共和国海船船员适任考试和发证规则》;

(16)《海区航标设置管理办法》等。

应该肯定,制定和实施的上述法律、行政法规和规章,对于确定我国的航政管理体制、依法行政,加强和促进水上安全管理,保护水上人命、财产安全和防止水域环境污染起到了巨大作用。

二、有关的国际公约

国际社会,特别是联合国及下属机构,也在总结有关船舶交通事故的基础上,制定了一些国际公约,各国根据本国的实际情况,承认和加入了一些保障水上人命和财产安全以及保护海洋环境的国际公约,我国也如此。从实际情况看,各国在将有关公约转化为国内法的做法并不完全一致。归纳起来主要有三种形式:第一,有些国家接受公约后,无须第二次立法,直接将国际公约转化为国内法,这就是国际法中所称的“一元论”,如韩国即属一元论的国家。第二,有的国家在接受公约后须第二次立法,这是国际法中“二元论”的做法,如英国等。我国既非一元论国家,也非二元论国家,而是采用国际公约的法律效力高于本国立法的法律适用办法来解决这一问题。当前,涉及船舶与船员管理的主要国际公约有:①《联合国海洋法公约》;②SOLAS 1974;③LL 1966;④《国际船舶吨位丈量公约》;⑤STCW 78/10;⑥《国际海事劳工公约》等。

第二节　我国的法规体系

一、海上交通安全法

《海上交通安全法》于1983年9月2日在我国第六届人大常委会第二次会议上通过,自1984年1月1日起施行。它是我国至目前为止制定的关于海上交通安全管理的第一部也是唯一的一部法律。由于取消船舶签证,2016年修订了该法第十二条内容。

(一)立法背景

我国实行的改革开放政策,使得航运业出现了一些新的变化:首先,在船舶经营方面出现了个体或非国有企业从事航运活动,原来大部分依靠行政命令的管理模式已与此不相适应;其次,海洋资源调查、开发、海洋捕捞和海洋养殖等活动大规模开展,因此在沿岸水域各种活动的冲突日益激烈;再次,改革开放政策使得我国沿海港口与水域航行、停泊作业的各类中外大小船舶与设施数量剧增,海上交通事故及因此造成的人命、财产损失不断增加,迫切需要进行管理;第四,国际社会对因海上交通事故造成的人命、财产损失和海洋环境问题也越来越重视,因而制定和通过了关于海洋法律、水上交通安全、船舶与船员管理等的若干公约、规则和标准等,如何使这些规范性文件与我国实际相结合,使我国与国际社会接轨等一系列问题也都需要有一专门机构从事研究和执行;第五,我国1954年公布的《中华人民共和国海港管理暂行条例》已不适应目前船舶与船员、水上交通安全管理的需要,而且我国过去制定的法规在各部门的职责、权限等方面相互交叉较大,各部门权限之争日趋激烈。在这样的情况下,为尽快统一管理,结束海上活动的混乱局面,《海上交通安全法》应运而生。

根据人大常委会法制委员会和国务院的指示,1979年11月由交通部牵头,会同总参、海军、原石油部和原国家水产总局共同组成《海上交通安全法》起草组,开始了立法工作。经过两年多的起草修改工作，于1981年10月将修改稿上报国务院审议。国务院和经济法规研究中心用了一年多时间，召开四次会议对其进行讨论和修改，交国务院常委会议审核。1983年2月国务院常委会议通过了《海上交通安全法(草案)》，提交人大常委会审议。人大法制工作委员会经过广泛征求意见，同年9月2日该草案在六届人大常委会第二次会议上通过，自1984年1月1日起施行。

(二)《海上交通安全法》的主要内容

该法共12章53条。包括总则；船舶检验和登记；船舶、设施上的人员；航行、停泊和作业；安全保障；危险货物运输；海难救助；打捞清除；交通事故的调查处理；法律责任；特别规定；附则。

该法适用于在我国沿海水域航行、停泊和作业的一切船舶、设施和人员以及船舶、设施的所有人和经营人。

《海上交通安全法》规定了船舶、设施和人员必须具备的技术条件，应当遵守的法律规章，所享受的权利和应尽的义务及违法者应承担的法律责任。该法要求船舶必须进行登记和检验，持有各种证明文书；船员必须经过相应专业培训并持有各类合格证书和职务证书；船舶进出港口必须接受检查或办理签证；禁止在港区、航道内进行有碍安全航行的活动；禁止损坏助航标志和导航设施；禁止擅自设置禁航区和打捞沉船沉物；禁止擅自占用岸线或进行水上水下施工；未经批准，船舶不得装卸和运载危险货物。

《海上交通安全法》规定了我国港务监督机构是对沿海水域的交通安全实施统一监督管理的主管机关。主管机关统一确定海上交通管制区和港口锚地，统一公布禁航区和安全作业区，统一发布航行警(通)告，统一组织海难救助，统一审批外国籍船舶进入我国内水和港口的申请，统一组织对外轮实施强制引航。为维护法律的实施和保障海上安全，主管机关有权禁止船舶和设施进出港口，或令其停航、改航、停止作业，或采取其他必要的强制性措施。船舶、设施在我国沿海水域发生交通事故，必须及时如实地向主管机关报告并接受调查处理；主管机关要查明原因、判明责任。对交通事故引起的民事纠纷，当事人可申请主管机关调解或直接向人民法院起诉；涉外交通事故的民事纠纷，还可根据书面协议提交仲裁。

《海上交通安全法》还规定，对违反该法者将视情节给予警告、罚款和吊销职务证书等行政处罚；不服者可向人民法院起诉。对违反本法构成犯罪的人员，则由司法机关依法追究刑事责任。

(三)《海上交通安全法》的特点

《海上交通安全法》与过去有关海上交通安全管理的法规相比，具有如下特点：

1. 扩大了海上交通安全的管理范围

以1954年政务院《海港管理暂行条例》为主的一系列关于港口与船舶管理的规定，着重强调的是对港口和港内设施、航道及船舶的管理，而基本上未涉及港口外海域交通安全管理。《海上交通安全法》将管辖范围自港口扩大到我国整个沿海水域，即沿海的港口、内水和领海及国家管辖的其他一切海域；该法将管理对象由原来的船舶与船员扩大至“一切船舶、设施和人员以及船舶、设施的所有人、经营人”。

2. 克服了过去管理体制中政企不分的弊端

中华人民共和国成立至1986年我国一直实行的是《海港管理暂行条例》，其确定的是政企合一的管理体制，港务局既是企业单位，同时又行使行政机关的职权，造成了一系列的混乱。设在港务局内的港务监督工作不顺，难于严格执法。《海上交通安全法》将海上交通安全监督管理的职权授予我国港务监督这一国家行政机关，为统一机构、统一法令和统一管理开辟了道路，克服了政企不分的弊端。

3. 改革了海事的处理程序

过去的海事调查处理法规，将海损事故及海损事故引起的民事纠纷统一归入海事的范畴，并规定海事由港务管理机关审定处理，或由人民法院裁决或提请仲裁机构仲裁。1982年全国人大常委会通过的《民事诉讼法（试行）》规定了"民事案件的审判权由人民法院行使"，这一法制的基本原则排除了行政机关对民事纠纷案件的审理。《海上交通安全法》基于这一基本原则，规定港务监督仅负责对海事进行调查处理，"查明原因，判明责任"，而对海事引起的民事纠纷，只可以由当事人自愿申请进行调解，而且这一调解达成的协议无法律约束力。这一海事处理工作的改革，是国家法制逐步健全的具体体现之一。

4. 改变了对行政处罚不服而不能起诉的规定

过去的水上交通安全管理法规中大都规定，当事人对主管机关的行政处罚不服，只能向上一级主管机关申请复议，而不能向人民法院起诉。这种规定不符合法制的基本原则，即涉及公民人身、财产权利的案件最终裁决权只能由人民法院行使，而不能由行政机关决定。《海上交通安全法》改变了过去30多年的旧规定，明确指出：对港务监督做出的行政处罚决定不服者，可在接到处罚通知之日起15日内向人民法院起诉。

5. 适应于海上交通安全的实际情况和形势发展

目前，海上平台随着海洋资源逐步开发利用而陆续出现，这对海上交通安全有着重要的关系。《海上交通安全法》将海上移动式平台列入管理范畴，规定"大型设施和移动式平台的海上拖带，必须经船舶检验部门进行拖航检验，并报主管机关核准"，要求"设施应当按照国家规定，配备掌握避碰、信号、通信、消防、救生等专业技能的人员"，这是立法适应海上交通安全实际情况和形势发展的具体例子。此外，随着海上各种形式的水上水下施工越来越多，由于施工地点不当或施工前未进行公告，危及了海上交通安全；一些部门擅自设置禁航水域或选择锚地，自行发布航行警（通）告等，引起了冲突和混乱，影响了海上交通秩序。《海上交通安全法》为此规定：进行水上水下施工以及划定相应的安全作业区，必须报经主管机关核准；主管机关根据海上交通安全的需要，确定与调整交通管制区和港口锚地；主管机关按照国家规定，负责统一发布航行警告和航行通告等。这也是立法适应海上交通安全实际情况和形势发展的一个具体例子。

总而言之，《海上交通安全法》是我国海上交通安全管理的基本法律，是调整和制约有关海上交通安全各种行为和相互关系的准则与规范。它既保证人们合理利用和开发海洋的正当利益，同时又不允许在行使自己权利的时候损害他方的权利；它既保证正常航行的安全，又保障正常勘探、开发、演习和作业的安全。一切与海上交通安全有关的人员和单位都应认真学习并严格遵守这一法律。

《海上交通安全法》作为我国交通安全管理领域唯一的一部法律，已经实施30多年，其中的很多内容已经与当前的情况不相适应,应加快对其修订。

二、内河交通安全管理条例

新的《内河交通安全管理条例》于2002年8月1日开始实施,同时废止了1986年12月16日由国务院发布的《内河交通安全管理条例》。

(一)修订《内河交通安全管理条例》的背景

1986年国务院发布施行的《内河交通安全管理条例》(以下简称原条例),对于保障我国内河交通安全,减少水上交通事故,维护人民群众的生命、财产安全,促进经济建设的健康发展,发挥了积极的作用。近几年来,随着内河交通运输事业的快速发展,水上交通安全管理出现了一些新的情况和问题,尤其是水上交通安全事故频繁发生,损失严重。据统计,2001年共发生水上交通安全事故645起,死亡490人,沉船290艘,直接经济损失16 472.27万元;其中,内河交通事故就达525起,死亡336人,沉船155艘,直接经济损失4 072.21万元。造成事故的主要原因:一是管理职责不清,责任不明,导致内河交通安全管理脱节或者缺位。原条例只对港航监督机构即海事管理机构的职责做了规定,而对地方人民政府、船舶和浮动设施的所有人与经营人的安全管理责任以及船员的任职资格条件和要求等,没有规定或者规定得过于原则,实践中出现了谁都管又谁都不管的情况,发生水上交通事故后难以找到应当承担责任的管理部门。二是有些船舶和浮动设施的技术条件差、安全标准低。三是船舶和浮动设施经营人的行为不规范,在经营活动中重效益、轻安全,违章指挥、违章操作或者违章作业的情况比较严重。四是原条例对执法机关的职权规定得比较具体,但对其应当承担的责任则规定得过于原则,尤其是对滥用职权、玩忽职守的行为没有规定相应的法律责任。因此,迫切需要对原条例进行修改。

交通部在总结原条例实施经验的基础上,经过调查研究,起草了《内河交通安全管理条例(修改稿)》,报请国务院审批。法制办收到此件后,多次征求了国家经贸委、安全监管局、公安部、农业部等有关部门的意见,召开了海事管理机构、船舶运输公司、船长、船员以及专家、学者参加的座谈会,并赴广西、四川、重庆进行了实地考察。在此基础上,法制办会同交通部对修改稿进行了认真研究并形成了《内河交通安全管理条例(修订草案)》(以下简称修订草案)。在5月14日国务院召开的全国安全生产电视电话会议之后,对修订草案又进一步做了修改。

(二)修订的主要内容

1.明确了地方人民政府、船舶和浮动设施所有人、经营人的安全管理责任制,严格了船员的任职资格和要求

本次修订针对原条例对地方人民政府和船舶、浮动设施的所有人、经营人以及船员在安全管理方面未规定明确责任的缺陷,重点作了以下三方面的规定:

(1)地方人民政府在内河交通安全管理方面的责任,主要包括四个方面:一是规定县级以上地方各级人民政府应当加强本行政区域内的内河交通安全管理工作,建立、健全内河交通安全管理责任制(第五条)。二是赋予县级人民政府对设置渡口和撤销渡口的审批权(第三十五条)。三是规定遇险地县级以上地方人民政府收到海事管理机构关于船舶、浮动设施遇险的报告后,应当对救助工作进行领导和协调,动员各方力量积极参与救助(第四十八条第二款)。四是规定在旅游、交通运输繁忙的湖泊、水库,在气候恶劣的季节,在法定或者传统节日、重大

集会、集市、农忙、学生放学放假等交通高峰期间,县级以上地方各级人民政府应当加强对维护内河交通安全的组织、协调工作(第五十七条)。

(2)船舶、浮动设施所有人、经营人的责任,主要包括两个方面:一是规定船舶、浮动设施的所有人或者经营人应当加强对船舶、浮动设施的安全管理,建立、健全相应的交通安全管理制度,并要求其对船舶和浮动设施的交通安全负责(第十条);二是规定船舶、浮动设施的所有人或者经营人不得聘用无适任证书或者其他适任证件的人员担任船员,不得指使、强令船员违章操作(第十条)。

(3)船员的任职资格和要求,规定:船员经水上交通安全专业培训,其中客船和载运危险货物船舶的船员还应当经相应的特殊培训,并经海事管理机构考试合格,取得相应的适任证书或者其他适任证件,方可担任船员职务。严禁未取得适任证书或者其他适任证件的船员上岗。船员应当遵守职业道德,提高业务素质,严格依法履行职责(第九条)。

2. 进一步明确了船舶、浮动设施的安全技术条件

针对现有船舶、浮动设施技术条件差、安全标准低的问题,修订草案从两个方面做了规定:一是规定船舶、浮动设施必须经海事管理机构认可的船舶检验机构依法检验合格、履行登记手续,并配备必要的船员,方可航行或者作业(第六条、第七条)。二是规定从事货物或者旅客运输的船舶,必须符合船舶强度、稳性、吃水、消防和救生等安全技术要求和国务院交通主管部门规定的载货或者载客条件(第二十一条第一款)。

3. 补充规定了船舶、浮动设施经营人的行为规范

针对船舶、浮动设施的经营人的经营行为不规范,重效益、轻安全的问题,修订草案从五个方面做了规定:一是规定任何船舶不得超载运输货物或者旅客(第二十一条第二款);禁止在内河运输法律、行政法规以及国务院交通主管部门规定禁止运输的危险货物(第三十条第二款)。二是规定了船舶航行基本规则(第十五条至第十七条)。三是规定了强制引航的范围(第十九条)。四是规定了从事危险货物装卸、过驳、运输、停泊以及编制危险货物事故应急预案等安全要求(第三十条至第三十四条)。五是规定了渡口船舶的载客条件、渡运规则和恶劣天气条件下禁止渡运的内容(第三十九条)。

4. 明确并加重了海事管理机构的责任

本次修订针对海事管理机构规定了两方面的责任:一是在“监督检查”一章中规定,海事管理机构必须建立、健全内河交通安全监督检查制度,并组织落实(第五十八条);必须依法履行职责,加强对船舶、浮动设施、船员和通航安全环境的监督检查,发现内河交通安全隐患时,应当责令有关单位和个人立即消除或者限期消除(第五十九条);对内河交通密集区域、多发事故水域以及货物装卸、乘客上下比较集中的港口,对客渡船、滚装客船、高速客轮、旅游船和载运危险货物的船舶,海事管理机构必须加强安全巡查(第六十条)。二是在“法律责任”一章中规定,海事管理机构不依据法定安全条件进行审批、许可,或者对审批、许可的安全事项不实施监督检查,或者发现船舶、浮动设施不再具备安全航行、停泊、作业条件而不及时撤销批准或者许可并予以处理,或者对未经审批、许可擅自从事旅客、危险货物运输的船舶不实施监督检查以及发现内河交通安全隐患不及时依法处理,或者对违法行为不依法予以处罚的,对负有责任的主管人员和其他直接责任人员根据不同情节,给予记大过直至撤职的行政处分;造成重大内河交通事故或者致使公共财产、国家和人民利益遭受重大损失的,依照刑法关于滥用职权

罪、玩忽职守罪或者其他犯罪行为的规定,依法追究刑事责任(第八十五条、第八十六条、第八十七条、第八十八条)。

5. 完善了行政管理措施,加大了行政处罚力度

针对原条例中行政管理措施不完善的问题,进一步补充、完善了行政管理措施,规定:遇有特殊情况时,海事管理机构可以根据情况采取限时航行、单航、封航等临时性限制、疏导交通的措施,并予公告(第二十三条)。

针对原条例对违法行为的处罚力度不够的问题,修订从三个方面做了规定:(1)增加了行政强制措施,主要是:暂扣船舶、责令离岗、禁止船舶进出港口、强行拖离、强制拆除等。(2)增加了责令停航或者停止作业的处罚种类。(3)加重了对船员的处罚,规定对有严重违法行为的船员,给予暂扣、吊销适任证书或其他适任证件的处罚;发生内河交通事故后逃逸的,在适任证书或者其他适任证件吊销后5年内不得重新从业。此外,修订草案还注意了行政处罚与刑罚的衔接。

《内河交通安全管理条例》共11章95条。内容包括:总则;船舶、浮动设施和船员;航行、停泊和作业;危险货物监管;渡口管理;通航保障;救助;事故调查处理;监督检查;法律责任和附则。

该《条例》所适用的“内河通航水域”是指由海事管理机构认定的可供船舶航行的江、河、湖泊、水库、运河等水域;适用的“船舶”是指各类排水或者非排水的船、艇、筏、水上飞行器、潜水器、移动式平台以及其他水上移动装置;所适用的“浮动设施”是指采用缆绳或者锚链等非刚性固定方式系固并漂浮或者潜于水中的建筑、装置;所指的“交通事故”是指船舶、浮动设施在内河通航水域发生的碰撞、触碰、触礁、浪损、搁浅、火灾、爆炸、沉没等引起人身伤亡和财产损失的事件。

条例围绕在我国内河通航水域从事航行、停泊和作业以及与内河交通安全有关的活动,规定了海事机构、地方政府、相关人员的行为准则及船舶、设施等必须满足的条件等。

根据2011年1月8日《国务院关于修改和废止部分行政法规的决定》第一次修订;根据2017年3月1日《国务院关于修改和废止部分行政法规的决定》第二次修订。

三、我国船舶与船员管理法规体系及所存在的问题

为了完善我国船舶与船员法律体系,交通部科技司在1991年曾立项对我国公路、水路法规体系进行研究。2000年交通部(交体法发〔2000〕20号)公布了《公路、水路交通法规体系框架和实施意见》。根据交通部所公布的交通法规体系框架,经研究于2001年中国海事局第十八次局长办公会议审议通过了《海事法规体系框架》。2004年在〔2000〕20号文件的基础上,为进一步解决交通立法的必要性和可行性之间的矛盾,制定了《关于完善公路、水路交通法规体系框架的实施意见》(交体法发〔2004〕361号)。以下根据交通部交体法发〔2004〕361号文件及《海事法规体系框架》的内容,介绍船舶与船员管理相关的法规体系。

(一)船舶法规系统

船舶法规系统应包括:法律、行政法规和规章,其基本构成如表2-1所示。在我国制定《中华人民共和国船舶法》是十分必要的。第一,船舶作为国家、企业和个人等的重要财产,是资金密集和技术密集的结合体,而利用船舶进行运输又具有动态性、风险性、涉外性和社会性的

特点，涉及的社会关系错综复杂，需要有一部法律加以保护和调整；第二，随着改革开放政策的深入，各种形式的船公司或航运公司不断涌现，这也需要有法律确定其法律地位，调整有关的社会关系；第三，作为船舶系统内重要组成部分的船舶检验行业，至今还没有一部相关的法律依据，不利于其依法开展工作。制定《船舶法》也是可行的，中华人民共和国成立以来我国陆续制定了一些有关船舶管理的法规和规章，其中船舶检验方面的各种技术性规范已基本配套；在船舶管理方面已先后颁布了《船舶登记条例》等一系列法规和规章。因此，在现行基础上制定《船舶法》是完全可行的。

目前，《船舶法》已列入立法计划，正在起草当中。它主要调整的是船舶的静态管理关系，包括船舶登记、船舶检验及对造船、拆船的管理等内容。

表 2-1　船舶法规系统

《船舶法》（待制定）	1	《船舶登记条例》	1	《船舶登记管理办法》
	2	《船舶和水上设施检验条例》	2	《船舶升挂国旗管理规定》
	3	《船舶和海上设施检验条例》	3	《船舶签证管理规则》
	4	《小型船舶管理条例》	4	《船舶安全监督检查规则》
			5	《船舶最低安全配员规则》
			6	《船舶日志管理规定》
			7	《客舱安全监督管理规则》
			8	《船舶载运危险货物安全监督管理规则》
			9	《公务船管理规定》
			10	《小型船舶管理规定》
			11	《船舶水上过驳作业安全监督管理规定》
			12	《公司船舶安全与防污染资质管理办法》
			13	《船舶检验管理办法》
			14	《船舶检验机构资质管理规定》
			15	《船舶检验人员资格管理规定》

《船舶和海上设施检验条例》主要适用于船舶和设施以及船运集装箱检验的行政关系。

《船舶登记条例》主要内容包括船舶所有权、抵押权、光船租赁权以及船名、船舶烟囱标志的登记中的行政关系。

《小型船舶管理条例》主要内容是规范小型船舶的登记和检验制度。

（二）船员法规系统

中华人民共和国成立以来，我国已制定和颁布了许多有关保护船员权益和船员管理方面的规范性文件，对保护船员权益、提高船员素质和技能、维护航运正常秩序起到了重大作用。但是，现行的有关规定大多是行政规章，甚至有些还是不具有法律效力的公司规定，缺少必要的行政法规。如果说有适用法律的话，也仅是《中华人民共和国劳动法》。制定船员法是必要的，其主要目的是：第一，保障船员的合法权益。我国改革开放后，组成船员的成分发生了很大变化，出现了各种身份的船员，如个体船员等，加之船员工作具有辛劳性、危险性、流动性和涉外性的特点，国家应有相应的法律或法规保护其合法利益。第二，提高船员素质。由于船舶本身的特点和船员成分的变化，需要法律或法规设有关于船员培训、考试、发证和值班的规定，保证水上从业人员达到国际和国内有关规定的要求，推动航运事业的不断发展。第三，建立良好的劳务市场秩序。我国是船员大国，但如何规范船员劳务市场却没有相应的法规，从而使船员能否拿到工资无保障，而对工作不负责等情况时有发生。第四，发展海洋经济，船员也是重要的因素之一。

从国外的司法实践看，因船员的劳务合同产生的案例十分有限，主要是因为法规体系比较完善。因此，制定船员法规在实践中也是可行的。尽管我国尚未有系统的船员法规，但在长期实践中已陆续制定了一些有关船员管理的规定和办法，如《船员管理条例》《中华人民共和国海船船员考试发证规则》《中华人民共和国海员证管理办法》等总计 47 件左右的规范性文件；迄今为止，我国已签署并加入了某些有关船员管理方面的国际公约，如《国际海事劳工公约》《海员遣返公约》《海员协议条款公约》《国际海上人命安全公约》等，可以据此制定相应的国内立法；我国制定的《劳动法》《海商法》《民法通则》等项法律，也为制定船员法提供了基本的法律依据。目前，我国制定和实施的有关船员管理方面的法规是《船员条例》，船员法规系统如表 2-2 所示。

表 2-2　船员法规系统

《船员法》（待制定）	1	《船员条例》	1	《船员注册管理办法》
			2	《海员出入境证件管理办法》
			3	《船员公司管理规定》
			4	《海船船员值班规则》
			5	《内河船舶船员值班规则》
			6	《海船船员任职资格管理办法》
			7	《内河船舶船员任职资格管理办法》
			8	《引航员注册和任职资格管理规定》
			9	《船舶引航管理规定》
			10	《船员培训管理办法》
			11	《船员教育与培训机构资质管理办法》

必须指出的是，虽然船舶法规系统及船员法规系统包括了船舶与船员管理的大部分法规，但水路交通安全法规系统也包括一些船舶与船员管理的规定，例如，船舶航行、停泊及作业的规定，海事调查处理条例中关于事故报告及接受调查的规定等，都涉及船舶与船员。因此，在水路交通安全法规系统中也涉及船舶与船员管理的规定。

（三）船舶与船员管理法律体系存在的问题

中华人民共和国成立以来，我国虽然颁布了一系列关于船舶与船员管理的规范性文件，对加强在该领域的管理，保障水上交通安全起到了巨大作用，但从总体上讲，船舶与船员管理的法律体系仍存在许多问题。存在的主要问题是：第一，船舶与船员管理的法规体系尚不完整。目前我国还缺乏船舶管理法律体系，也还没有关于船员管理的法律体系。我国有关部门已注意到这一问题，正在加紧立法。第二，我国船舶与船员管理法律体系的立法层次偏低。船舶与船员作为水上交通运输中的重要因素，具有较大的动态性、风险性和较强的涉外性，法规所调整的关系错综复杂，仅仅以立法层次较低的规范性文件加以调整显然是不行的。据统计，中华人民共和国成立以来，制定有关船员管理方面的规范性文件约有 47 件，但迄今为止尚无一部专门法律出台。第三，船舶与船员管理立法在某些方面跟不上形势的变化。由于我国的改革开放政策的不断深入推进，船舶与船员的成分发生了根本性的变化，打破了行业垄断，开放了国内航运市场，市场调节作用在不断加强。目前，我国船员劳务市场空前活跃，船员的成分发生了变化，出现了各种类型的船员，如国家航运公司船员、集体航运公司船员、个体船公司船员以及个体船员和远洋捕捞船员等。这已超出了部门管理的范围，需要有法律或法规调整这种纵横交错的关系，而船舶与船员管理的立法还没有完全与这种变化相适应。第四，船舶与船员管理的法律体系中尚有缺口。

第三节　国际海上人命安全公约

《国际海上人命安全公约》（以下简称 SOLAS 公约）（International Convention for the Safety of Life at Sea，简称为 SOLAS）被认为是关于船舶与船员管理最为重要的国际公约之一，在国际上受到高度重视。

一、SOLAS 公约的立法背景

在 IMO 制定的所有与海上安全有关的国际公约中，SOLAS 公约是最重要，也是最老的一个公约。1912 年 4 月 14 日，英国建造的 46 000 总吨豪华客轮“泰坦尼克号”，在其从英国至美国的处女航中与冰山相撞，在北大西洋沉没。由于船舶材料、舱室结构及救生设备方面等问题，这次海难事故造成 1 500 多人丧生。在这次历史上空前惨重的海难发生后，于 1913 年底，英国政府召开了第一次国际海上人命安全会议，讨论新的安全规则。出席这次会议的有 13 个海运国家的代表，并于 1914 年 1 月 20 日签订了第一个 SOLAS 公约。第一个 SOLAS 公约的很多条款是针对“泰坦尼克号”客轮的海难而制定的。公约对客船提出了许多具体的安全要求，其中对船舶构造、分舱、救生及防火舱壁、防火和救生设备等项规定尤为严格，并要求所有客船配备无线电设备，为了吸取“泰坦尼克号”的惨痛教训，公约还建议在北大西洋设置冰区巡逻艇。由于第一次世界大战的爆发，该公约未能生效。

1929 年，由英国政府发起，第二次国际海上人命安全会议在伦敦召开，有 18 个国家的代表参加。会议结合第一次世界大战期间取得的教训，于该年 5 月 1 日制定了《1929 年国际海上人命安全公约》（该公约于 1933 年生效，早已废止）。《1929 年国际海上人命安全公约》较《1914 年国际海上人命安全公约》提出了更加详细和具体的要求，并规定 1 600 总吨及以上的货船必须配备无线电报设备。

为了解决《1929 年国际海上人命安全公约》存在的问题及更好地总结第二次世界大战期间所发生一系列事故的教训，第三次国际海上人命安全会议于 1948 年在英国伦敦召开，讨论并通过了《1948 年国际海上人命安全公约》（该公约于 1952 年 11 月 19 日起生效）。该公约所包括的内容更加广泛,规定更加详细,特别是对水密分舱、稳性标准、船体结构防火等规定做了重大改进。公约还要求所有500总吨及以上货船必须持有国际设备安全证书。同时,根据形势的发展,公约对航行安全、气象预报和冰区巡逻等各项规定也做了相应的补充修改。公约为谷物运输和危险货物运输以及核能船舶等各列一章,并制定了相应较为详细的规则。

第四次国际海上人命安全会议于1960年5月17日至6月17日在伦敦召开,有55个国家的代表参加了此次会议。会议在修订《1948年国际海上人命安全公约》的基础上,制定了《1960年国际海上人命安全公约》(该公约于1965年6月26日起生效)。公约对船舶构造、救生、消防、无线电设备、航行安全、谷物运输、危险货物运输和核能船舶安全等内容做了更加详细和严格具体的规定,许多原来只适用于客船的安全措施现在也适用于货船。

第五次国际海上人命安全会议于1974年10月21日至11月1日在伦敦召开,会议有71个国家和地区的代表参加。我国政府首次派代表团出席了该次会议。国际劳工组织、国际电信联盟、国际航运公会、国际船级社协会等10个非政府间组织也派观察员列席了会议。会议最终签署了《1974年国际海上人命安全会议最终议定书》和SOLAS 1974两个文件。该公约于1980年5月25日生效。我国于1980年1月7日加入了该公约,并于公约生效之日起对我国生效。SOLAS 1974为现行公约,它是历史上第五个安全公约。

二、SOLAS 1974的主要内容

通过的SOLAS 1974包括了SOLAS 1960及其以后通过的七个修正案的内容[即1966年、1967年、1968年、1969年、1971年、1973年(总则)和1973年(谷物)修正案]。

SOLAS 1974的主要目的是规定与安全相应的船舶构造、设备及其操作的最低标准,由船旗国负责确保悬挂其国旗的船舶达到这一要求,公约规定船舶须持有公约规定的证书作为该船舶已达到公约标准的证明。

SOLAS 1974是以各缔约国政府共同制定原则和有关规则,以增进海上人命安全的目的而缔结的。该公约由十三个条款和一个附则组成。各缔约国承担义务实施该公约及其附则的各项规定,附则是公约的组成部分。凡引用该公约时,同时也就是引用其附则。各缔约国政府承担义务颁布一切必要的法律、法令、命令和规则,并采取一切必要的其他措施,使该公约充分和完全有效,以便从人命安全的观点出发,保证船舶适合其预定的用途。该公约适用于经授权悬挂缔约国政府国旗的船舶。在出航时不受该公约规定约束的船舶,并不因天气恶劣或任何其他不可抗力的原因偏离原定航线而受本公约规定的约束;由于不可抗力或因船长负有搭载失事船舶人员或其他人员的义务而登上船的人员,在确定该公约适用于该船的任何规定时,都不应该计算在内。为了避免对人命安全的威胁而撤离人员时,缔约国政府可准许其载运船舶载运多于该公约其他规定所允许的人数,但上述许可不剥夺其他缔约国政府根据该公约享有的对到达其港口的这种船舶的任何监督权。各缔约国政府承担义务将授权代表缔约国政府管理海上人命安全措施的非政府机构的名单和根据该公约规定所颁发证书的足够数量的样本送交海协保存,并分送各缔约国参考;就该公约范围内各种事项所颁布的法律、法令、命令和规则的文本也应送交海协保存。所有或某些缔约国政府之间,通过协议而按照该公约订立特殊规则时,应将这种规则通知海协,以便分发给所有缔约国。在缔约国政府之间,SOLAS 1974代替并废除1960年SOLAS公约。缔约国政府之间以前订立的条约、公约或协定与1974年公约的规定有抵触时,应以1974年公约为准,但该公约未予明文规定的一切事项,则仍受缔约国政府的

法律管辖。各国政府可按下列方式之一参加该公约：(1)签字并对批准、接受或认可无保留；(2)签字而有待批准、接受或认可，随后再予批准、接受或认可；(3)加入。该公约正本一份用中文、英文、法文、俄文和西班牙文写成，各种文本具有同等效力；译有阿拉伯文、德文和意大利文的正式译本，并与签署的原本一起保存。

三、当前 SOLAS 1974 技术条款的主要内容

SOLAS 1974 公约经过两个议定书及几十次修正案的修订，形成如下内容。

第Ⅰ章 总则。对于公约的适用范围、有关名词的定义、适用公约的例外、免除以及规则的生效等内容做了详细的规定。规定了对不同用途船舶法定检验的种类和检验的内容。为表明不同种类的船舶达到了公约规定的标准，船舶检验后，应向船舶签发公约规定的不同种类的证书，同时对证书的签发格式、有效期、监督和承认等内容做了规定。它规定了各主管机关负有对船舶事故进行调查和向 IMO 报告的义务。本章还包括缔约国政府对船舶的港口国监督。

第Ⅱ章-甲 构造-分舱与稳性、机电设备。它规定客船水密舱的分舱必须满足在假定船壳破损之后，船舶应保持漂浮并具有一定的稳性，客船的水密完整性和舱底排水装置以及客、货船的稳性均需符合相应的要求。船舶的分舱是通过相邻两个主横舱壁间的最大许可距离测定分舱程度的，并随着船舶长度及其从事经营活动的不同而变化。客船适用于最高分舱程度。有关机电设备的规定，对于船舶、旅客和船员的安全提供基本服务的有关机电设备，在不同紧急情况下均能保持其性能。有关操舵装置的要求在本章中尤为重要。

第Ⅱ章-乙 防火、探火和灭火。本章包括了对所有船舶详细的安全用火规则，以及对客船、货船和油船的特别措施。

制定本章的目的是要求船舶的防火、探火和灭火达到最充分可行的程度。考虑到船舶的类型和所涉及的潜在火灾危险性，该章的要求主要依据下列原则：

(1)用耐热与结构性限界面，将船舶划分为若干主竖区；

(2)用耐热与结构性限界面，将起居处所与船舶其他处所隔开；

(3)限制使用可燃材料；

(4)在火源区域内探知任何火灾；

(5)在火源处所内抑制和扑灭任何火灾；

(6)保护脱险通道或灭火出入口；

(7)灭火设备的即刻可用性；

(8)将易燃货物蒸发气体着火的可能性减至最低程度。

新修订的第Ⅱ章-乙在 2000 年 12 月通过，2002 年 7 月 1 日生效。

第Ⅲ章 救生设备与装置。新的第Ⅲ章在 1996 年通过并在 1998 年 7 月 1 日生效。在修订本章时，考虑了自 1983 年修订以后在技术上所发生的变化。在 1996 年修订案内，具体的技术要求被移到一个新的《国际救生设备规则》中(Life-Saving Appliance Code，LSA)，该规则根据 SOLAS 公约技术条款第 34 条强制适用。第 34 条规定，所有救生设备及其布置应该遵守 LSA 规则的相关规定。

本章在 1998 年 7 月 1 日生效，适用于 1998 年 7 月 1 日及以后建造的所有船舶，但是对本章的有些修改也适用于该日以前所建造的船舶。

1996 年对第Ⅲ章的修改考虑了技术的进步，例如要求建立海上疏散系统：这些系统包括

对滑梯的使用，与在飞机上适用的情况相同。该修改案还反映了由于20世纪80年代及90年代一系列灾难而引发的大众对安全问题的关注。许多客船规则沿用到目前的客船，对滚装客船还有特殊的规定。

第Ⅳ章 无线电通信设备。本章在1988年完全修改，并且引入了全球海事遇险与安全系统（Global Maritime Distress and Safety System，GMDSS）。

修正案于1992年2月1日生效，到1999年2月1日逐步施行。在这段时间里，客船和300总吨及以上的国际航行货船逐步淘汰莫尔斯码，要求安装提高遇险后救助概率的设备，包括用于船舶或救生船定位的卫星应急无线电示位标（Emergency Position Indicating Radio Beacons，EPIRBs）和雷达搜救应答器（Search and Rescue Transponders，SARTs）。SOLAS的第Ⅳ章以前的标题是无线电报和无线电话，反映的是卫星通信出现前的无线电通信形式。

第Ⅳ章的规则包括缔约国政府提供无线电通信服务的业务和船舶安装无线电通信设备的要求。本章与国际电信联盟的无线电规则紧密联系。

第Ⅴ章 航行安全。第Ⅴ章指出了由缔约国政府所提供的特定的航行安全服务，这些服务广泛地适用于所有航区的所有船舶。这些规定与公约整体相比不同，公约只适用于特定等级并从事国际航行的船舶。

服务包括：气象服务；冰况巡逻服务；船舶定线；搜救服务。

本章还包括船长驰往并协助遇险船舶的一般责任，从保证安全的角度，缔约国政府应保证船舶的配员是足够的和有效的。

第Ⅴ章的新修正案在2000年12月通过，并在2002年7月1日生效。本章对特定船舶强制要求船舶安装航行数据记录仪（Voyage Data Recorders，VDRs）和船舶自动识别系统（Automatic Identification Systems，AIS）。

第Ⅵ章 货物运输。本章适用于所有货物（散装液体和气体除外），因为由于它们严重威胁到船舶和船上人命安全，必须采取特别的预防措施。

本规则还包括对货物和货物单元（例如集装箱）的积载和系固。

在1991年以前，本章只适用于谷物运输，因为如果不对谷物进行适当的装载、平整和固定，它的流动性将会对船舶的稳性造成灾难性的影响。现在本章要求谷物运输船舶遵守IMO的国际谷物规则。

第Ⅶ章 危险货物运输。本规则包括四个部分：

A部分为包装危险货物和散装或固体危险货物的要求，包括危险货物分类、包装、标志、标签和张贴、文书和积载的相关规定。对于该类危险货物，要求缔约国政府在国家范围内应发布相关指南。本章参照了《国际海运危险货物规则》（IMDG Code），该规则为了适应新的危险货物而不断地被更新、补充和完善。

B部分包括装载散装液体化学危险品船舶的建造和设备，并要求在1986年7月1日后建造的化学品船遵守《国际散装运输危险化学品船舶构造和设备规则》（IBC Code）。

C部分包括装载散装液化气和气体船舶的建造要求和设备，并要求在1986年7月1日后建造的液化气和气体船遵守《国际散装运输液化气体船舶构造和设备规则》（IGC Code）。

D部分包括对装载包装辐射性核原料、钚和高分子辐射性废料船舶的特殊要求，要求装载以上货物的船舶遵守《国际船舶安全载运包装的辐射性核燃料、钚和高放射性废料规则》（INF Code）。

从2004年1月1日起,本章要求所有装载危险货物的船舶遵守《国际海运危险货物规则》(IMDG Code)的相关条款。该修正案于2002年在IMO大会上通过,并于2004年1月1日生效。

《国际海运危险货物规则》于1965年在IMO大会上第一次通过,并保持定期的修正更新。

第Ⅷ章 核动力船舶。该章对核动力船舶和有关于它的放射性危险给予基本要求。《核动力商船安全规则》对核动力船舶做出了更为详细和综合的规定。该规则于1981年在IMO大会上通过。

第Ⅸ章 船舶安全营运管理。本章使《国际安全管理规则》(ISM CODE)成为强制性规则,该规则要求船东或船舶责任人(公司)建立安全管理体系。

本章在1994年5月通过,并在1998年7月1日生效。

第Ⅹ章 高速船安全措施。本章使《国际高速船安全规则》(HSC Code)成为强制性规则,该规则适用于1996年1月1日及以后建造的高速船。本章在1994年5月通过并在1996年1月1日生效。

新的《国际高速船安全规则》在2000年12月通过,并适用于2002年1月1日及以后建造的船舶。

第Ⅺ章-甲 加强海事安全的特别措施。本章在1994年5月通过并在1996年1月1日生效。

第Ⅺ章-乙 加强海事保安的特别措施。本章在2002年12月通过并在2004年1月生效。规则Ⅺ-2/3包括了《国际船舶和港口设施保安规则》(ISPS Code)。A部分是强制性的,B部分是指导如何最好地遵守强制性要求。该规则要求海事管理部门建立保安等级体系,并保证悬挂该国国旗的船舶能够得到相应的保安等级信息。船舶在进入缔约国港口之前,或者在港口时,如果该缔约国所规定的保安等级高于该船主管机关所规定的保安等级,那么该船应该遵守其所在缔约国政府对保安等级的要求。

规则Ⅺ-2/4确立了船长的地位,船长可以运用其职业的判断力做出决定,以保障船舶安全,也就是说船长可以不受船公司、租船人或者其他相关人员的约束。

规则Ⅺ-2/5要求所有船舶拥有船舶保安警报系统,根据严格的时间表,要求大部分船舶在2004年前安装该系统,其余的船舶在2006年前安装。船舶保安警报系统一经启动,即应开始发送船到岸的警报。警报传送到海事管理机构,授权有能力处理的机关,其识别船舶和位置,表明该船正处在威胁中。该系统将不会在船上引起任何警报。该系统应能够在驾驶台及至少一处其他地方被启动。

规则Ⅺ-2/6针对港口设施的要求,为缔约国政府提供其他信息,以保证根据ISPS规则进行港口设施保安的评估,制订、执行和完善港口设施保安计划。

本章其他的规则包括向IMO提供信息的有关规定,船舶在港口中的控制(包括滞留、扣留、限制作业和限制在港口移动或驱逐出港),船公司的特定责任。

第Ⅻ章 散货船安全附加措施。本章在1997年11月通过并在1999年7月1日生效。它包括了对1999年7月1日以后建造的、船长超过150米、载货密度大于1 000千克/立方米及以上的新散货船结构上的要求;也包括了对载货密度大于1 780千克/立方米及以上的现行散货船(例如装载铁矿石、生铁、钢、铁矾土和水泥)结构上的要求。密度大于1 000千克/立方米但小于1 780千克/立方米的货物有谷物(例如小麦、大米)和木材。

第四节 海员培训、发证和值班标准国际公约

《1978 年海员培训、发证和值班标准国际公约》(1978 年 STCW 公约)是 IMO 公约中最重要的公约之一。

一、1978 年 STCW 公约的内容

1978 年 STCW 公约由公约正文和附则组成。

公约正文对公约中的有关定义,适用范围,监督,缔约国的一般义务,公约的修正、签署和加入等方面的内容进行了规定,其实质性的规定在公约的附则中。

公约的附则共包括七章。

第Ⅰ章(总则)共 4 条,对附则中的定义、证书的内容、签证的格式、有关近岸航行的原则及监督程序做出了规定。

第Ⅱ章(船长-甲板部)共 8 条,规定了航行值班中应遵守的基本原则,在港值班应遵守的基本原则,对 200 总吨及以上船长、大副和负责船舶航行值班驾驶员发证的强制性最低要求及组成航行值班部分的一般船员的强制性最低要求,对 200 总吨以下船舶的船长和负责航行值班的驾驶员发证的强制性最低要求及在港内载运危险品船舶上值班的强制性最低要求。

第Ⅲ章(轮机部)共 6 条,规定了轮机值班中应遵守的基本原则,对主推进动力装置为 3 000 千瓦及以上船舶的轮机长和大管轮发证的强制性最低要求,对主推进动力装置在 750~3 000 千瓦之间船舶的轮机长和大管轮发证的强制性最低要求,对传统的有人看守机舱负责值班的轮机员或定期无人看守机舱指派的值班轮机员发证的强制性最低要求,保证轮机员不断精通业务和掌握最新知识的强制性最低要求和对组成机舱值班部分的一般船员的强制性最低要求。

第Ⅳ章(无线电部)共 3 条,分别对无线电报务员的发证和培训做出了规定。

第Ⅴ章(对液货船的特别要求)共 3 条,分别对油船、化学品液货船及液化气体船船长、高级船员和一般船员的培训和资格提出了强制性最低要求。

第Ⅵ章(精通救生艇业务)共 1 条,规定了关于颁发精通救生艇业务证书的强制性最低要求。

1978 年 STCW 公约于 1984 年 4 月 28 日生效后,对于统一世界各主要航运国家关于海员的培训、发证和值班起到了巨大作用,但由于各方面的原因,需要对其进行修改。该公约共进行了五次修正,其中 1995 年所进行的修正是规模最大的一次。

二、1995 年对 1978 年 STCW 修改的主要内容

1995 年 STCW 公约与 1978 年 STCW 公约相比,除了结构方面的变化外,主要增加了以下方面的内容:

(1)全面、严格和多方位的遵章核实机制,包括规则Ⅰ/7 对缔约国主管机关的监督、规则Ⅰ/4 对船舶和船员的港口国管理、规则Ⅰ/10 对方便旗船舶船员发证的监督等。

(2)加强对海员的实际技能培养和评估,并规定海员必须接受系统的专业教育和培训。

(3)对海员培训、考试、评估和发证,规定必须建立质量标准体系并受到连续的质量控制。其引入了“功能发证”的新概念,并根据船员适任及执行功能的情况将船员分成以下责任级别:管理级、操作级和支持级。

(4)允许重组传统的船上岗位分式体系,引入适应先进自动化船舶的功能发证体系。

(5)增加了包括模拟器训练、特殊类型船舶、基本安全和人员管理在内的多种强制性和非强制性的培训项目。

(6)严格并扩大对证书再有效的规定和适用范围。

(7)集中和系统地规定了海员在各种条件下保持正常和安全值班的原则和要求。

三、功能发证方法

所谓“功能”系指由 STCW 公约指明的,船舶操作、海上人命安全或保护海洋环境所需的一组任务、义务和职责。根据 1995 年修正的 STCW 公约,将船舶的操作划分为以下七种功能:(1)航行功能;(2)货物装卸和积载;(3)控制船舶操作和管理船上人员;(4)轮机工程;(5)电气电子和控制工程;(6)维护和修理;(7)无线电通信。并根据船员适任及执行功能的情况将船员分成以下责任级别:管理级、操作级和支持级。

管理级系指与下列内容有关的责任级别:(1)作为船长、大副轮机长或大管轮在海上服务;或(2)保证正规地履行指定责任范围内的所有职能。

操作级系指与下列内容有关的责任级别:(1)作为负责航行或轮机值班的高级船员或被指定为定期无人机舱的值班轮机员或无线电操作员在海船上服务;(2)在服务于责任范围管理级人员的指示下,按照正规的程序,对履行指定责任范围内的所有功能保持直接的控制。

支持级系指与在服务于操作级或管理级的人员指示下,在海船上履行指定的任务、职责和责任有关的责任等级。

功能发证方法打破了船舶传统的部门组织和船上任务、义务和职责的等级划分。它允许但并不一定要求采取背离传统的模式向船员颁发适任证书,即可以按照公约修正案规定的功能,对达到公约修正案特定功能的人,按照不同责任级别的适任标准,经过主管机关评估合格,可以颁发相应的职务证书。

据英国和澳大利亚的研究,这种发证方法的优点主要表现为:

(1)作为培训和发证的基础,它解决了确认未来船上组织形式的困难。对于船上的每一功能,可以指明其标准并据此测量个人的适任性,而对个人适任性的判断应做到主要不依赖于其个人背景或其获取知识和理解力的过程。

(2)允许在安排任务时有所需要的灵活性,从而对可用的人力进行有效利用。

(3)它有利于更新和修改适任标准的工作及相关的培训和教育。

(4)它有利于疏通了解各种知识和技能的渠道,让海员既能在水平方向上(技能的扩展),又能在垂直方向上(技能的提高)开拓自己的职业。通过改进操作实践,这种宽度和深度将增强安全性。

(5)它将提高海员个人职业的潜力,并使重复学习减到最少,将范围适用扩大到所有船员。

功能发证与传统发证之间的关系:功能发证与传统发证是两种不同的发证形式。它们都是在保证船舶正常运行及保护海洋不受污染的条件下,要求船员对其职责做到适任,只是功能发证方法将船上的工作按其性质进行了划分。但不管采取何种发证方法,均必须保证持证船员对其职责的适任。

四、2010 年 STCW 公约修正案

2010 年 STCW 公约修正案是对公约的第二次全面修订,于 2012 年 1 月 1 日生效。

主要修改的内容如下:

1. 第Ⅰ章总则的主要修正内容

(1)新增了"适任证书""培训合格证书""书面证明""电子员""电子技工""高级值班水手""高级值班机工""保安职责"等新定义。

(2)理顺了证书管理体系,将其分为适任证书、培训合格证书和书面证明三种。新修正案提高了证书的签发、签证、认可的审查要求,以防止出现与适任证书相关的非法行为。

(3)新增证书的签发和登记条款,对海上服务资历的认可、培训课程的确认、登记的电子查询、证书注册数据库的开发等规定。

(4)适任证书再有效的条件增加一种情形,即履行了所持证书上相应职能认可的海上服务资历至少在再有效之前 6 个月中累计 3 个月。

(5)在近岸航行原则中,新增缔约国应与相关缔约国就有关航区和其他相关条件的细节达成一致的条款。

(6)增加独立评价报告内容的明确要求,对最初资料交流、后续报告及有资格人员的小组等做出了明确规定。

(7)明确海员健康标准及健康证书的签发要求。要求海员健康检查均应由缔约国认可的完全合格的有经验的从业医生完成;缔约国应制定认可从业医生的规则,对其进行登记并根据请求向其他缔约国、公司及海员提供。

(8)增加公司的责任。公司应对其指派到任一船上的海员均进行了本公约要求的知识更新培训;任何时候都必须按 SOLAS 第Ⅴ章第 14 条第 3 款的规定确保其在船上能进行有效的口头沟通。

(9)明确过渡期的安排。

2. 第Ⅱ章船长和甲板部的主要修正内容

(1)强调电子海图显示与信息系统(ECDIS)的应用。新增使用电子海图显示与信息系统(ECDIS)保持安全的航行值班(操作级)和使用有助于指挥决策的电子海图显示与信息系统(ECDIS)和附属系统,以保持安全的航行(管理级)的要求。

(2)简化天文航海的知识、理解和熟练要求,提倡使用电子航海天文历和天文航海计算软件提高证书签发、签证与认可的审查要求,明确并细化独立评价报告的内容要求、人员资格要求及质量体系审核机制,明确海员健康标准及健康证书签发要求,增加电子员与电子技工及高级值班水手与高级值班机工的适任要求,强化保证海员充足休息的时间要求等。

(3)驾驶台资源管理成为强制性适任标准。

(4)新增领导和团队工作技巧使用(操作级)与领导力和管理技巧使用(管理级)的强制性适任能力。

（5）新增海洋环境保护意识方面的知识、理解和熟练要求。

（6）新增按照船舶报告系统和 VTS 报告程序的一般规定进行报告的内容。

（7）新增高级值班水手发证的强制性最低要求。

3. 第Ⅲ章轮机部分的主要修正内容

（1）删除“至少 30 个月的认可的教育与培训”的要求。

（2）提高普通船员晋升轮机员的要求，从 STCW 78/95 修正案的“不少于 6 个月的轮机部海上服务资历”提高到“完成不少于 12 个月的金工实习和认可的海上服务资历”，其中包括不少于 6 个月的机舱值班（在轮机员的指导下）服务资历。

（3）明确了第Ⅲ章的适任证书发证要求与第Ⅵ章培训合格发证之间的联系。

（4）机舱资源管理成为强制性适任标准。

（5）新增领导力和团队工作技巧的使用（操作级）和领导力和管理技巧的使用（管理级）的强制性适任能力。

（6）新增电子员和电子技工发证和资格的强制性最低要求。

（7）新增高级值班机工发证的强制性最低要求。

4. 第Ⅳ章无线电通信和无线电人员的修正内容

将第Ⅳ章标题“无线电通信和无线电人员”修改为“无线电通信和无线电操作员”，本章内出现的“无线电人员”全部被改为“无线电操作员”。此外，在第Ⅰ章的规则Ⅰ/1（定义和说明）中增加了 GMDSS 无线电操作员的概念。第 A-Ⅳ/2、第 B-Ⅳ/2 节中的《IMO 商船搜救手册》被修改为《国际海空搜救手册》。

5. 第Ⅴ章特定类型船舶的船员特殊培训要求的修正内容

（1）对 STCW 78/95 修正案的液货船船长、高级船员和普通船员培训和资格强制性的最低要求做了重大的调整，由Ⅴ/1 液货船（油船、化学品船、液化气船）船长、高级船员和普通船员培训和资格强制性最低要求分解为：Ⅴ/1-1 油船、化学品船船长、高级船员和普通船员培训和资格强制性最低要求及Ⅴ/1-2 液化气船船长、高级船员和普通船员培训和资格强制性最低要求两部分。新增加了 5 种证书：油船和化学品船货物操作基础培训证书、油船货物操作高级培训证书、化学品船货物操作高级培训证书、液化气船货物操作基础培训证书、液化气船货物操作高级培训证书。

（2）新增负有货物装卸、积载、洗舱、过驳或其他与货物有关操作直接责任的人员强制性适任能力的要求。

（3）将原来的Ⅴ/2“滚装客船的船长、高级船员、普通船员和其他人员的培训和资格的强制性最低要求”和Ⅴ/3“除滚装客船以外的客船的船长、高级船员、普通船员和其他人员的培训和资格的强制性最低要求”修改为新的Ⅴ/2。第Ⅴ/2 条标题相应改为“客船船长、高级船员、普通船员和其他人员的培训和资格的强制性最低要求”，不再突出滚装客船的特殊要求。

（4）在规则 B 部分，增加了：B-Ⅴ/d“近海移动装置（MOUs）使用规则的指南”；B-Ⅴ/e“对近海供给船上的船长、负责航行值班驾驶员培训和资格的指南”；B-Ⅴ/f“对操作动力定位系统的人员的培训和资历的指南”；B-Ⅴ/g“对航行极地水域船舶船长和高级船员培训的指南”。

6. 第Ⅵ章应急、职业安全、医护和救生职能的主要修正内容

（1）明确所有船员的熟悉和基本安全培训及训练的强制性最低要求，增加海洋环境保护

基本知识、船上有效沟通、团队工作、理解并采取措施控制疲劳等新内容。

(2)保安培训分为4类培训:船舶保安员培训,熟悉保安培训,保安意识培训,负有指定保安职责人员的培训。船舶保安员必须持有船舶保安员培训合格证书;当保安意识培训或者负有指定保安职责人员的培训没有包含在签发证书的条件中,所有船员必须持有"保安意识培训合格证书",被指定负有保安职责的海员则还应持有"负有保安职责培训合格证书"。

(3)对保持包括基本安全、熟练救生艇操作、高级消防等适任能力的方式修改为每5年船员需要提供保持适任的证据;对于那些可以在船上实施的训练项目,主管机关可以接受船员在船上的训练和实践经历,但公约并没有明确"保持不能在船上实施的训练项目的适任能力"的方式与方法。

7. 第Ⅶ章可供选择的发证的主要修正内容

增加了申请高级值班水手和高级值班机工应符合的适任标准、支持级船员发证资历要求和甲板部、轮机部特殊综合培训项目的指导。

8. 第Ⅷ章值班的主要修正内容

(1)规定主管机关为防止负有安全、防污染及保安职责的值班人员疲劳,应制定与实施足够休息时间的措施,规定主管机关为防止药物和酒精的滥用应制定的适当措施。

(2)所有负责值班的高级船员或参与值班的普通船员以及涉及指定的安全、防污染和保安职责的人员被提供的休息时间应不少于:任何24小时内最少10小时;以及任何7天内77小时。休息时间可以分为至多不超过2个时间段,其中一个时间段至少要求有6小时,连续休息时间段之间的间隔不应超过14小时。在紧急或在其他超常工作情况下不必要保持上述规定的关于休息时间的要求。紧急集合演习、消防和救生演习,以及国家法律与规则和国际文件规定的演习,应以对休息时间的干扰最小并不导致船员疲劳的形式进行。

(3)规定了正在履行安全、保安和海洋环境职责的船长、高级船员和其他海员的血液酒精浓度(BAC)不高于0.05%,或呼吸中酒精浓度不高于0.25 mg/L。

(4)增加了负有保安职责的值班人员的规定、值班时间和休息时间的要求及防止药物和酒精滥用的指导。

第三章　船舶检验与船舶技术证书

第一节　船舶检验概述

一、船舶检验的概念、目的和意义

船舶检验是指国家授权或国际上承认的船舶检验机构、组织等，按照国际公约、国内立法、标准、规范或规则等的要求，对船舶的设计、制造、材料、机电设备、安全设备、技术性能及营运条件等所进行的审核、测试、检查和鉴定，是目前各国为保证船舶技术状态，保障水上人命、财产安全和防止海洋环境污染，所普遍采取的一种对船舶监督管理的措施。通过检验可以确定船舶及其设备是否适合预定的用途，是否具备在一定航区安全航行及营运的能力和条件。船舶只有通过检验证明符合规定的条件后，才能取得相应的合格技术证书。船舶技术证书是船舶登记、签证、船舶保险、海事索赔和处理等的必备文件。

船舶检验对船舶所有人以及对国家都具有重大的意义，主要表现在：第一，船舶检验是国家水上安全管理的基础。从保证水上人命、财产安全和防止海洋环境污染及执行法律的角度，这些都是建立在船舶检验的基础之上的，它是保证国家监督的重要措施之一。第二，船舶检验对于船舶所有人也是十分重要的。通过船舶检验，船舶所有人才能获得船舶航行必备的技术证书，该证书是船舶从事水上运输的先决条件；合格的技术证书是船舶登记必备的法定文件，通过登记，船舶才能取得在公海航行的法律地位，才能取得悬挂一国国旗航行的权力。通过检验并取得合格证书的船舶，对于争取货源、降低船舶保险费率也具有重要的影响；合格的船舶技术证书在海事中被认为是船舶适航的初步证据，对于海事索赔以及处理海事提供了便利。

二、船舶检验的分类

船舶检验根据不同的标准可分为不同的类别。

(1)按其性质可分为三大类：第一类是船级检验；第二类是船舶法定检验；第三类属于公证检验。第一类与第三类在性质上有相似之处，但第三类主要指船舶发生事故后，受相关当事人的委托由有资质的部门对船舶或机器的损失所进行的确定事故原因、损坏部位及范围等。

(2)按船舶航行区域不同可分为：国内船舶的检验和国际航行船舶的检验。

船级检验属于船舶所有人自愿进行的船舶检验，一般是由国际上承认的民间机构按照船舶建造与入级规范的规定进行的检验，检验属于公证性质。其目的是满足国际航行与国内航行船舶保险的需要。当前的船舶保险制度在船舶保险时,各保险公司都要求船舶必须持有承认的船级社所签发的入级证书;另根据有关航运的法律规定,作为承运货物的船舶至少在开航前和开航当时是适航的,否则造成的货物损害,承运人是不能享受有关公约或法律内规定的免责权利的,如《海牙规则》(Hague Rules)内规定的责任免责。如果船舶持有合适的船级证书,该证书就是船舶适航的初步证据,使承运人在海事索赔和处理中处在较为主动的地位。而法定检验是船旗国法律规定的,为保障水上人命、财产安全和防止海洋环境污染所要求船舶必须强制进行的检验,一般是船舶进行登记、悬挂一国国旗、船舶航行必须接受的检验、检查,是法律给船舶所有人或经营人设定的一项法律义务。我国《海上交通安全法》第4条对船舶的检验做出了规定:"船舶和船上有关航行安全的重要设备必须具有船舶检验部门签发的有效技术证书。"《内河交通安全管理条例》也对内河船舶的检验做出了相应的规定。

三、船舶和海上设施检验条例的内容

为了保证船舶、海上设施和船运货物集装箱具备安全航行、安全作业的技术条件,保障人民生命财产的安全和防止水域污染,国务院于1993年2月14日发布实施了《中华人民共和国船舶和海上设施检验条例》(以下简称《条例》)。该条例由总则、船舶检验、海上设施检验、集装箱检验、检验管理、罚则和附则组成。它适用于:在我国登记或者将在我国登记的船舶(以下简称中国籍船舶);根据本条例或国家有关规定申请检验的外国籍船舶;在我国沿海水域内设置或者将在我国沿海水域内设置的海上设施(以下简称海上设施);在我国登记的企业法人所拥有的船运货物集装箱(以下简称集装箱)。其基本内容如下。

1. 船检局与船级社职责的划分

根据《条例》的规定,中华人民共和国船舶检验局(现为中华人民共和国海事局,见本章第二节)是实施各项检验工作的主管机构。中国船级社是社会团体性质的船舶检验机构,承办国内外船舶、海上设施和集装箱的入级检验、签证检验和公证检验业务;经船检局授权,可以代行法定检验。

2. 船舶检验

船舶检验包括船舶检验和在我国沿海域从事钻探、开发作业的外国籍钻井船、移动式平台的检验。中国籍船舶在建造或者改建时,必须申请建造检验;营运中的船舶必须申请定期检验;由外国籍船舶改为中国籍船舶时,申请初次检验。有下列情况之一时,中国籍船舶必须向船舶检验机构申请临时检验:

(1)因发生事故,影响船舶适航性能的;

(2)改变船舶证书所限定的用途或者航区的;

(3)船舶检验机构签发的证书失效的;

(4)海上交通安全或者环境保护主管机关责成检验的。

对在我国港口的外国籍船舶有上述(1)或(4)情况时也必须申请临时检验。

在我国沿海水域从事钻探、开发作业的外国籍钻井船、移动式平台,必须向船检局申请作业前的检验、作业期间的定期检验。

条例同时规定,下列中国籍船舶必须向中国船级社申请入级检验:

(1)从事国际航行的船舶;

(2)在海上航行的乘客定额100人以上的客船；

(3)载重量1 000吨以上的油船；

(4)滚装船、液化气体运输船和散装化学品运输船；

(5)船舶所有人或者经营人要求入级的其他船舶。

3. 海上设施检验

除海上石油天然气生产设施的检验另行规定外，海上设施必须申请下列检验：(1)建造或者改建海上设施时，申请建造检验；(2)使用中的海上设施，申请定期检验；(3)因发生事故影响海上设施安全性能的，申请临时检验；(4)海上交通安全或者环境保护主管机关责成检验的，申请临时检验。

检验由船舶检验局设置或指定的船舶检验机构进行，检验合格后，检验机构发给相应的检验证书。

第二节　船舶检验机构

我国船舶检验机构成立于1956年，当时称为“中华人民共和国船舶登记局”，1958年6月改名为船舶检验局（以下简称船检局）。直到1998年之前一直称为中华人民共和国船舶检验局，直属交通部领导。1963年国务院批准的《中华人民共和国船舶检验局章程》第1条规定了我国船舶检验局是国家的船舶技术监督机构。负责对船舶执行监督检验，使船舶具备保证安全航行的技术条件。船检局以“CCS、船舶载重线、船级和检验钢印”为标志。过去的船舶检验机构既作为国家政府船舶检验部门，又作为中国民间船级社。1998年经国务院批准，原船舶检验机构履行法定检验职能与制定船舶规范职能的部门与原海上安全监督局合并成立中华人民共和国海事局，真正实现了法定检验与船级检验的分离。为了对我国船舶检验情况有所了解，对1998年机构改革前船舶检验局的职责与机构情况，以及1998年机构改革后船舶检验情况进行简要介绍。

一、船舶检验局的主要职责

依照《船舶检验局章程》规定，船舶检验局具有下列7项主要职权：

(1)制定有关船舶检验、船舶入级、船舶证件、船舶检验费等事项的规章制度和船舶建造、吨位丈量、载重线、乘客定额、各种航行安全设备、各种机构设备等规范，经交通部批准后公布施行。

(2)对建造、修理和营运中的船舶执行监督检验，技术条件符合规定要求的，发给船舶适航的证件和运用各种机械设备的证件。

(3)对制造中的船用主要产品和材料执行监督检验，技术条件符合规定要求的，发给检验合格证书。

(4)对到达中国港口的外国船舶执行监督检验。

(5)对申请入级的船舶进行入级检验，符合入级条件的，授予船级并发给船级证书。

(6)接受申请办理有关船舶鉴定、公证等检验业务。

(7)根据中华人民共和国参加的有关国际公约和国际协议,代表政府签发各种公约或者协议规定的船舶证书。

1998年底,按照国务院水监体制改革的部署,中国船检体制进行了重大改革,中国船级社与船舶检验局实行了局社、政事分开。船舶法定检验职能归入中国海事局,船舶入级检验由中国船级社承担。

二、1998年机构改革后船舶检验机构概况

自1998年中华人民共和国海事局(中国海事局)成立以来,其成为负责对船舶、海上设施和有关船用产品实施技术监督检验的主管机关。

中华人民共和国海事局对其直属船舶检验机构(广东省船舶检验局、福建省船舶检验局、黑龙江省船舶检验局)实行垂直管理;对地方船舶检验机构实行业务领导;对中国船级社非入级船舶的法定检验实行业务领导;对入级船舶的法定检验是授权与被授权的关系、监督与被监督的关系。作为船舶检验的主管机关,中国海事局内设有船舶检查管理处和政策法规处。

为加强管理,中国海事局分别在上海、武汉、大连、天津、广州设立五个船舶检验管理处,主要负责辖区内船舶检验质量和行为规范的监督管理,验船机构资质认可及管理,验船人员资质认可发证及管理,受理验船工作投诉,参与海损事故调查,协调各船舶检验机构之间的关系等。按区域分工对船舶检验机构,包括中央直属船舶检验机构、各地方船舶检验机构、中国船级社内负责法定检验的各分支机构进行监督管理。上述五个船舶检验管理处为中国海事局的派出机构,其行政工作分别由各相关海事局负责,业务由部海事局直接管理。

国内主要船舶检验机构有:

(1)部海事局直属船舶检验机构,如广东省船舶检验局、福建省船舶检验局和黑龙江省船舶检验局;

(2)地方船舶检验机构,如山东省船舶检验局、江苏省船舶检验局、浙江省船舶检验局、广西壮族自治区船舶检验局;

(3)渔船船舶检验机构,如广东省渔船检验局等;

(4)中国船级社。

目前,各船舶检验机构的管理模式有两大类:

(1)中央直属模式,包括三种:

①交通运输部直属管理模式——中国船级社。

②部海事局内部直接管理模式——广东省船舶检验局、福建省船舶检验局和黑龙江省船舶检验局。实际上是广东、福建、黑龙江海事局内设部门,其下属各船舶检验分局(处)、所,与各海事局的分支局合署办公,实行省区城范围内垂直管理。

③农业部直属管理模式——农业部渔船检验局。

(2)地方所属模式,主要有以下三种:

①行政按块、业务按条的管理模式

由省、市交通主管部门设立的船舶检验机构实行条块结合、以块为主的管理模式,即船舶检验机构与公路、航道、运管部门或其中的一些部门实行合署办公。其行政、党务属市、县交通主管部门管理,而船舶检验业务由省船舶检验局(处)领导或指导。采用这种模式的省份主要有浙江、上海、湖北、山东、河南、陕西、青海、云南、贵州等省。例如浙江省船舶检验局,下属

13 个处（沿海 6 个、内河 7 个），56 个所（沿海、内河各 28 个）。局、处、所分别与运管、航道管理部门、地方海事实行“四牌一门”合署办公，行政上分别隶属省交通厅、各市、县交通局领导。而各处、所的检验业务由省船舶检验局垂直领导，是典型的条块结合、以块为主的管理模式，这也是我国目前地方船检机构中主要的管理模式。

②省厅垂直管理的模式

广西壮族自治区船检局下属 16 个船检所，其行政、党群工作、检验业务等全部由区船检局统一管理。区船检局归属省厅直接管理，与航务、航道、运管部门合署办公。

③一省两制兼有模式

一省两制兼有模式即省、市交通主管部门的船舶检验机构，部分实行垂直管理、部分实行条块结合管理模式。比如山东省交通厅船检局，其下属 16 个船检处，有 5 个处是与地方运管局、交通局合署办公，实行条块结合、以块为主的管理模式；有 11 个沿海船检处实行垂直管理模式。省船检局归属省厅直接管理，与航务、航道、运管部门合署办公。

三、世界主要船舶检验机构

世界各主要航运国家都有自己的船舶检验机构。大部分国家的船舶检验机构都是民间性质的船级社。目前，全球有影响的船检机构主要有：

（1）中华人民共和国海事局，Maritime Safety Administration People's Republic of China，简称为 MSA；中国船级社，China Classification Society，也简称 CCS。

（2）朝鲜民主主义人民共和国海事局，Register of Shipping of the D. P. R. K. 简称 DPRK。

（3）法国船级社，Bureau Veritas，简称 BV。

（4）南斯拉夫船舶登记局，Jugoslavenski Register Brodova，简称 JR。

（5）罗马尼亚船舶登记局，Registrul Naval Ronan，简称 RNR。

（6）英国劳氏船级社，Lloyd's Register of Shipping，简称 LR。

（7）挪威船级社，Det Norske Veritas，简称 DNV。

（8）波兰船舶登记局，Polski Rejester Statkow，简称 PR/PRS。

（9）意大利船级社，Registro Italiano Navale，简称 RI/RINA。

（10）日本海事协会，Nippon Kaiji Kyokai，简称 NK。

（11）美国船级社，American Bureau of Shipping，简称 ABS。

（12）希腊船级社，Hellenic Register of Shipping，简称 HR。

（13）德国船级社，Germanischer Lloyd，简称 GL。

（14）巴西船级社，Bureau Colombo Brazil。

（15）保加利亚船舶登记局，Bulgarian Register of Shipping，简称 BKR。

（16）捷克船舶登记局，Czechoslovak Register of Shipping，简称 CSLR。

（17）芬兰船级社，Finland Seefahrtsant。

（18）印度尼西亚船级社，Indonesian Register of Shipping，简称 BKI。

（19）韩国船级社，Korean Register of Shipping，简称 KR。

（20）土耳其船级社，Turkey Loydu，简称 TL。

（21）匈牙利船级社，KPM Kajozasi Fooosztaly 。

（22）古巴船舶登记局，Cuban Shipping Register。

(23)印度船级社,India Register of Shipping,简称 IRS。

(24)巴拿马船级协会,Panama Bureau of Shipping,简称 PBS。

(25)俄罗斯船舶登记局,Russian Maritime Register of Shipping,简称 RS。

(26)克罗地亚船舶登记局,Croatian Register of Shipping,简称 CRS。

(27)乌克兰船级社,Shipping Register of Ukraine,简称 RU。

(28)越南船级社,Vietnam Register of Shipping,简称 VR。

第三节　船级检验

一、船级检验的概念和内容

1. 概念

船级检验一般是指国际承认的民间船级社,依据其船级规范对船舶的船体、设备、轮机(含电气)设备和(或)货物冷藏装置是否处于良好和有效技术状态进行的检查和鉴定。符合船级社规范的船舶可入级。船舶检验属公证性质。船舶入级检验是船舶所有人为了商业目的而自愿进行的。所谓“入级”是指船舶的技术状态满足了船级社的规范标准。如果船舶入了中国船级社的船级“CCS”(CCS 指中国船级社),表示船舶符合中国船级社的技术规范和有关规定。入级表示 CCS 按其规范,认为船体及附属物主要部件的结构强度和完整性,推进系统、操舵系统、发电系统以及船上装配的其他特征或辅助系统的可靠性和功能,能维持船上的基本服务;如果船舶入了劳氏船级,表示船舶符合劳氏船级社规范、规则和有关的规定。凡经船级社批准入级的船舶,对其船体和设备、轮机和货物冷藏装置,将根据不同情况分别授予不同入级符号及附加标志。

2. 船舶入级检验内容

船舶入级检验是依据造船厂或船东的申请,对新建船舶从审查船舶设计图纸、安放龙骨开始,到建造完毕船舶试航为止的全过程所进行的检验,称为建造入级检验;对未申请入级的现有船舶在申请入级时所进行的检验称为初次入级检验。根据中国船级社《钢质海船入级规范》的规定,海船入级的范围包括船体、设备、船舶机械、船舶电气设备和货物冷藏设备。对于符合上述规范或等效要求的船舶,中国船级社将授予相应的船级。但是,如果船体未能加入相应的船级,其轮机装置和货物装置也不能入级。

已入级的船舶在营运中,必须遵守规定的装载及载重线和附加标志限制的条件,而且应在 CCS 批准的船舶运行环境下运行。对要求做总强度计算的船舶,有关装载的情况应包括在提供给船长的手册中。此外,如有要求,应安装装载仪。

二、保持船级的检验

船舶入级后,根据各船级社船舶入级规范的规定,要求入级船舶必须进行各种保持船级的检验,船舶入级证书才能保持其有效性。根据 CCS 的规定,保持船舶入级的检验包括:

1. 年度检验

年度检验应在初次入级检验日期或上次特别检验日期的每周年日的前后 3 个月内进行。所有入级船舶均应进行年度检验。对所有船进行年度检验的目的是:应尽可能确认船体、舱口盖、舱口围板、关闭设施、设备和管系保持良好的状态。年度检验时,露天甲板、水线以上的舷侧外板、舱口盖和舱口围板及水密贯穿件应进行总体检查,并确认其处于满意状态。年度检验应尽量与法定年度检验同时进行。针对所有船舶的主要检验内容包括:船体、载重线的一般要求、货舱开口的保护、稳性资料和装载手册、结构防火、消防设备、可疑区域、海水压载处所和/或货/海水压载兼用处所、舵设备等方面。对于特殊种类船舶如滚装船、客船(含客滚船)等还会增加检验的内容;同时,针对特定种类船舶,当船龄不同时,检查的内容也不完全一样。

2. 中间检验

所有船舶应进行中间检验。中间检验应在第 2 次或第 3 次年度检验之时或两次检验之间进行。除年度检验要求之外的项目,可在第 2 次或第 3 次年度检验之时或两次检验之间进行。对所有船舶,除年度检验要求的项目外,还包括检查消防设备、锚机、海水压载处所、装货处所,当发现大范围锈蚀时测厚。在中间检验中,针对船舶种类及船龄的不同,检验项目的多少及检验的范围也不完全相同。

3. 船底外部及有关项目的检验

船底外部及有关项目的检验包括两种:一种是坞内检验,另一种为水下检验。船底外部及有关项目的检验既可以在干船坞或船排上进行,也可以在船舶漂浮状态下进行。在干船坞或船排上进行的检验称为坞内检验;在船舶漂浮状态下的检验称为水下检验。

在每五年进行的特别检验周期内,至少应进行两次船底外部及有关项目的检验,其中一次应结合特别检验进行。在所有情况下,任何两次检验的间隔不应超过 36 个月。在例外情况下,可允许坞内检验到期后展期 3 个月进行。对船底外部及有关项目的检验通常应在干船坞内进行。但是,可以考虑船舶漂浮状态下,采用规定的水下检验方法进行检验。对船龄在 15 年以上的船舶是否允许水下检查应特别考虑。对于船龄在 15 年以上适用加强检验程序(ESP)的船舶,检查应在干船坞内进行。

国际航行客船(包括客滚船)的坞内检验每年应进行 1 次。其中 5 年内不少于 2 次应在干船坞内进行,其余的可以在船舶浮态下以水下检验的方式来替代。对在淡水水域、特定港口营运的船舶或者非机动船舶,其两次船底外部及有关项目检验的间隔期,可以超过上述的规定。

检查的范围主要涉及船底板和船首板、尾框架和舵、海底阀及海水阀箱、螺旋桨等。

被授予“In-Water Survey”附加标志的船舶,除遵守相关规定外,可以采用水下检验的方式进行水线以下船体和机械项目的检验。在特定的条件下,CCS 也可以同意对无“In-Water Survey”附加标志的船舶进行水下检验,以代替其规定的坞内检验。根据 CCS 规定,进行水上检验应具备一定的条件:

(1)原则上,船体船壳板、舵、螺旋桨和螺旋桨轴的水线以下部分,无需要修理的遗留项目,除非 CCS 认为船舶在漂浮状态下进行这样的修理是可行的。

(2)水下检验应在遮蔽且平静水域,船舶处于空载吃水状态下进行。水下能见度应良好,且对水线以下船体进行彻底清洁,以适合于水下检验目的的实现。

(3)水下检验前,应会同有关各方讨论在水下检验中用于观察的设备和报告程序,执行水下检验的潜水公司应有适当的时间预先进行所有设备的调试。

(4)水下检验应由1名或多名合格的潜水员在CCS验船师在场的情况下进行。这些潜水员应是由CCS认可的作为服务供应方的公司雇员;潜水员与验船师之间应保持有效的双向通信联系。

4. 特别检验

根据规定,船体和轮机(包括电气设备)应在5年间隔期内进行特别检验,以便更新入级证书。第一次特别检验应在初次入级检验之日起5年内完成,其后特别检验应在上次特别检验之日起5年内完成。特别检验可在到期之日前1个年度检验开始,于到期之日前完成。如特别检验开始的时间早于到期日前1个年度检验,则全部特别检验应在特别检验开始后的15个月内完成。在此情况下特别检验开始时进行的项目,方可作为特别检验的组成部分。

在特殊情况下,如在特别检验到期之日船东未能安排进行,根据船东到期之日前的书面申请,并经CCS同意,特别检验可给予不超过3个月的展期。在这种情况下,下次船级特别检验的日期应从展期前的特别检验到期之日算起。

如特别检验在到期日3个月前完成,则下次特别检验的日期从特别检验完成日算起。如特别检验在到期日前3个月以内完成,则下次特别检验的日期从原特别检验到期日算起。如特别检验在到期日以后完成,则下次特别检验的日期仍从原特别检验到期日算起。

所有船舶的检验项目:

(1)船体和上层建筑内的处所。

(2)所有处所包括:货舱及其中间甲板(如设有);双层底、深舱、压载舱、尖舱和液货舱;泵舱、管隧、箱形龙骨、机器处所、干燥处所、隔离舱和空舱,这些处所应进行内部检验。检验内容包括板、骨架、污水井和泄水井、测深、通风、泵吸和泄水系统布置。

(3)如适用时,压载舱的防腐系统的状况应进行检查,对双层底舱以外的水压载舱,如发现全硬保护涂层差且未换新,或使用软涂层,或在建造时未使用全硬保护涂层,应在年度检验时对所述舱室进行内部检查,验船师认为必要时应予测厚。

(4)如发现上述全硬保护涂层差的情况出现在双层底海水压载舱且未换新,或使用软涂层,或在建造时未使用全硬保护涂层,可在年度检验时对所述舱室进行内部检查,验船师认为必要或存在大面积腐蚀情况时应予测厚。

(5)应对双层底舱、深舱、压载舱、尖舱及其他液舱,包括兼作海水压载舱的货舱的边界进行液压试验,其压头至空气管顶部或至兼作压载的货舱舱口顶部附近。应对燃油舱、滑油舱和淡水舱的边界进行液压试验,其压头至液舱内液体在营运状况下将产生最大的压头处。

(6)某些液舱进行液压试验有困难时,可以用气密试验来代替。

(7)若外板或舱壁板或任何液舱边界进行修理,则修理完毕后应进行试验。

(8)所有货舱、隔离空舱、甲板和上层建筑应予检查。

(9)当船底板内表面覆盖水泥、沥青等其他覆盖物时,如经敲、铲检查,确认其与钢构件黏结良好,则可免予除去覆盖物。

(10)甲板上的木质覆盖物或其他覆盖层应予检查,若发现木质覆盖物损耗达15 mm及以上或其他覆盖层破损时,应予换新,并应检查其下的钢甲板情况。

(11)舱口盖和舱口围板应予检查。

(12)桅、稳索(如设有)应予检查。

(13)锚和锚链应排列好进行检查,确认其数量和状态。

(14)定位系泊设备的锚应予清洁检查。

(15)确认船员自修和航修项目符合规范规定,且工艺等方面均令人满意,满足船舶的预定用途。

(16)机舱结构应予检查,应特别注意液舱顶部、液舱顶部处外板、与肋骨和液舱顶部连接的肘板、液舱顶部和污水井处的机舱舱壁。

(17)厚度测量。

(18)对除客船外的所有船舶,具有自动关闭装置的空气管头部。

(19)应检查所有污水井和压载管路系统,并应在工作压力下进行操作试验。

特别检验,根据船舶种类的不同及进行特别检验的次数不同,所检验的项目也不同。

5. 螺旋桨轴与尾管轴检验

根据规定,具有连续衬套保护的螺旋桨轴与尾管轴或认可的其他装置,检验间隔期为:单螺旋桨轴为3年;多螺旋桨轴为4年。如果进行了常规检验,轴的抽出检查间隔期可延长为:单螺旋桨轴由3年延长至5年;多螺旋桨轴由4年延长至5年。在所有其他情况下,轴的检验间隔期为2年6个月(加/减6个月)。

对于单轴和多轴布置,如果螺旋桨的安装采用下述(1)方式之一,且其轴满足下述(2)三种情况,可接受变通检验:

(1)螺旋桨:①在轴锥体上采用键安装,并采取适当的防裂措施;②采用安装轴端部整体法兰安装;③采用在轴锥体上无键安装。

(2)轴:①具有油润滑轴承和油封装置;②轴及其附件无产生腐蚀的暴露部分;③新的油封装置能在螺旋桨不拆除的情况下予以更换(用键安装螺旋桨除外),且其设计是经过批准的。

对于适用于变通检验的螺旋桨轴和尾管轴,如果进行了部分检验,在船东申请时,可考虑延长,但常规检验之间的检验间隔期的延长期不应超过半个检验周期。

6. 锅炉检验

船上锅炉按其发挥的作用通常分为三类,分别是主锅炉、重要用途锅炉和非重要用途锅炉。主锅炉,系指锅炉产生的蒸汽供给主推进机械的锅炉。重要用途锅炉(辅锅炉、废气锅炉等),系指锅炉产生的蒸汽供给船舶在海上安全作业起重要作用的辅助机械,如通过蒸汽加热,为柴油机供给高黏度的工作燃油,但不供给主推进机械的锅炉。非重要用途锅炉,系指锅炉产生的蒸汽不供给船舶在海上安全作业所必需的锅炉,称之为生活锅炉。

主水管锅炉包括再热锅炉、重要用途的所有其他锅炉和工作压力超过0.35 MPa或/和受热面积超过4.5 m^2的非重要用途锅炉(生活锅炉),其内部检验每5年内不少于2次,5年内2次检验的最大间隔期应不超过3年。

主火管锅炉,在10年内锅炉内部检验每5年内不少于2次,最大间隔期应不超过3年。其后锅炉内部检验每年1次,可给予不超过6个月的锅炉内部检验展期。船舶的每次年度检验应对锅炉进行外部总体检查。

检验项目包括:锅炉的内部检验应包括锅炉、过热器、经济器和空气加热器及其相关的项目,锅炉的外部检验包括蒸汽管检验,热油加热器检验等。

7. 循环检验

循环检验包括船体循环检验系统和轮机循环检验系统。

船体循环检验系统:是特别检验的替代检验系统,适用于除普通干货船、油船、散货船和兼用船及化学品船以外的船舶。对于满足船体特别检验要求的全面检验,经船东申请,可以在循环检验系统的基础上进行。但采用循环检验时,船体特别检验的所有项目应在5年特别检验期满之前完成。在循环检验周期内,所有特别检验项目,应尽可能在特别检验周期内(5年内)均匀分配在每年度进行检验(必需时应做试验)。如满足相关要求坞内检验也可以在5年船级检验期内任何时候进行。对于船龄在10年以上的船舶,压载舱在每个5年船级检验期内应进行两次内部检查,即一次在中间检验范围内,另一次在替代特别检验的船体循环检验系统内。

轮机循环检验系统:根据船东申请,机械装置(包括电气设备)特别检验的所有检查和试验项目,可采用循环检验的方式来进行。采用循环检验时,应将机械装置(包括电气设备),特别检验的所有项目,尽可能在特别检验的周期内(5年内)均匀分配在每年度进行检查。

根据船东要求,轮机长按CCS授权的检查项目进行检查。检查后,轮机长应将所检查的情况记载于检验报告上,并应在船舶抵达有CCS验船师的第一个港口时,申请做确认检验,提交检验报告。CCS或船东根据循环检验系统的实施情况,可以终止循环检验系统,而采用特别检验。

8. 机械计划保养系统检验

按计划维护保养的机械和装置,CCS可同意采用机械计划保养系统检验作为替代轮机和电气的特别检验和循环检验,但条件是:

(1)制订船上所有机械、装置和设备的维护保养计划,并经CCS认可;

(2)船上实施计划人员应遵守认可的维护保养计划,按计划进行维护保养并做出记录;

(3)维护保养计划记录应每年进行一次检查,以确认处于有效状态。

当计划维护保养记录不能完全满足建造后的检验要求时,则实施的机械计划保养系统检验将予取消,其后采用特别检验或循环检验的方式进行。

9. 初次入级检验

初次入级检验系指对申请入级的船舶,在第一次授予其CCS船级和颁发入级证书之前所进行的符合性检查,以确认其文件、结构和设备的设计、配置和技术状况以及管理等符合CCS入级规范、规则及CCS承认的其他技术要求。

10. 临时检验

临时检验系指不属于各种定期检验的任何检验。按检验船舶的不同部分,该检验可以定义为船体、机械、锅炉、电气和自动控制与遥控系统等临时检验。

船舶发生下列情况时,船东或其代理人应申请临时检验:

(1)船名、船籍港、船旗和船东或经营人变更;

(2)遭受影响入级的船舶及其设备的损坏;

(3)港口国当局检查;

(4)涉及入级的任何修理或改装或更换时;

（5）检验的延期或建议。

临时检验根据情况可以是总体或部分的，应确保维修和任何换新业已有效地进行，且船舶及其设备继续适合于船舶所从事的营运业务。完成临时检验后，应在船舶入级证书中做相应的签注。

三、船舶入级符号和附加标志

船舶的船体（包括设备）和轮机（包括电气设备）符合 CCS 规范、指南或等效规定，CCS 将授予相应的入级符号与附加标志。

1. 入级符号

入级符号是船舶主要特性的表述，具有强制性。凡船舶的船体（包括设备）与轮机（包括电气设备）经 CCS 批准入级，将根据不同情况授予下列入级符号：

★CSA，★CSM；★CSA，★CSM；★CSA，★CSM

入级符号含义如下：

★：表示船舶在建造时，由 CCS 按照其规范进行审图和检验，且符合规范的规定。

★：表示船体或推进机械和重要用途的辅助机械，在建造时不是由 CCS 按照其规范进行审图和检验，其后经 CCS 进行检验认为其符合 CCS 规范的规定。

CSA：表示船舶的结构与设备完全符合 CCS 规范的规定，且适合于无限航区航行。当有航区限制附加标志时，表示适用于该航区航行。

CSM：表示船舶推进机械和重要用途的辅助机械的制造和安装符合 CCS 规范的规定，且适合于无限航区航行。当有航区限制附加标志时，表示适用于该航区航行。

CSM：表示船舶推进机械和重要用途的辅助机械的建造和安装，均不是由 CCS 按照其规范进行审图和检验，但现有船上的机械装置及其布置已由 CCS 按照其规范进行检验和试验，经 CCS 审查认为可以接受。

2. 附加标志

附加标志是船舶不同特点的分级表述，加注在入级符号之后。对非强制性附加标志，应由船东申请，经 CCS 审图与检验，确认符合 CCS 规范的相应规定后，由 CCS 授予。附加标志包括船舶类型、货物特性、特种任务、特征、航区、航线限制以及其他含义的 1 个或 1 组标志。应船东申请，按 CCS 颁布的有关规范或接受的其他标准建造的船舶、轮机与电气设备，CCS 将根据具体情况授予相应的附加标志。一般按下列次序给出附加标志：船舶类型、航区限制、特殊任务、货物特性、特殊性能、特殊检验、特殊设备、自动控制、环境保护、货物冷藏装置。例如，一艘集装箱船由 CCS 按照其规范进行建造检验、无限航区航行、按 CCSOMPASS-Structure 船体结构直接计算强度评估、小块漂流浮冰况区域航行、总强度和完整稳性计算装载仪、水下检验、机器处所周期性无人值班、螺旋桨轴状况监控。授予下列入级符号及附加标志：

★CSA ★CSM，Container Ship，AUT-0，SCM，CCSS，Ice Class B，Loading Computer S. I，In-water survey。

表 3-1 为海船附加标志次序表，在入级证书中可只填写英文。该表可分为下列种类：

表 3-1 海船附加标志次序表

附加标志分类	船舶类型	航区限制	特殊任务	货物特性
对应表	表 3-2	表 3-3	表 3-4	表 3-5

表 3-2 为船舶类型附加标志表(部分船舶)。所有船舶应加注船舶类型附加标志。

表 3-2 船舶类型附加标志表(部分船舶)

附加标志		说明
General Dry Cargo Ship	普通干货船	以载运干货为主,也可装运成桶液货的船舶,但不包括散货船、集装箱船、滚装货船、冷藏货船、水泥运输船、牲畜运输船、坞式甲板船、木材制品运输船和碎木运输船
Passenger Ship	客船	载运乘客超过 12 人的船舶
RO/RO Ship	滚装船	多层甲板、双层底、能装载车辆或使用车辆装卸集装箱或托盘货的船舶
RO/RO Passenger Ship	客滚船	载运乘客超过 12 人的滚装船
Container Ship	集装箱船	双层底、双壳、舷顶设抗扭箱、甲板开口大,载运集装箱或用双层底、有抗扭箱或其他等效的单层壳舷侧结构代替的船舶
Bulk Carrier	散装货船	主要用于运输散装干货的船舶,在装货处所通常具有单甲板、顶边舱和底边舱,货舱边界为舷侧壳板
Oil Tanker	油船	载运原油或石油产品的船舶

表 3-3 为航区或航线限制附加标志表(部分船舶)。船舶因某些原因限定在规定区域内或规定航线上航行,可分别授予相应附加标志,其中冰区航行附加标志 Ice class B1*、Ice class B1、Ice class B2、Ice class B3,分别对应于芬兰—瑞典冰级规则的 IA Supper、IA、IB、IC。

表 3-3 航区或航线限制附加标志表(部分船舶)

附加标志	说明	
R1	1 类航区	距岸不超过 200 n mile(夏季/热带)或 100 n mile(冬季)
R2	2 类航区	距岸不超过 20 n mile(夏季/热带)或 10 n mile(冬季)
R3	3 类航区	遮蔽水域
×××—×××	×××—×××	在特定航线上航行,如大连—大阪
Greater Coastal Service Restriction	近海航区营运限制	高速船营运限制

表 3-4 为特殊任务附加标志表。船舶按其特殊业务用途根据有关规范、指南进行设计建造,可分别授予相应附加标志。

表 3-5 为货物特性附加标志表(部分船舶):根据规范特别给定条件建造的船舶,对货物条件提出特别限定要求,可分别授予相应附加标志。

表 3-4　特殊任务附加标志表

附加标志		说　明
Training Ship	训练船	用于海上教学和实习的船舶
Research Ship	调查船	专用于海洋科学考察研究、测量勘探等的船舶
Oil Recovery Ship A	A 类浮油回收船	可在溢油源的失火和爆炸影响的区域作业的船舶
Oil Recovery Ship B	B 类浮油回收船	不可在溢油源的失火和爆炸影响的区域作业的船舶
Fire Fighting Ship 1	第 1 类消防船	具有扑灭初期火灾能力的消防设备的船舶
Fire Fighting Ship 2	第 2 类消防船	具有扑灭大火能力的消防设备的船舶
Fire Fighting Ship 3	第 3 类消防船	具有扑灭大火和油类火灾能力的消防设备的船舶
Traffic Ship	交通船	不属客运业务范围,用以运送人员的船舶
Pilot Boat	引航船	专门从事引航业务的船舶

表 3-5　货物特性附加标志表(部分船舶)

附加标志	说　明	
BC-A	散装货船协调附加标志 BC-A	设计装载货物密度为 1.0 t/m^3 及以上的干散货;最大吃水工况中有指定空舱组;装载工况中包括 BC-B 的要求
BC-B	散装货船协调附加标志 BC-B	设计装载货物密度为 1.0 t/m^3 及以上的干散货;所有舱装货;装载工况中包括 BC-C 的要求
BC-C	散装货船协调附加标志 BC-C	设计装载货物密度小于 1.0 t/m^3 干散货物
F.P. > 60 ℃	闪点超过 60 ℃	原油和石油产品闪点超过 60 ℃
F.P. ≤ 60 ℃	闪点不超过 60 ℃	原油和石油产品闪点不超过 60 ℃

特殊性能附加标志。船舶在结构上具有特殊性能设计,可分别授予相应附加标志。

特殊检验附加标志。替代的检验方法或特殊检验要求,可分别授予相应附加标志;机动的油船、油类/散货兼用船、油类/散货/矿砂兼用船、化学品船、散装货船,应适用于加强检验程序。

特殊设备附加标志。船舶配置有特种功能的设施,可分别授予相应附加标志;对有总纵强度计算要求的船舶,其有关装载指导资料,应载入供船长使用的装载手册中和/或配备的装载仪中(如设有时)。船上配备的装载仪,如取得有关附加标志,不管是为总纵强度还是为稳性估算或是两者兼有,它的系统应按 CCS 的总纵强度计算程序和稳性计算程序进行验证。

自动控制附加标志。对自动控制与遥控、动力定位系统、1 人驾驶船舶等,可分别授予相应附加标志。

环境保护附加标志。符合 CCS 规范有关规定的船舶,可授予相应附加标志。

冷藏装置附加标志。对具有载运冷藏货物制冷系统的船舶,以及舱内载运冷藏集装箱的船舶,可分别授予相应的附加标志。

另外,还有特殊性能附加标志、特殊检验附加标志、特殊设备附加标志、自动控制附加标志、环境保护附加标志、货物冷藏装置附加标志等,在此不一一列出。具体可参考中国船级社发布的《钢质海船入级规范》。

四、船级证书和船级证书的丧失

1. 船级证书

经船舶申请,CCS 检验,对符合规范规定的船舶,CCS 将船体入级证书和轮机入级证书签发给相应的申请人。

CCS 在未签发入级证书前,验船师如认为船舶的船体包括设备和机械、电气设备处于良好和有效状态,可签发相应的临时入级证书,有效期不超过 6 个月。

CCS 签发的船体入级证书和轮机入级证书,当船体(包括设备)和机械(包括电气设备)经 CCS 验船师按规范规定进行保持船级的各种定期检验且认为符合入级要求时,认为船舶处于良好技术状态,并在证书做了确认保持船级的签署后,才继续有效。

2. 船级的丧失

经 CCS 批准入级的船舶,若其船体包括设备和机械包括电气设备遇有下列情况之一者,将取消或暂停授予的船级,或自动失去船级:

(1)不按期履行规范规定的保持船级的各种定期检验,或未按 CCS 要求在规定的期限履行相应的检验时;

(2)发现有不能保持船级的缺陷而船舶所有人不能遵守 CCS 进行必要的修理使之符合保持船级的要求时;

(3)船舶在营运中不遵守规定的装载包括核定的载重线和附加标志限制的条件(如适用时),没有进行正常的运行和 CCS 批准的船舶运行的环境条件时;

(4)船舶发生搁浅、碰撞等海损事故后未及时申请 CCS 检验时;

(5)船舶所有人要求撤销船级时。

第四节　海船法定检验与技术证书

一、概述

在 1978 年油船安全会议上,就已经认识到 SOLAS 1974 公约、LL 1966 公约、MARPOL 73/78 公约所规定的检验与发证要求引起的困难,主要是上述公约规定签发的各种证书的间隔期都不相同,船东为了进行船舶检验,就不得不调整船舶航行计划以适应检验到期的证书,这给船公司营运带来不便,会议提议 IMO 能够建立一个协调系统,使《国际海上人命安全公约》《国际载重线公约》《国际防止船舶造成污染公约》规定的船舶检验能同时进行,即各种公约证书的有效期(全期证书),除客船安全证书为 1 年外,全都一律协调为 5 年。

IMO 经过 10 年努力,完成了协调工作,推出了 SOLAS 1974 公约的 1988 年议定书,LL 1966 公约及 MARPOL 73/78 公约也做了类似工作。但由于 SOLAS 1974 公约的修订要按“明示程序”才能接受,因而比较困难。SOLAS 1974 公约的 1988 年议定书已于 2000 年 2 月 3 日生效。

但IMO通过的A.718(17)决议案鼓励缔约国政府尽快实施上述议定书所引入的“船舶检验与发证协调系统”(HSSC),现在中国政府已接受该议定书,中国船级社已开始对挂中国旗的船舶结合船舶的特别检验引入HSSC系统。

HSSC系统还将原属“船级检验”范畴的“坞内检验”内容,以“船底外部检查”的名义变成法定的强制要求引入公约。规定在任何5年期间内,应至少进行2次“船底外部检查”。

二、国际航行海船法定检验依据

1. 国内法定检验的依据

我国为了实施船舶法定检验,现行有效的规范性文件有:《海上交通安全法》《内河交通安全管理条例》《船舶和海上设施检验条例》《船舶检验管理规定》,以适用于对船舶检验活动及从事船舶检验活动的机构和人员的管理。船舶检验是指对船舶、水上设施、船用产品和船运货物集装箱的检验。

2. 有关国际公约及规则

技术规则还包括了我国政府已批准、接受、承认或加入的下列有关国际公约、议定书和规则及其相关的修正案:

(1)《1969年国际船舶吨位丈量公约》;

(2)《1966年国际载重线公约》;

(3)《1974年国际海上人命安全公约》及作为该公约组成部分的所有规则:

①《IMO文件包括的所有的船舶完整稳性规则》;

②《国际耐火试验程序应用规则》(FTP规则);

③《国际消防系统安全规则》(FSS规则);

④《国际救生设备规则》(LSA规则);

⑤《国际散装谷物安全装运规则》;

⑥《国际散装运输危险化学品船舶构造和设备规则》(IBC规则);

⑦《国际散装运输液化气体船舶构造和设备规则》(IGC规则);

⑧《国际船舶安全载运密封装辐射性核燃料、钚和强放射性废料规则》(INF规则);

⑨《国际船舶安全营运和防污染管理规则》(ISM规则);

⑩《散货船和油船检验期间加强检验程序规则》[经修正的A.744(18)决议];

⑪《1994年国际高速船安全规则》(1994 HSC规则);

⑫《2000年国际高速船安全规则》(2000 HSC规则);

(4)1972年国际海上避碰规则;

(5)经1978年议定书修订的《1973年国际防止船舶造成污染公约》。

国际航行船舶根据其情况,还应执行IMO所制定的下列规则(含修正案):

(1)《国际散装运输危险化学品船舶构造和设备规则》(BCH规则);

(2)《国际散装运输液化气体船舶构造和设备规则》(GC规则);

(3)《国际散装运输液化气体船舶构造和设备规则》;

(4)《特种用途船舶安全规则》。

另外,在技术规则中还包括了国际劳工组织于1932年修订的《关于船舶装卸作业防止工人工伤事故公约》,以及替代并于1981年12月5日生效的相应公约的有关内容。

三、国际航行海船法定证书

经法定检验合格后,应签发如表3-6所示有关法定证书。

表3-6 船舶法定技术证书表

序号	证书名称	序号	证书名称
1	货船构造安全证书	14	危险品适装证书
2	货船设备安全证书	15	散装固体货物适装证明
3	货船无线电安全证书	16	高速船安全证书
4	客船安全证书	17	特殊用途船舶安全证书
5	免除证书(依据SOLAS公约)	18	核能客船和货船安全证书
6	国际吨位证书	19	国际装运INF货物适装证书
7	国际防止油污证书	20	散装谷物稳定批准书
8	国际防止生活污水污染证书	21	国际防止空气污染证书
9	国际载重线证书	22	船员舱室设备符合证明
10	国际载重线免除证书	23	船舶最低安全配员证书
11	国际防止散装运输有毒液体物质污染证书	24	“安全管理证书”及“符合证明”复印件
12	国际散装运输液体气体适装证书	25	国际船舶保证书
13	国际散装运输危险化学品适装证书	26	散装谷物稳性批准书

四、国际航行船舶法定检验的类型、间隔及内容

1. 初次检验

应在船舶投入营运前,或新文件适用于现有船舶时,以及第一次签发相关证书前进行。初次检验应包括:(1)审查船舶的图纸、图表、说明书、计算书和其他技术文件,以验证结构、机械和设备符合特定证书的相关要求;(2)检查结构、机械和设备,以确保其材料、尺寸、建造和布置与批准的图纸、图表、说明书、计算书和其他技术文件相符,并且工艺和安装在各方面都令人满意;(3)核查所有证书、记录簿、操作手册以及特定证书所规定的其他须知和文件都已放置于船上。

2. 年度检验

应在证书的每一周年日①前或后3个月内进行。年度检验应能使主管机关验证船舶及其机械和设备的状况都满足有关的要求并得到保持。一般情况下,年度检验的范围应如下:(1)应包括证书检查、船舶及其设备的足够程度的目视检查以及为确认其保持良好状态而做的某些试验;(2)还应包括为确认船舶及其设备无未经认可的变更而对其进行的目视检查;(3)各指南中规定的各年度检验的内容;检验的彻底程度和严格程度应根据船舶及其设备的状况而定;(4)如果对船舶或其设备的状况的保持有疑问,则应在认为有必要时进行进一步的检查和

① “周年日”系指与有关证书期满之日对应的每年的该月该日。

试验。如果年度检验在到期之日前尚未进行,则应参照证书再有效的要求执行。

3. 中间检验

应在相应证书的第二个周年日前或后3个月内或第三个周年日前或后3个月内进行,并应替代一次年度检验。中间检验是对特定证书的有关项目进行检查,以确保其处于良好状态,并且适合船舶拟从事的营运业务。

当指定对船体和机械的某些项目进行详细检查时,应充分考虑任何可能被船级社采用的循环检验计划。如果中间检验在到期之日前尚未进行,则应参照证书再有效的要求执行。

4. 定期检验

对货船设备安全证书而言,应在该证书的第二个周年日前或后3个月内或第三个周年日前或后3个月内进行,并应替代一次年度检验;对货船无线电安全证书而言,应在该证书的每一周年日前或后3个月内进行。(1)定期检验应包括对设备的检查及在必要时进行的试验,以确保其符合特定证书的相关要求,处于良好状态并适合船舶拟从事的营运业务。(2)定期检验也应包括核查所有证书、记事簿、操作手册以及特定证书要求的其他须知和文件都已放置于船上。(3)如果定期检验在到期之日前尚未进行,则应参照证书再有效的要求执行。

5. 换证检验

应在相应证书换新之前进行。货船构造安全换证检验可在第四个年度检验开始,在随后的一年中进行并于第五个周年日前完成。第四个年度检验的检验项目不应作为换证检验完成的组成部分。(1)换证检验应包括对结构、机械和设备的检查及在必要时进行的试验,以确保其符合特定证书的相关要求,处于良好状态并适合船舶拟从事的营运业务。(2)换证检验也应包括核查所有证书、记事簿、操作手册以及特定证书所要求的其他须知和文件都已放置于船上。(3)不接受将中间构造安全检验时对于处所的检验同时作为换证构造安全检验的组成部分。

6. 货船船底外部检查

在任何5年期内应至少进行两次货船船底外部检查,但在特殊情况下主管机关给予1个月与3个月展期情况者除外。其中的一次此类检查应结合货船构造安全证书或货船安全证书的换新在第四次年度检验时或之后进行。如果货船构造安全证书或货船安全证书已按相关要求予以展期,则此5年期可展期,以与证书有效期相一致。在所有情况下,任何两次此类检查的间隔不应超过36个月。(1)船底外部检查和有关项目的检验应包括一次为确保其处于良好状态并且适合船舶拟从事的营运业务的检查。(2)通常船舶应在干坞内进行船底外部检查,但也可考虑在船舶处于浮态时进行替代检查。对15年及以上船龄的船舶除散货船和油船外,在允许其处于浮态时进行此类检验之前应予以特殊考虑。对15年及以上船龄的散货船和油船,应在干坞内进行船底外部检查。只有当船况良好并且具有适当的设备和经适当培训的人员时,才能在船舶处于浮态时进行检查。对于实行加强检验的船舶,应执行经修正的由A. 1049(27)决议通过的《2011年国际散货船和油船检验期间加强检验程序规则》(2011年ESP规则)附件A或B适用部分中2. 2. 2②中的规定。

如果船底外部检查在到期之日前尚未进行,则应参照证书再有效的要求执行。

7. 附加检验

每当船舶发生事故时或发现影响船舶安全性或完整性或影响其设备的效率或完整性的缺

陷,船长或船东应尽早向负责签发有关证书的主管机关、指定的验船师或被认可组织提供一份报告。负责签发有关证书的主管机关、指定的验船师或被认可组织应着手调查,以确定是否有必要进行特定证书的适用条文所要求的检验。该附加检验根据情况可以是总体的或部分的,应确保修理和任何换新已有效进行且船舶及其设备继续适合于船舶拟从事的营运业务。

五、国际航行船舶法定检验证书的有效期

(1)客船安全证书的有效期限不超过 12 个月。

(2)高速船安全证书的有效期限不超过 5 年。

(3)货船所有证书的有效期限不超过 5 年。

(4)免除证书的有效期限应不长于其有关证书的有效期限。

(5)国际吨位证书(1969)在正常情况下为长期有效。

(6)如换证检验是在证书到期之日前 3 个月内完成,则新证书自换证检验完成日期起生效,其有效期从原证书到期之日算起,客船不超过 12 个月,货船不超过 5 年。

(7)如换证检验是在证书到期日后完成,则新证书自换证检验完成立之日起生效,其有效期从原证书到期之日算起,客船不超过 12 个月,货船不超过 5 年。

(8)如换证检验是在证书到期日 3 个月前完成,则新证书自换证检验完成日期起生效,其有效期从换证检验完成日期算起,客船不超过 12 个月,货船不超过 5 年。

(9)如果换证检验已经完成,而新证书在现有证书满期日前不能发给或安放在船上,则经主管机关授权的人员或组织可在现有证书上签署,签署后的证书自满期日起不超过 5 个月的时间内应为有效。

(10)如换证检验到期时,船舶未抵达预定进行检验的港口,经授权的组织认为正当和合理时,可将证书给予不超过 3 个月的展期。经展期的船舶在抵达预定进行检验的港口后,不能再继续航行,必须进行换证检验。对短途航行船舶的证书经上述展期可给予 1 个月的宽限期,到期后必须进行换证检验。

在这种情况下,换证检验后的证书从换证检验完成之日生效,其有效期从展期前证书到期之日算起,客船不超过 12 个月,货船不超过 5 年。

(11)除客船安全证书外,如果所发证书的有效期限少于 5 年,可延长证书的有效期自证书到期日到规定的最长期限,只要可适用规定的相关检验,并认为发给效期为 5 年的证书是合适的。

(12)特殊情况下,若新证书不从原证书到期日起计算日期,新证书的有效期从换证书检验完成之日算起,客船不超过 12 个月,货船不超过 5 年。

货船安全证书可替代货船构造安全证书、货船设备安全证书和货船无线电安全证书。

六、国际航行船舶法定检验后状况的维持

船舶及其设备的状况应加以维持,使其能符合各项规定,从而保证该船在各方面保持适合于出海航行而不致对船舶及船上人员产生危险。对船舶所进行的检验完成以后,非经许可,对经过检验的结构布置、机器、设备及其他项目均不得变动。当船舶发生事故或发现缺陷且在任一情况下都将影响该船的安全或影响该救生设备或其他设备的有效性或完整性时,该船的船长或船东应尽快向负责发证的机关、指定的验船师或认可的组织报告。接到报告后,应立即进

行调查，以确定是否有必要进行附加检验。

七、非国际航行海船法定检验

1. 非国际航行海船法定检验相关名词、定义

除另有规定外，适用于船长为 20 m 及以上非国际海上航行船舶。不适用于下列船舶：①军用舰艇和运兵船；②木质船；③非营业游艇；④渔船。

（1）等效与免除

①如船上设置不同于本指南要求的任何装置、材料、设备或器具，或其型式，或采用其他设施，则应通过试验或其他方法证实这些装置、材料、设备或器具，或其型式，或其他设施，与本指南相关要求具有同等效能。

②当船旗国主管机关接受本指南作为其法定检验依据时，本指南的任何免除应经船旗国主管机关认可。

（2）有关定义

①非国际航行：系指在一个国家水域内的航行和/或不驶往另一国的港口或与此相反的航行。

②机动船：系指借助于机械推进装置航行的船舶。

③非机动船：系指机动船以外的船舶，包括虽设置机械推进装置，但其仅用于船舶作业状态（非航行状态）作局部调整船位或船舶被拖带时作辅助推进用途的船舶。

④无限航区：系指非国际航行超出 1 类航区的海域。

⑤有限航区：是 1 类航区、2 类航区和 3 类航区的统称。各类有限航区的航行限制如表 3-7 所示。

表 3-7　有限航区的航行限制

类别	航行限制	
	距岸距离（n mile）	
1 类航区	200（夏季/热带*）	100（冬季*）
2 类航区	20（夏季/热带*）	10（冬季*）
3 类航区	遮蔽水域**	

*季节区按《1966 年国际载重线公约》附则Ⅱ的规定。

**遮蔽水域包括海岸与岛屿、岛屿与岛屿围成的遮蔽条件较好、波浪较小的海域，且该海域内岛屿与岛屿之间、岛屿与海岸之间横跨距离不超过 10 n mile，或具有类似条件的水域。

2. 非国际航行海船法定检验的种类及检验范围

（1）初次检验

在船舶投入营运以及第一次对船舶颁发证书之前，对与某一特定证书有关的所有项目进行一次完整的检查，以保证这些项目符合有关要求，并且能满足船舶预定的营运业务；与证书有关的图纸和资料应提交审批，确认符合本指南的适用要求；经检验、试验，认为船舶符合经批准的图纸和资料的要求，且工艺和安装在各方面均令人满意后，签发证书。

（2）保持证书有效性的检验

①年度检验：对与特定证书有关项目进行总的检查以确保其处于良好状态，并且符合船舶预定的营运业务的要求。年度检验应在证书的每周年日前、后各3个月内进行。

②中间检验：对与特定证书有关的指定项目进行检验以确保其处于良好状态，并且符合船舶预定的营运业务。中间检验应在相应证书的第二个周年日前、后各3个月内或第三个周年日前、后各3个月内进行，该中间检验应替代一次年度检验。

③换证检验：在船舶证书到期之前，对与特定证书有关的项目进行检验以确保其处于良好状态，并且适合船舶预定的营运业务，并颁发新证书。换证检验一般应在证书到期前3个月内进行。

④船底外部检查：对船舶水下部分和有关项目进行检查以确保其处于良好状态，并且适合船舶预定的营运业务。货船的船底外部检查，在海上货船适航证书有效期间的5年内应至少进行2次，且任何2次之间的间隔应不超过3年，其中1次应在换证检验时进行；客船的船底外部检查应每2年进行1次；浮船坞的坞龄超过10年时，应在其一个换证检验间隔期内至少进行一次坞底外部检验。

⑤附加检验：在船舶发生事故或发现影响船舶安全性或完整性或影响其设备的效力或配套性的缺陷时，根据具体情况进行全面的或局部的检验。

船舶应予适当维修保养，以使船舶的技术状况处于良好状态，并适合预定用途。

经检验并认为处于良好状态，验船师应在证书上签署。

经换证检验后，认为适合预定用途，签发新证书。

关于证书有效期的其他规定，除将国际航行海船法定检验中的“客船不超过12个月”改为“客船不超过2年”以外，其他均相同。

第五节　船舶检验与发证协调系统

一、有关国际公约的具体规定

（一）国际海上人命安全公约1988年议定书的规定

1. 客船的检验

SOLAS公约1988年议定书将1974年公约规定的客船的营运前的检验、每12个月一次的定期检验和必要时的临时检验，改为客船的初次检验、换新检验和附加检验。在具体的检验内容上，1988年议定书与1974年公约相比，客船的初次检验内容与营运前的检验内容完全相同，客船的换新检验内容与定期检验内容完全相同，附加检验的内容与临时检验的内容也相同。

1988年议定书与1974年公约不同的是，1988年议定书还要求：规定主锅炉和辅助锅炉、接头、蒸汽管道、高压容器和内燃机的燃油柜的初次和而后的液压试验或其他可接受的替代试验需遵守的要求，包括必须遵守的试验程序和两次连续试验的间隔期限。

2. 货船救生设备和其他设备的检验

对于500总吨及以上的货船的救生设备和其他设备的检验：根据SOLAS 1974公约的规

定，货船救生设备和其他设备的检验应按公约对客船的要求进行检验，只是定期检验的间隔由客船的12个月改为24个月，另对船龄为10年及以上的液货船，应进行年度检验。而1988年议定书将该项检验改为：投入营运前进行的初次检验、换新检验、定期检验、年度检验和附加检验。其中，初次检验的内容与公约的规定相同，但换新检验和定期检验的内容及期间上与原公约的规定不同，1988年议定书规定换新检验应按主管机关规定的间隔进行，但不得超过5年，公约有其他规定的除外。定期检验在货船设备安全证书的第三个周年日之前或之后的3个月内进行，或者在该证书的第三个周年日之前或之后的3个月内进行，定期检验应取代规则规定的某次年度检验。换新检验和定期检验应包括对初次检验中所述设备的检查，以确保其符合该公约和现行国际海上避碰规则的有关要求，处于良好状况并适合预定的用途。

对于年度检验，1988年议定书不但适用于船龄为10年及以上的液货船，也适用于所有船舶，并规定年度检验应包括对初次检验中所述设备的全面检查，以确保其按照关于检验后状况维持的要求进行了保养，并仍然适合船舶的预定用途。

1988年议定书对附加检验的要求与客船的附加检验相同。

3. 货船无线电设备和雷达设备的检验

对于公约第Ⅲ章和第Ⅳ章适用的货船无线电设备（包括用于救生设备的无线电设备）的检验，公约要求与客船的检验相同，接受初次检验和以后的定期检验，而1988年议定书将这种检验改为初次检验、换新检验和定期检验、附加检验。

（1）初次检验：该种检验在船舶投入营运前进行。检验内容与公约规定相同。

（2）换新检验和定期检验：换新检验规定应按主管机关规定的间隔进行，但不得超过5年，议定书有其他规定除外。定期检验在货船无线电安全证书每周年日之前或之后3个月内进行，应包括对货船无线电设备包括用于救生设备的无线电设备的全面检查，以确保它们符合该规则的要求。所进行的定期检验应在货船无线电安全证书上签证。

（3）附加检验：关于附加检验的要求与客船附加检验的要求相同。

4. 货船船体、机器和设备的检验

货船船体、机器和设备应接受的检验和检查不包括货船设备安全证书和货船无线电安全证书的项目。

1988年议定书将原公约规定的初次检验、定期检验和对船龄10年及以上液货船的检验要求改为初次检验、换新检验、期间检验、年度检验、附加检验和在每个5年期限中对船底外部至少检查2次的检验。

（1）初次检验：初次检验包括在船舶投入营运前对船底外部的检查。检查与检验内容与公约相比，增加了对工艺检查的要求，并要求船舶备有所要求的稳性资料。其他检验与检查的内容基本相同。

（2）换新检验：按主管机关规定的间隔期进行，但不得超过5年，公约有其他规定的除外。检验应包括对初次检验中所述结构、机器和设备的检查，以确保它们符合该规则的要求，处于良好状况并适合船舶的预定用途。

（3）期间检验：该种检验在货船构造安全证书的第二个周年日之前或之后3个月进行，或者在该证书第三个周年日之前或之后3个月内进行。期间检验应取代某次年度检验。检验应包括对结构、锅炉及其他受压容器、机器和设备、操舵装置以及有关控制系统和电气设备的检查，以确保它们仍然适合船舶的预定用途。对于液货船，该检验还应包括对泵舱、液货、燃料和通风管系以及有关的安全装置的检查和对危险区电气设备的绝缘阻抗的测试。

(4)年度检验：该种检验在货船构造安全证书周年日之前或之后3个月内进行。检验应包括对初次检验中所述的结构、机器和设备的全面检查，以确保它们按规定进行了保养并仍然适合船舶的预定用途。

(5)船底外部检查：在每5年期限中，应对船底外部至少检查2次，但公约有其他规定的除外。当船舶有正当理由证书被展期时，可将5年期限延长，使之与经展期的证书的有效期相一致。但在任何情况下，两次此种检查的间隔期不得超过36个月。对船底外部的检查以及同时进行的有关项目的检验应确保它们仍然适合船舶的预定用途。

船舶所进行的期间检验、年度检验和对船底外部的检查应在货船构造安全证书上签证。

5. 证书的签发

在证书的签发方面，1988年议定书与公约相比也有一些变化。主要的区别是某些证书在签发依据上与公约有所不同。

(1)客船经过初次检验或换新检验，如符合第Ⅱ-1章、第Ⅱ-2章、第Ⅳ章和第Ⅴ章的有关要求以及本规则的其他任何有关要求，应发给“客船安全证书”。

(2)货船经过初次检验或换新检验，如符合第Ⅱ-1章、第Ⅱ-2章的有关要求（与消防安全系统及设备和防火控制图有关的要求除外）以及本规则的其他任何有关要求，应发给“货船构造安全证书”。

(3)货船经过初次检验或换新检验，如符合第Ⅱ-1章、第Ⅱ-2章、第Ⅲ章和第Ⅴ章的有关要求以及本规则的任何其他有关要求，应发给“货船设备安全证书”。

(4)货船经过初次检验或换新检验，如符合第Ⅳ章的有关要求以及本规则的任何其他有关要求，应发给“货船无线电安全证书”。

(5)货船经过初次检验或换新检验，如符合第Ⅱ-1章、第Ⅱ-2章、第Ⅲ章、第Ⅳ章和第Ⅴ章的有关要求以及本规则的任何其他有关要求，可发给“货船安全证书”，用以替代(2)、(3)、(4)中所述的证书。

当以货船安全证书来替代货船构造安全证书、货船设备安全证书或货船无线电安全证书时，在第Ⅰ章中提及其中任何一种证书时，均应适用于货船安全证书。

(6)在(1)、(3)、(4)和(5)中所述的客船安全证书、货船设备安全证书、货船无线电安全证书和货船安全证书应由设备记录簿加以补充。

(7)上述所述证书应由主管机关或由其授权的任何个人或组织签发或认可，在各种情况下，主管机关均应对证书承担全部责任。

另外，1988年议定书还对他国政府代发证书和认可、证书的期限和有效性、证书和设备记录簿的格式、证书的备用待查及监督等做出了规定。

(二)国际船舶载重线公约1988年议定书的规定

1. 初次检验

在船舶投入营运前检验。对受该公约约束的船舶，该检验包括对船舶结构和设备的全面检查。该检验应保证各种布置、材料和构件尺寸完全符合该公约要求。

2. 换证检验

换证检验的间隔期由主管机关决定,但除公约另有规定[公约第19条(2)、(5)、(6)和(7)]外,不得超过5年,这种检验应保证船体结构、设备、布置、材料和构件尺寸完全符合该公约要求。

3. 年度检验

年度检验在证书周年日期前或后3个月内所进行的检验。该检验用以保证:船体或上层建筑没有发生可以影响计算确定载重线位置的变化;开口防护装置和设施、栏杆排水舷口和船员舱室出入口的设施等保持在有效状态;干舷标志正确地和永久地标注;备有修理、改装和改建的有关资料。

年度检验应于国际载重线证书或者根据该公约对船舶给予免除而发给的国际载重线免除证书上签注。

4. 证书的有效期限

(1)国际载重线证书有效期由主管机关规定,但不得超过5年。

(2)如换证检验在现有证书失效期前3个月内完成,则新证书从换证检验完成之日起至现有证书失效期起不超过5年的日期内有效。换证检验在现有证书失效期后完成,则新证书从换证检验完成之日起至现有证书失效期后不超过5年的日期内有效。换证检验在现有证书换效期前3个月前完成,则新证书从换证检验完成之日起不超过5年的日期内有效。

(3)如果所发证书的期限少于5年,主管机关可延长证书的有效期超出失效期至规则规定的最长期限,只要可适用公约第14条中的年度检验,而此时发给期限为5年的证书是适宜的。

(4)按公约第14条进行换证检验后,如果新证书在现有证书失效期前不能发给船舶,则进行这次检验的人员或机构可延长现有证书的有效期,但不得超过5个月。该项延期应在证书上签署,且应仅在影响船舶干舷的船舶结构、设备、装置、材料或结构尺寸等无变动情况下才能准许。

(5)如果证书失效时船舶不在拟进行检验的港口,主管机关可延长证书的有效期。但这种延期仅为允许船舶完成至进行检验的港口的航次,而且仅在正当和合理的情况下才能如此办理。延期不得长于3个月。同意延期的船舶在抵达拟进行检验的港口后,未取得新证书前不得凭延期的证书离港。换证检验完成后,新证书的有效期从同意现有证书延期前的失效期起不超过5年。

(6)发给短途航程船舶的证书未曾按有关规定延期,主管机关可对证书上注明的有效期延期宽限至1个月。换证检验完成后,新证书的有效期从同意现有证书延期前的失效期起不超过5年。

(7)在特殊情况下(由主管机关确定)新证书不需按上述(2)、(5)和(6)的要求从现有证书失效日期起计算日期。在这种特殊情况下,新证书的有效期从换证检验完成日期起不超过5年。

(8)如果年度检验在公约的期间前完成,则:①证书上的周年日期应签署修正,签署的日期应比检验完成日期推后不多于3个月;②下次年度检验应用新的周年日期按年度检验的规定的间隔期来完成;③若进行一次或多次年度检验,使年度检验规定的检验最大间隔期不超过,则失效期可保持不变。

(9)如果存在下列任一情况,国际载重线证书中止有效:①船舶的船体或上层建筑已发生实质性的变动,以致有必要增大干舷;②年度检验中上述装置和设备未能保持有效状态;③证书设有签署表明船舶已按年度检验的规定所进行的检验;④船体结构强度降低到不安全的程度。

(10)主管机对具有新型特点的任何船舶,如适用公约的任何规定,可能严重妨碍发展这种特点的研究和把这种特点采用到国际航行的船舶上时,所给予免除而签发的国际载重线免除证书的有效期限不得超过5年。这种证书应遵循对按照公约签发证书所规定的关于换证、签署、延期和吊销的同样程序。

主管机关对通常并不从事国际航行而仅在特殊情况下需要一次国际航行的船舶给予免除而签发的国际载重线免除证书的有效期应限于发给的该单次航行。

(11)主管机关签发的证书,在该船舶改悬挂另一国国旗时失效。

第四章　船舶登记与升挂国旗

第一节　船舶登记概述

一、船舶登记的概念、性质和意义

所谓船舶登记是指法律或法规授权的主管机构根据船舶所有人的申请，依据法律或法规的规定，对船舶的所有权、船舶抵押权等进行的登记。船舶登记是一种法律行为。从世界各国的情况看，对本国船舶的登记都是强制性的，也就是说除法律或法规规定可以免于登记的船舶外，本国所拥有的船舶必须进行注册登记。只有通过船舶登记，才能在法律上确认船舶的存在，才能确认船舶所有人对船舶的所有权。因此，从各国的船舶登记来看，船舶登记具有如下的性质：

（1）船舶登记是一种赋权性法律行为。通常船舶要悬挂一国的国旗航行，必须按照该国的法律在该国登记。取得悬挂该国国旗航行的权利后，也就相应地取得了在公海航行的权利。另外，有些国家对本国沿海货物运输，只允许悬挂本国国旗的船舶运输，因此，取得了悬挂该国国旗的权利，也就意味着取得了该国沿海货物运输权。

（2）船舶登记是对船舶所有人所有权、烟囱标志、公司旗使用权唯一的一种确认。也就是说，船舶所有人只有通过船舶登记，才真正地取得对船舶占有、使用、受益和处分的权利。对船舶所有人所有权的确认是通过船舶登记，并由主管机关颁发相应的、具有法律效力的证明文件来实现的。

（3）船舶登记是各国对船舶进行安全监督、管理和控制的一种十分重要的方式，其目的是通过船舶登记建立船旗国与船舶之间的真正联系，达到保护海上人命、财产安全和防止海洋环境污染的目的。

（4）船舶登记不但确认了船舶的所有关系，而且也确认了船舶的各种质权关系、债权和债务关系。目前各国的法律基本都规定，船舶抵押权必须经过登记才能起到对抗第三者的法律效力。

在我国，船舶登记之所以具有多重性质，是由我国船舶登记制度中所包含的若干个登记种类的性质决定的。船舶国籍登记是一种赋权的行政许可行为；船舶所有权登记、船舶抵押登记则是一种公证性行为；光船租赁登记则更多的是一种对本国航运市场秩序控制、安全管理行为以及行政许可行为。

船舶所有人建造、购买或以其他合法方式取得船舶后，应在登记机关规定的期限内，持适当的证明文件，如建造合同、买卖契约、继承书、转让证明和船舶检验机构签发的合格技术证明文件，到登记机关为船舶办理注册登记。登记内容包括船舶的名称、种类、用途、营运性能（主要尺度、吨位、结构特点、主机功率等）、船体材料、建造（或购买、继承、转让）日期、租赁权、抵押权、所有权及船舶所有人的名称和住址等。登记机关核明所报无误和船舶情况符合登记条件后，将这些内容正式列入国家船舶登记册，形成具有法律效力的文件。根据船舶的大小和航行区域，向船舶核发船舶国籍证书，或登记证书，或船舶执照；批准船舶取得本国国籍，批准船舶悬挂本国国旗航行，确认船舶与本国之间关系的建立。

船舶所悬挂的国旗，是船舶所属国籍的标志 。船舶悬挂哪一个国家的国旗，即具有该国的国籍。船舶在哪一国登记，经批准后，即有权悬挂该国的国旗，所以登记国通常也就是船旗国。船舶在一国登记并取得该国国籍后，即确立了船舶与该国的法律关系。船舶的各项行为要对船旗国负责，同时受船旗国法律的约束和保护，在船旗国水域或公海上受船旗国的专属管辖。批准船舶取得本国国籍的国家，自批准之日起，即对船舶产生了法律规定的义务。

二、船旗国应对悬挂其旗帜船舶的义务

根据联合国《1982 年海洋法公约》第 94 条的规定，船旗国对船舶的义务主要包括下列各方面：

（1）船旗国应对悬挂该国旗帜的船舶有效地行使行政、技术及社会事项上的管辖和控制。

（2）船旗国特别应：①保持一本船舶登记册，载列悬挂该国旗的船舶的名称和详细情况，但因体积过小，不在一般国际规定范围内的船舶除外；②根据其国内法，就有关每艘悬挂该国旗帜的船舶的行政、技术和社会事项，对该船及其船长、所有船员行使管辖权。

（3）船旗国对悬挂该国旗帜的船舶，除其他外，应就下列各项采取必要的措施，以保证海上安全：①船舶的构造、装备和适航条件；②船舶的人员配备、船员的劳动条件和训练，同时考虑到适用的国际文件；③信号的使用、通信的维持和碰撞的防止。

（4）这种措施应包括为确保下列事项所必要的措施：

①每艘船舶，在登记前及其后适当的间隔期间，受合格的船舶检验人员的检查，并在船上备有船舶安全航行所需要的海图、航海出版物以及航行装备和仪器；

②每艘船舶都由具备适当资格，特别是具备航海技术、航行、通信和海洋工程方面资格的船长和高级船员负责，而且船员的资格和人数与船舶种类、大小、机械和装备都是相称的；

③船长和在适用范围内的所有船员，充分熟悉并应遵守关于海上生产安全，防止碰撞，防止、减少和控制海洋污染和维持无线电通信所适用的国际规定。

（5）船旗国采取第 3 和第 4 款要求的措施时，须遵守常规的国际规章、程序和惯例，并采取必要的措施保证这些规章、程序和惯例得到遵守。

（6）一个国家如有明确理由相信对某一船舶未行使适当的管辖和控制，可将这项事实通知船旗国。船旗国接到通知后，应对这一事项进行调查，并于适当时采取必要行动，以补救这种情况。

（7）船旗国对于涉及悬挂该国旗帜的船舶在公海上因海难或航行事故对另一国国民造成死亡或严重伤害，或另一国的船舶或设施或海洋环境造成严重损害的每一事件，均应在有适当的合格人士一人或数人在场的情况下进行调查。对该另一国就任何这种海难或航行事故进行

的任何调查，船旗国应与该国合作。

根据国际法的准则和《1982 年海洋法公约》的规定，船舶不能同时在两个或两个以上的国家登记，不能具有双重国籍，不能悬挂两个或两个以上国家的国旗航行。《1982 年海洋法公约》第 92 条规定：悬挂两个或两个以上国旗航行并视方便而换用旗帜的船舶，对任何其他国家不得主张其中的任一国籍，并可视同无国籍的船舶。无国籍或拒不展示国旗的船舶在公海上通常被认为是海盗船或黑船，任何国家的飞机或军舰均可予以拦截或登船检查；任何国家均可以对该船行使权力。

未经登记擅自悬挂一国国旗，伪造文件悬挂一国国旗，或假冒国籍悬挂一国国旗，在国际上通常被认为是犯罪行为。不少国家的法律规定，对这样的船舶可予以没收并追究船长的刑事责任。

为船舶所有人登记业务的方便，船舶登记机关通常设置在港口。船舶办理登记的港口通常即为船舶的船籍港，但选择只限于本国国内的港口，不得在一国登记而将另一国的港口作为船籍港。有的国家不允许船舶所有人选择船籍港，只能将船舶所有人营业地所在的港口或附近的港口作为船籍港。对于无海岸和无港口的国家来说，1921 年 4 月 30 日国际社会在西班牙巴塞罗那通过的《承认无海岸各国船旗的声明》，承认船舶在无海岸各国领土某一地点进行登记，该地点即为船舶的登记港，也就是船籍港。

国际社会意识到方便旗船舶带来了诸如海运欺诈、海上交通事故高发等一系列问题，为此于 1986 年 2 月 7 日，109 个国家和 24 个国际组织的代表在日内瓦签订了《联合国船舶登记条件公约》。公约明确规定：船旗国与其船舶应有某种程度的经济联系，即在船舶所有权问题上，船旗国应有资金参与；船旗国与船上的船员应有一定的国籍联系，即船旗国应配备本国船员在其船上工作；船旗国和其船公司在管理上有某种联系，即船旗国内的船公司至少有本国代表或管理人员等。

三、船舶登记的类别

从目前各国关于船舶登记的法律看，船舶的登记主要包括以下各种：船舶所有权登记、船舶国籍登记、船舶抵押权登记、船舶租赁权登记、船舶变更登记、船舶注销登记和船舶临时登记等。

1. 船舶所有权登记

所有权是指法律确定的对物质资料，首先是对生产资料所享有的占有、受益、使用和处分的权利。在船舶登记中，所有权登记即通过登记在法律上确认船舶所有人对船舶的所有权。

所有权的权利主体是特定的，船舶也是归属于特定的所有人所有。船舶所有人可以是国家，也可以是法人或自然人。船舶可以归一个所有人所有，也可以同时归几个所有人所共有。共有关系有按份共有和共同共有。不论何种所有关系，船舶所有人取得船舶后，应持有足以证明船舶为已有的证明文件，进行所有权登记。登记中除说明船舶的各种技术状况外，还应说明船舶所有人的名称、住址、资金股份及所商定的各项权利、义务的顺序。登记完毕，登记机关向所有人核发所有权证明文件，船舶所有权的取得、变更和消灭从登记完毕时起对第三者生效。

2. 船舶国籍登记

船舶国籍登记是指船舶所有人按照某一国家的船舶登记管理规范进行登记，取得该国签发的船舶国籍证书并悬挂该国国旗航行，从而使船舶隶属于登记国的一种法律上的身份。船舶国籍表明该艘船与登记国有了法律上的隶属关系。船舶国籍证书是船舶国籍法律上的证明，船舶悬挂的国旗是该船国籍的外部象征或标志。

3. 船舶抵押权登记

船舶抵押实际上是船舶所有人的一种信贷手段。船舶所有人为筹措资金，在不转移对船舶所有权的情况下，以船舶及其属具作为抵押物向债权人抵押换取贷款。因此，船舶抵押权是担保物权的一种。

船舶抵押权登记是保护债权人合法权益的一种方式。由于船舶抵押合同设置的不是一般的债权，而是一种担保物权，因此，也就必然地会涉及对抗第三者的问题，这也就决定了船舶抵押权与民法中的抵押权一样，必须履行公示的程序，以避免可能给第三者带来的不公。因此，各国的法律都规定，船舶必须经过登记才具有对抗第三者的法律效力，未经登记的船舶抵押权不具有对抗第三者的效力。我国的《海商法》也做了相应的规定。

船舶设定抵押权，船舶所有人和抵押权人应出具船舶所有权证明文件及设定抵押权的契约，申请抵押权登记。申请书上应载明债权的数额、清偿期限、利息及其他附带或特定条件。

在航运业务中，同一船舶可以先后设定几个抵押权。如以同一船舶为标的设置数个船舶抵押权，当该船舶发生事故赔偿时，这若干个船舶抵押权相互之间的受偿顺序是以船舶抵押权登记时间的先后顺序进行的，即先登记的先得到赔偿，对此国际上的做法比较一致。

以数艘船舶共同担保债权来申请抵押权登记时，应另出具共同担保的目录和各船分别担保的范围。

船舶抵押权担保的是一种借贷之债，根据民法有关规定，借贷之债是可以转让的。对此国际上通行的做法是允许船舶抵押权与其担保的借贷之债一起转让，但一般又都规定转让时必须提交相应的转让文件并进行登记。当船舶申请抵押权转移登记时，如转移系一部分债权让与或代为清偿，申请书上应载明让与或代为清偿的数额。转移抵押权登记时，申请人还需出具转移抵押权契约。

目前，许多国家的法律规定，建造中的船舶可以设定船舶抵押权。我国的《海商法》也做了相同的规定。建造中的船舶设定抵押权登记，申请书中应载明船舶的种类、设计建造尺度、容量、建造地点、造船人的姓名、地址、登记时间及申请登记人的姓名和地址。

船舶不是在船籍港设定或转移抵押权时，可由当地登记机关在契约上签注，船舶回到船籍港后再到登记机关正式登记。抵押权的设定或转移均应在所有权证明文件上注明。船舶抵押权依法登记之后，如债务人不履行债务，抵押权人可申请法院就提供担保的船舶卖得的价金得到赔偿。

船舶抵押权消灭时，应说明理由，持证明文件，到原登记机关撤销登记。

4. 船舶租赁权登记

船舶租赁是指船舶所有人将一艘不配备船员的船舶出租给承租人，在规定的期间内由承租人使用和占有，并由承租人向船舶出租人支付租金。它属于财产租赁的一种。

国家为了对本国船舶及航运市场的管理和控制，保护船舶承租人的权利，大都要求对本国船舶的出租和对外籍船舶的租赁进行登记。因此，船舶租赁登记，既是对抗第三者的条件，也是租赁关系成立的条件。

船舶进行租赁，即设定租赁权，船舶所有人或承租人应持船舶所有权证明文件及租赁契约，申请租赁权登记。申请书上应注明租金数额、租赁期间。如在契约中订有续租期限、停租期限及许可转租的条款和其他特别规定，也应一并注明。

因船舶转租而申请登记，应出具转租契约，申请租赁权转租登记，如在租赁权登记时未做说明许可转租，还应出具船舶所有人和承租人共同同意转租的文件。

船舶的租赁登记一般应在船舶的船籍港进行。如船舶不是在船籍港设定或转移租赁权，可由当地船舶登记机关在契约上签证，等回到船籍港后再到登记机关进行登记。船舶设定或转移租赁权登记，登记机关在所有权证明文件上注明承租人名称、租金数额。

租赁权从登记之日起，不论船舶物权如何转移，承租人和取得船舶物权的人之间的法律关系继续存在。

5. 船舶变更登记

船舶变更登记是指原船舶登记的事项发生变更后，船舶申请登记的有关方面应持证明变更的文件及登记机关所需的资料进行变更登记。对于原登记事项的哪些方面变更后应进行变更登记，各国的规定不尽相同，一般情况下，如有下列事项发生变更，应进行变更登记：(1)船舶名称、编号、种类、用途、尺度、吨位、主机类型、船籍港发生变更；(2)船舶所有权发生变更，或是所有权未变而所有人名称、住址发生变更；(3)船舶抵押权、租赁权消灭或转移；(4)与船舶有关的各项权利的顺序发生变更；(5)发现登记事项遗漏或错误时；(6)船舶共有份额发生变化时。

登记机关核准变更登记后，在登记簿上列明并在核发的有关证书上注明或重新核发新的证书。

6. 船舶注销登记

船舶注销登记是一种法律行为，当法律规定的登记事项，由于某种原因消灭或终止时或船舶灭失，船舶应进行注销登记。船舶注销登记是与船舶登记种类的消灭相对应的。一般情况下，有下列情况时应进行注销登记：

(1)船舶灭失或沉没超过一定的时间；

(2)船舶所有人丧失了对船舶的所有权或将船舶的所有权转移、让与或卖给外国人，所有权被外国人所继承；

(3)按法定程序将船舶拆解；

(4)当船舶出租国外，船舶的国籍发生变化时，船舶出租人应注销原船舶国籍证书；

(5)船舶所有人已按船舶抵押合同的规定履行了合同；

(6)船舶租赁期满，应注销船舶租赁权登记等。

7. 船舶临时登记

船舶的所有权在国外取得时，船舶所有人应持有关文件在本国驻当地使领馆进行船舶所有权的临时登记，并取得悬挂该国国旗的权利。

第二节 船舶登记条件

在各国船舶登记的法律中,最关键和最主要的是船舶登记条件。国际上对各国船舶登记制度的划分主要是根据该国对给予船舶悬挂其国旗的条件来进行的。

一、船舶登记条件概述

船舶登记条件是目前国际上统一使用的一个概念,也是准予船舶登记的先决条件。这一概念最早来源于1958年日内瓦《公海公约》,以后为《海洋法公约》所沿用。《公海公约》第5条规定:"每个国家应确定对船舶给予国籍、船舶在其境内登记及船舶悬挂该国旗帜的权利的条件,……国家和船舶之间必须具有真正的联系。"确定条件,即制定登记条件。船舶满足这些条件后,才准予在本国领土内登记,才准予取得本国国籍和悬挂本国国旗航行。确定这些条件的目的在于保证国家与船舶之间具有真正的联系。

目前,在国际上仍未制定出统一的船舶登记条件的情况下,船舶登记条件完全由一国自行规定。为维护本国的政治、经济和社会权益,维系船舶与本国的真正联系,确保本国能够对船舶实施有效的管辖和控制,各海运国家都制定了本国船舶登记的条件。

二、船舶登记条件的内容

从各国对船舶登记条件的规定看,船舶登记条件的内容主要涉及以下三方面:第一是对申请在本国登记船舶的经营管理的规定;第二是对本国资本的参与程度的规定;第三是本国船员在申请登记船舶上所占比例的规定。

船舶的经营管理主要是对船公司在本国的设置和对船舶经营管理人员的要求;资本参与主要指登记国对在本国登记的船舶,本国资本的参与水平的规定;船员配备要求主要是指必须配备本国人员的比例。不同国家在登记条件方面有不同的要求。联合国贸易发展委员会议秘书处于1982年调查了世界各国船舶登记条件的状况,根据各国登记条件的规定,将全球船舶登记条件分为7种类型:

第一类是实行严格登记条件的国家。这类国家规定船舶在本国登记时必须满足下述条件:

(1)在船舶上的船员中,本国船员必须占50%以上,其中19个国家规定本国船员必须占100%。

(2)船公司或其主要办事处要设在本国国内。公司大多数管理人员必须是本国人。其中24个国家规定公司的董事长、董事、经理必须由本国人担任。

(3)在船公司的资本中,本国资本要占50%以上,其中14个国家规定船公司100%的资本必须为本国所拥有。

第二类国家规定的船舶登记条件比第一类国家有所放松。这些国家对本国资本参与的比例没有规定,但规定船公司要在本国设有办事机构或指定本国人作公司代表。公司全体或多数董事、经理必须是本国人。船长及多数船员须是本国人。

第三类只有英国一个国家。英国在本国资本参与、经营管理上都无规定,只要求船公司须在其国内设立一个实际办事处,保证船上的高级船员必须是本国人。

第四类只有沙特阿拉伯和希腊两国。沙特阿拉伯对船舶的人员配备及公司的经营管理无任何限定条件,只规定沙特阿拉伯资本在船公司资本中占51%以上,才准许该公司的船舶在沙特阿拉伯登记。希腊规定:只要保证本国资本参与占50%,船长和75%以上的船员为希腊人即准予登记。

第五类是开放登记的国家。这些国家对船舶登记无任何条件限制,并且都曾颁布过具有优惠条件的立法,争相吸引外国船舶前往登记。

第六类是没有船舶登记立法的国家。它们关于船舶登记的做法是根据情况临时决定的。

第七类是实行第二船籍登记制度的国家。所谓第二船籍登记制度,就是一个国家在不改变原有传统的船舶登记制度(第一船籍登记制度)的基础上,面向本国船东新设的与方便旗制度类似的另一种船籍登记制度,为了和传统的船籍登记制相区别,称为第二船籍登记制度。这种登记是在保证本国登记基本条件的基础上,提供了诸多的优惠政策,如允许船公司雇佣外籍船员,或是在税收方面可享受类似方便旗船的优惠,等等,并与传统船舶登记制度并行。第二船籍制度虽与开放型登记制度有着低税收、外籍船员雇佣等优惠政策的相似之处,但两者完全是两个概念。第二船籍登记制度是在传统的严格船舶登记和开放型登记制度的基础上发展起来的新型船舶登记制度,严格说来,可以说是半开放型登记制度。

目前,第二船籍登记制度在运作过程中,又因船舶登记注册地的不同而分为两种:(1)离岸登记制度(Off Shore Registry),即在本土之外的属地开设境外登记处,实施一套新的船舶登记制度。英国最早在1978年开始以马恩岛为境外登记处,随后法国(克尔格伦岛)、荷兰(安的列斯群岛)、葡萄牙(马德拉群岛)等也纷纷采用这种制度。(2)国际船舶登记制度(International Ship Registry,ISR),即在本土开设主要针对本国国际航行船舶的登记处,并实施一套新的登记制度。挪威最早于1987年采用该制度,随后为丹麦、德国、卢森堡和瑞典等国相继采纳。

第二船籍登记制度具有显著的优势:

(1)第二船籍登记制度相较于开放登记制度,更有利于对船舶的监管、提高船队技术等级、壮大海运实力以及维护本国船队声誉。

(2)第二船籍登记制度相对于严格登记制度,登记条件更加宽松,登记程序更加简便,有利于早日取得航行权,投入营运,提高船舶的利用效率。

(3)第二船籍登记制度通常允许船上任职船员可有一定比例的外国船员,这样既可以缓解本国船员紧缺,又可以降低船舶营运成本。

(4)第二船籍登记制度的国家对船舶征收有关税费时,实施特殊的优惠政策,以吸引本国船东将方便旗船移转回国内登记,有效防止船舶注册费用的外流,既能够增强本国船队的运力、巩固本国航运规模,又能够促进航运及相关产业的发展。

(5)第二船籍登记制度更完备,在船舶与登记国之间的真正联系、船舶安全管理、船员权利保障、海洋环境保护等管理方面比开放登记制度更严格,大大加强了对船舶的管理、对船员权利的保障、对环境的保护,减少港口国监督(PSC)检查带来的风险,有利于世界海运业的健康发展。

为了使各国的船舶登记条件相对统一,确保或在可能情况下加强一国与悬挂其国旗船舶之间的真正联系,1986 年 2 月 7 日在日内瓦召开的联合国船舶登记条件会议上通过了《1986 年联合国船舶登记条件公约》。该公约目前还未生效。

我国对船舶登记的条件一直要求比较严,但我国的船舶登记条件在保证国家与船舶之间真正联系的同时,也在随着改革开放的深入发展而变化。

1994 年 6 月 2 日颁布并于 1995 年 1 月 1 日实行的《船舶登记条例》在结合我国实际的基础上,对在我国登记船舶应具备的条件做出了新规定。它要求:中国籍船舶上的船员应当由中国公民担任;确需雇佣外国籍船员的,应当报国务院交通主管部门批准;中国籍船上的船员,必须持有相应的中华人民共和国船员适任证书。对于依我国法律设立的中外合资或合作公司,其主要营业所在地在我国境内的船舶的登记,除满足上述的要求外,该公司的注册资本中,中方投资人的出资应不少于 50%。

自 2017 年 2 月 10 日开始实施的《船舶登记办法》,结合现实的发展情况,进一步完善了船舶登记及其程序。

船舶登记根据登记条件分为严格登记和开放登记两种制度。我国属于严格登记的国家。

三、船舶开放登记制度

开放登记是与正常登记相对而言的。实行严格登记条件的登记,通常称为正常登记。对在本国登记的船舶无任何限制条件的登记,称为开放登记。其特点是:(1)允许登记的船舶由非登记国的公民所有和管理;(2)船舶登记手续简便,一般在驻外领事级的机构即可办理;(3)只收登记费和年度费用,征税较低;(4)准许船舶自由配备外国籍船员;(5)船旗国无权控制船公司,对登记船舶实施松散的或有名无实的监督管理,船旗国和船舶所有人之间只存在象征性关系;(6)允许登记船舶具有双重国籍,公司法简单,自治性较强;(7)不强制实施船旗国的规章制度,无沿海运输限制;(8)船旗国不需征用任何登记船舶。

目前实行开放登记的国家主要是利比里亚、巴拿马和塞浦路斯等,但全世界半数以上的国家不同程度地经营着开放登记船队。美国是世界上最大的经营开放登记船队的国家。

关于开放登记船舶存在的问题已引起了举世的关注。目前国际上已采取了一些措施以及正在进行各种努力消灭该类船舶的存在。采取的措施主要有:

(1)《公海公约》《联合国海洋法公约》《商船最低标准公约》都要求船旗国与船舶之间必须具有真正的联系。

(2)《1986 年联合国船舶登记条件公约》中对船舶登记条件的具体规定。

(3)1982 年欧洲 14 国《港口国监督备忘录》的签署和实施,以及在其影响下所产生的港口国监督区域合作,在一定程度上限制了低于标准船舶的运行,也是对方便旗船舶一种打击。

(4)传统海运国家与各种工人、海员组织纷纷反对开放登记旗船,并运用各种组织力如国际运输工人联合会(ITF)、联合国贸易和发展会议(UNCTAD)、国际海事组织(IMO)、国际劳工组织(ILO)等的力量持续开展了抵制或规范开放登记旗船的运动。

(5)IMO 规约履约分委会的产生,也在一定程度上督促船旗国加强对所属船舶的安全管理。

(6)开放登记国也采取了一些措施,以改善其登记制度。具体而言,包括:其一,参与国际公约。例如作为全球第二大开放登记国的利比里亚,从 20 世纪 70 年代开始,就已经成为一批海洋公约的缔约国。这些公约包括 1974 年 SOLAS 公约、1966 年 LL 公约、MARPOL 73/78 公约、《1976 年商船最低标准公约》以及 2010 年 STCW 公约等。其二,落实船舶检查制度。近年来,主要开放登记国家开始提高船舶标准和船员适任资格。利比里亚在全世界范围内设立港口检察官,建立横跨全世界的监测网络,所有悬挂利比里亚国旗的船舶都要接受每 12 个月一次的安全监督检查。其船员适任资格考试方式模拟了美国的海岸警卫队。严格检查船舶安全以及船员技术水平无疑将促进开放登记国家加强船舶安全措施以及提高船员的适任能力,改善这些开放登记国家在国际上的声誉。其三,改进事故救济措施。例如在扣船方面,巴拿马虽然未参加 1952 年扣船公约或 1999 年扣船公约,但其 1982 年颁布的第 8 号法令吸收了 1952 年扣船公约的许多原则和规则,故巴拿马扣船立法与该公约许多缔约国的做法相似。为保证扣船效率,巴拿马海事法院一年 365 天、每天 24 小时均有法官值班,可以随时受理申请人的扣船申请,签发和执行扣押传票。

四、上海自贸区国际船舶登记

《中国(上海)自由贸易试验区国际船舶登记制度试点方案》获得交通运输部批复同意,标志着中国(上海)自由贸易试验区将正式开展国际船舶登记。

根据试点方案,上海自贸区国际船舶登记制度主要有五个方面的新变化:在登记主体方面,放宽了登记船舶所属法人注册资本中的外资比例限制,外商投资比例可以高于 50%;在船龄方面,国际船舶登记制度下的船舶船龄可以在现行船龄标准的基础上放宽 2 年;在外籍船员雇佣方面,基本放开了对外籍船员的限制,原来雇佣外籍船员需要由交通运输部审批,现在只需向上海海事局报备即可;在船籍港方面,设置两个船籍港,如果船舶处于保税状态,则登记为“中国洋山港”,如船舶处于完税状态,则登记为“中国上海”,两个船籍港均享受国际船舶登记制度的各项政策便利;在登记种类方面,充分考虑社会经济发展实际需求,在现有登记种类的基础上增加了船舶融资租赁登记,并可结合自贸区实际情况,适当增设必要的登记种类。同时,在登记程序和相关配套程序上也授权上海海事局进行优化、完善,切实提高国际船舶登记效率。

第三节　船舶登记条例

一、概述

为了加强船舶监督管理,决定船舶船籍港,确认船舶悬挂中华人民共和国国旗航行权,保障有关船舶权利,我国交通部于 1960 年公布并实行了《船舶登记章程》。该章程规定我国国家所有、集体所有和公民所有的船舶,除军事、公安舰船及免予登记附属于船舶的交通艇、救生艇筏与体育运动船舶外,都应当在我国港口进行船舶登记;船舶经过登记并取得国籍证书、船舶登记证书或船舶执照后,才有权悬挂我国国旗航行。由于我国经济形势的变化,1986 年交通部对该章程进行了修订,改为《中华人民共和国海船登记规则》并于 1988 年 1 月 1 日起开始实施,从实施之日起,《船舶登记章程》对海船作废。但是,在新的内河船舶登记规则颁布前,内河船舶的登记仍适用《船舶登记章程》。该规则适用于我国国家所有、集体所有、依照我国中外合资经营企业法成立的合资经营企业所有以及公民所有 50 总吨以上(含 50 总吨)的海上机动船舶和非机动船舶,包括 50 总吨以上(含 50 总吨)的木帆船和木驳船。该规则不适用于军事舰艇、公安船舶、附属于船舶的工作艇与救生艇筏、体育运动船舶、渔业船舶。50 总吨以下的海上机动和非机动船舶以及各种类型的木帆船的登记,按各省、自治区、直辖市交通厅(局)参照该规则各项规定从简制定的船舶登记办法进行。

然而,随着我国改革开放的深入,出现了各种性质的船舶,诸如,中外合作、合资经营企业的船舶,公民合户、联户经营船舶,打破了过去航运由国家控制的局面。在此情况下再由交通部制定船舶登记的规章似乎不太合适,因此 1994 年 6 月 2 日由国务院颁布了《中华人民共和国船舶登记条例》。该条例于 1995 年 1 月 1 日起开始实施,同时废止了《船舶登记章程》和《海船登记规则》。

二、《船舶登记条例》的基本内容

(一)条例的适用

该条例适用于在我国境内有住所或者主要营业所的中国公民的船舶;中华人民共和国政府公务船舶;事业单位的船舶;依据我国法律设立的主要营业所在我国境内的企业法人的船舶(如该法人的资本中有外商出资的,中方投资人的出资不得低于 50%);港务监督机构认为应当登记的其他船舶。条例不适用于军事船舶、渔业船舶和体育运动船舶的登记。“军事船舶”系指军队现役的或在编的,用于执行军事任务或运送军事人员、物资且不收取运费或其他任何形式报酬的船舶。

(二)船舶登记主管机关

条例规定,中华人民共和国港务监督机构是船舶登记主管机关。各港口的港务监督机构是具体实施船舶登记的机关(以下简称船舶登记机关),其管辖范围由船舶登记主管机关确定。

(三)船舶登记条件

在我国登记并悬挂我国国旗的船舶应满足:中国籍船舶上的船员应当由中国公民担任;确需雇佣外国籍船员的,应当国务院交通主管部门批准;中国籍船舶上的船员,必须持有相应的中华人民共和国船员适任证书。对于依我国法律设立的中外合资或合作公司且主要营业所在地在我国境内的船舶的登记,除满足上述的要求外,该公司的注册资本中,中方投资人的出资不得低于 50%。

(四)船籍港和船名

船舶登记港为船籍港。船籍港由船舶所有人依据其住所或者主要营业所所在地就近选择,但是不得选择两个或两个以上的船舶登记港。根据港监发〔1994〕296 号文件规定,同一船舶所有人,对全部属下的船舶都只能按地理概念就近选择同一个港口作为船舶登记港,并在同一个船舶登记机关进行船舶登记。

一艘船舶只准使用一个名称。船名由船籍港登记机关核定。船名不得与登记在先的船舶重名或者同音。

(五)船舶所有权登记

船舶所有权登记要求船舶所有人应当向船籍港船舶登记机关交验足以证明其合法身份的

文件,并提供有关船舶技术资料和船舶所有权取得的证明文件的正、副本。

依船舶所有人取得船舶所有权方式的不同分成以下几种情况:

(1)由购买取得的船舶申请所有权登记的,应提供下列文件:

①购船发票或者船舶的买卖合同和交接文件;

②原船籍港船舶登记机关出具的船舶所有权登记注销证明书;

③未进行抵押的证明文件或者抵押权人同意被抵押船舶转让他人的文件。

(2)由新造船舶申请船舶所有权登记的,应当提供船舶建造合同和交接文件。但就建造中的船舶申请船舶所有权登记的,仅需提供船舶建造合同;就自造自用船舶申请船舶所有权登记的,应当提供足以证明其所有权取得的文件。

(3)因继承、赠予、依法拍卖以及法院判决取得的船舶申请船舶所有权登记的,应当提供具有相应法律效力的船舶所有权取得的证明文件。

(4)对提供不出所有权证明的老旧船,由申请人提出所有权登记申请,经船舶登记机关发布公告3个月内无人提出对该所有权质疑申诉,再给予所有权登记。

船籍港船舶登记机关接到船舶所有人的申请和提供的资料和文件的正、副本后,进行审查核实,对符合条例规定的,自收到申请之日起7日内向船舶所有人颁发船舶所有权登记证书,授予船舶登记号码。在提供的文件的原件上盖"业已登记"的印章,退回原件收存副本或影印件。对于不符合条例规定的,应自收到申请之日起7日内书面通知船舶所有人。

(六)船舶国籍证书

根据条例规定,船舶国籍的取得是在船舶所有权登记的基础上,由船舶登记机关审查船舶所有人依航区提供的船舶适航证明文件的基础上进行的。

(1)航行国际航线的船舶,除交验船舶所有权证书外,还应呈验法定船检机构依国际公约规定的有效技术证书,即国际吨位丈量证书、国际船舶载重线证书、货船构造安全证书、货船设备安全证书、乘客定额证书(载客12人及以上船舶)、客船安全证书、货船无线电报(话)安全证书、国际防止油污证书、船舶航行安全证书和其他有关技术证书。

(2)航行国内的船舶,除交验船舶所有权登记证书外,还应根据船舶的种类交验法定船检机构签发的船舶检验证书簿和其他有效船舶技术证书。

由于《1982年海洋法公约》规定船舶不能具有双重国籍,如果船舶具有双重国籍或多种国籍,则可视为无国籍船舶,为了保护船舶所有人利益,条例明确规定:对于从境外购入的外籍船舶,在申请我国国籍时,还应提供原船籍港船舶登记机关出具的注销原国籍的证明或者将于重新登记时立即注销原国籍的证明。

经审查符合本条例规定的船舶,船籍港船舶登记机关予以核准并发给船舶国籍证书。该证书的有效期为5年。

在下列情况下应办理临时国籍证书:

(1)向境外出售新造船舶,合同规定为到岸交船时,船舶所有人应当持船舶所有权取得的证明文件和有效船舶技术证书,到建造地船舶登记机关申请办理临时船舶国籍证书;

(2)从境外购买新造的船舶,船舶所有人应当持船舶所有权取得的证明文件和有效船舶技术证书,到中华人民共和国驻外大使馆、领事馆申请办理临时船舶国籍证书;

(3)境内异地建造船舶,需要办理临时船舶国籍证书的,船舶所有人应当持船舶建造合同和交接文件以及有效船舶技术证书,到建造地船舶登记机关申请办理临时船舶国籍证书;

(4)在境外建造船舶,船舶所有人应当持船舶建造合同和交接文件以及有效船舶技术证书,到中华人民共和国驻外大使馆、领事馆申请办理临时船舶国籍证书;

(5)以光船条件从境外租进船舶,光船承租人应当持光船租赁合同及原船籍港船舶登记机关出具的在船舶重新登记时立即中止或者注销原国籍的证明文件到船舶登记机关申请办理临时船舶国籍证书。

经审查对符合条件的船舶,发给船舶临时国籍证书。该证书的有效期一般不超过 1 年。但以光船租赁条件从境外租进的船舶,临时船舶国籍证书的期限可以根据租期确定,但是最长不得超过 2 年。对于光船租赁合同期限超过 2 年的,承租人应当在证书有效期内,到船籍港船舶登记机关申请换发临时船舶国籍证书。

(七)船舶抵押权、光船租赁登记

1. 船舶抵押登记

船舶抵押登记适用于具有我国国籍的 20 总吨以上船舶设定抵押权以及当抵押权转移时所进行的登记。它是依申请而为的行为。

办理船舶抵押权登记应提交的文件包括:(1)双方(抵押权人和抵押人)签字的书面申请书;(2)船舶所有权证书或建造合同;(3)船舶抵押合同以及当船舶设定有其他抵押权时的有关证明文件。当船舶共有人对共有船舶设定抵押权时,还应提供三分之二以上份额或约定份额的共有人的同意证明文件。

经审查符合规定的,船籍港船舶登记机关从收到申请之日起 7 日内将有关抵押人、抵押权人和船舶抵押情况及登记日期载入船舶登记簿和船舶所有权登记证书,并向抵押权人核发船舶抵押权登记证书。该证书主要包括下列各项内容:①抵押合同双方当事人的姓名或者名称、地址;②被抵押船舶的名称、国籍、船舶所有权登记证书的颁发机关和证书号码;③所担保的债权数额、利息及受偿期限。

根据条例规定,当抵押权转移时,原抵押权人和承转人应办理转移登记,并封存原抵押登记证书。

2. 光船租赁登记

(1)光船租赁登记的适用。中国籍船舶光船出租给本国企业、自然人的;中国企业以光租条件租赁外籍船舶的;中国籍船舶光租出境外的,均须办理光船租赁登记。

(2)光船租赁登记的程序。船舶在境内出租时,租船合同双方在起租前,持船舶登记证书、国籍证书及租赁合同正、副本到船籍港登记机关办理。对符合规定的,登记机关将租赁情况载入登记证书和船舶登记簿后,向合同双方核发租赁登记证明书各一份;当船舶光租境外时,出租人持登记证书、国籍证书及租赁合同正、副本到船籍港登记机关办理登记。登记机关中止或注销船舶国籍,并封存原国籍证书,在发给中止或注销国籍证明书后,发给光租登记证明书一式两份;对于以光船从境外租入时,承租人按船舶如其所有的情况确定船籍港,办理光船租赁登记。办理该种登记时应提供光船租赁合同正、副本,法定船舶有效技术证书和原国籍中止或注销证明书或在重新登记时原国籍立即中止或注销证明书。登记机关在审核上述文件合格后,发给光船租赁证明书、船舶临时国籍证书并在船舶登记簿上载明原登记国。

(八)船舶标志和公司旗

1. 船舶标志

经过登记的船舶应具有下列标志:(1)船首两舷及船尾标明船名;(2)船尾船名下方标明船籍港;(3)船名、船籍港下方标注汉语拼音;(4)船首和船尾两舷标明吃水标尺;(5)船舶中部两舷标明载重线。

对受船型或尺寸限制不能在前述规定的位置标明标志的船舶,应当在显著位置标明船名和船籍港。

2. 船舶烟囱标志、公司旗

条例允许船舶所有人使用烟囱标志和公司旗,但应:(1)向船籍港登记机关申请,经核准并公告后使用;(2)同一公司的船舶只准使用一个船舶烟囱标志、公司旗;(3)烟囱标志、公司旗不得与登记在前的船舶烟囱标志、公司旗相同或相似。

(九)变更登记和注销登记

1. 变更登记

在下列情况下,船舶所有人或船舶抵押合同双方应进行变更登记:(1)船舶登记项目变更时;(2)船舶变更船籍港,在原船籍港登记机关办理变更登记,在新船舶籍港重新办理登记;(3)船舶共有情况变更时;(4)船舶抵押合同变更时,合同双方到船籍港登记机关办理变更登记。

2. 注销登记

在下列情况下,船舶有关方应按规定办理注销登记:

(1)船舶所有权发生转移。船舶所有人持所有权登记证书、国籍证书和其他有关文件到船籍港登记机关办理。登记机关注销船舶登记簿上的所有权及与之相关的登记。收回有关证书开具注销证明书。当船舶出售境外时,视情况出具注销国籍证书或将于重新登记时立即注销国籍证明书。

(2)船舶灭失(含拆解、沉没)和失踪的,船舶所有人自灭失或失踪之日起3个月内持有关证书和证明文件到船籍港登记机关办理。

(3)船舶抵押合同解除。原合同双方持所有权登记证书、抵押权登记证书和经抵押权人签字的抵押合同解除证明文件,到船籍港登记机关办理。登记机关经审查,注销其在所有权登记证书和船舶登记簿上的抵押登记记录。

(4)以光船出租到境外的船舶。出租人在办理光船租赁登记外,还应办理国籍中止或注销登记。

(5)光船出租境外船舶,在光租合同期满或光租关系终止的,我国出租人应自合同期满或租赁关系终止之日起15日内,持所有权登记证书、光租合同或光租关系终止的证明文件,到船籍港登记机关办理光租注销登记。并在恢复我国国籍时,提供承租人出具的在光租期内船舶国籍注销证明书或将于重新登记时立即注销该国籍证书。

对以光租租进的船舶,在合同终止或租赁关系解除时,应自解除或终止之日起15日内,持合同或关系解除证明文件到船籍港办理光船租船注销登记。对系以光租从境外租进的船舶,在租赁合同终止或关系解除后,办理注销登记时,还应提供临时国籍证书。

(十)船舶所有权登记证书、船舶国籍证书的换发和补发

在下述情况下,船舶所有人应办理登记证书、国籍证书的换发和补发:船舶国籍证书有效期届满前1年内;船舶所有权登记证书、国籍证书遗失的;如国籍证书在境外发现丢失或污损时,应向我国驻外领馆、使馆申请办理,但在抵达我国第一港后及时向船籍港登记机关换发国籍证书;船舶所有权登记证书、国籍证书污损不能使用的。

除对上述船舶各种登记做出规定外,《船舶登记条例》还对违反条例的法律责任以及有关当事人对船舶登记机关的具体行政行为不服时的权利做出了规定。

三、船舶登记的注意事项

船舶登记是一种法律行为,根据船舶登记的目的和作用,要求船舶登记机关办理有关船舶登记事项时,应注意:

(1)虽然我国的船舶登记对适用条例的船舶和人员是强制性的,但船舶的各种登记是依申请而发生的行为。

(2)依条例认真核实申请登记人提供的有关证明文件和各种材料。

(3)由于船舶登记的公示性作用,要求登记机关及其工作人员允许有关人员查阅和复制有关的船舶登记。

(4)对同一船舶设定若干抵押权的登记,一定严格按照申请人申请的时间顺序进行登记,防止登记时间与申请时间不一致而影响有关人员的权利。

(5)对于符合条件的,在条例规定的时间内完成登记,并向申请人核发规定的证书,对于不符合规定的,或申请手续及提供的证明材料有问题的,也一定在法定的时间内,书面向申请人说明不予登记的原因。

(6)认真遵守船舶登记程序。

但值得注意的是,我国已颁布《物权法》,随着《物权法》的实施,将对我国船舶登记制度产生一定的影响,也意味着现行的《船舶登记条例》可能也会随之修改。

第四节　船舶升挂国旗管理

根据《中华人民共和国国旗法》第十一条规定:"民用船舶和进入中国领水的外国船舶升挂国旗的办法,由国务院交通主管部门规定。"交通部于1991年制定了《船舶升挂国旗管理办法》。

一、关于国旗制法说明

1949年9月28日中国人民政治协商会议第一届全体会议主席团公布了国旗制法说明。

国旗的形状、颜色两面相同,旗上五星两面相对。为便利计,本件仅以旗杆在左之一面为说明之标准。对于旗杆在右之一面,凡本件所称左均应改右,所称右均应改左。

(一)旗面为红色,长方形,其长与高为三与二之比,旗面左上方缀黄色五角星五颗。一星较大,其外接圆直径为旗高十分之三,居左;四星较小,其外接圆直径为旗高十分之一,环拱于

大星之右。旗杆套为白色。

(二)五星之位置与画法如下:

甲、为便于确定五星之位置,先将旗面对分为四个相等的长方形,将左上方之长方形上下划为十等分,左右划为十五等分。

乙、大五角星的中心点,在该长方形上五下五、左五右十之处。其画法为:以此点为圆心,以三等分为半径作一圆。在此圆周上,定出五个等距离的点,其一点须位于圆之正上方。然后将此五点中各相隔的两点相连,使各成一直线。此五直线所构成之外轮廓线,即为所需之大五角星。五角星之一个角尖正向上方。

丙、四颗小五角星的中心点,第一点在该长方形上二下八、左十右五之处,第二点在上四下六、左十二右三之处,第三点在上七下三、左十二右三之处,第四点在上九下一、左十右五之处。其画法为:以以上四点为圆心,各以一等分为半径,分别作四个圆。在每个圆上各定出五个等距离的点,其中均须各有一点位于大五角星中心点与以上四个圆心的各连接线上。然后用构成大五角星的同样方法,构成小五角星。此四颗小五角星均各有一个角尖正对大五角星的中心点。

(三)国旗之通用尺度定为如下五种,各界酌情选用:

甲、长 288 公分,高 192 公分。

乙、长 240 公分,高 160 公分。

丙、长 192 公分,高 128 公分。

丁、长 144 公分,高 96 公分。

戊、长 96 公分,高 64 公分。

二、《船舶升挂国旗管理办法》的主要内容

1. 适用

该办法适用于中国籍民用船舶(以下简称中国籍船舶)以及进入我国内水、港口、锚地的外国籍船舶(以下简称外国籍船舶)。

2. 应当每日悬挂中国国旗的船舶

(1)50 总吨及以上的中国籍船舶;

(2)中国籍航行在中国领水以外水域和中国香港、中国澳门地区的船舶;

(3)中国籍公务船舶;

(4)外国籍船舶进入中华人民共和国内水、港口、锚地的。

船舶悬挂中国国旗应当早晨升起,傍晚降下。但遇有恶劣天气时,可以不升挂中国国旗。

3. 船舶长度与悬挂的中国国旗尺度

(1)150 米及以上的船舶,应悬挂甲种或乙种或丙种中国国旗;

(2)50 米及以上不足 150 米的船舶,应悬挂丙种或丁种中国国旗;

(3)20 米及以上不足 50 米的船舶,应悬挂丁种或戊种中国国旗;

(4)不足 20 米的船舶应悬挂戊种中国国旗;

(5)外国籍船舶悬挂的中国国旗尺度,一般应不小于其悬挂的船旗国国旗的尺度。

船舶悬挂的中国国旗应当整洁,不得破损、污损、褪色或者不合规格,不得倒挂。中国籍船

舶应将中国国旗悬挂于船尾旗杆上。船尾没有旗杆的，应悬挂于驾驶室信号杆顶部或右横桁。外国籍船舶悬挂中国国旗，应悬挂于前桅或驾驶室信号杆顶部或右横桁。中国国旗与其他旗帜同时悬挂于驾驶室信号杆右横桁时，中国国旗应悬挂于最外侧。

中国籍船舶在航行中与军舰相遇，需要时可以使用中国国旗表示礼仪。

船舶取得中华人民共和国国籍后，第一次升挂中国国旗时，可以举行升旗仪式。遇有《中华人民共和国国旗法》第十四条规定的情形时，港务监督机构应通知或通过船舶代理人、所有人通知船舶下半旗。除前述规定的情况外，船舶非经批准不得将中国国旗下半旗。

外国籍船舶根据船旗国的规定需将船旗国国旗下半旗的，应向港务监督机构报告。

中国籍船舶改变国籍，在最后一次降中国国旗时，可以举行降旗仪式。降旗仪式可参照升旗仪式进行。降旗仪式后，船长或船舶其他负责人应将中国国旗妥善保管，送交船舶所有人。

船舶遇难必须弃船时，船长或船舶其他负责人应指定专人降下中国国旗，并携带离船，送交船舶所有人。

外国国家领导人乘坐、参观中国籍船舶，或我国国家领导人利用中国籍船舶举行欢迎外国国家领导人的仪式，需要悬挂两国以上国旗的，按照有关涉外悬挂和使用国旗的规定办理。

外国籍船舶拒绝按港务监督机构的要求纠正的，港务监督机构可令其驶离中华人民共和国内水、港口、锚地。

第五章　船舶口岸检查

第一节　国际航行船舶进出口岸检查

对外国籍船舶及本国国际航行船舶进行口岸检查，基本上是国际通行的一种做法。只是检查的形式、检查的内容、参与检查的机关等方面存在着一定的差异。船舶的卫生检疫是各国都检查的内容之一，对于船舶上人员的检查，也即边防检查，有的称为移民局的检查，基本上是各国都检查的内容之一。

在我国，船舶进出口岸检查目前是指海事管理机构、海关机关、卫生检疫机关、边防检查机关和动植物检疫机关对进出我国开放口岸的船舶所实行的检查。其目的是保证港口和船舶的安全，维护国家主权和国境治安，查禁走私，防止疫病传播，根据我国有关法律、法规的规定，并结合国际惯例对船舶、船员、旅客、货物及旅客行李物品、邮件等所进行的检查和办理有关手续。国际航行船舶进出口岸检查是一项综合性检查，接受检查是法律、法规设定的船舶、船员、旅客及其行李物品、货物、邮件等取得进出口岸资格时必须履行的一项义务。

一、口岸检查立法状况

国际航行船舶进出我国口岸的检查，最初称为联合检查。联合检查是我国为了方便船舶，依据有关法律、法规的规定，由法律授权的几个行政机关联合对船舶进行的检查。对国际航行船舶的进出口岸检查立法，始于中华人民共和国成立初期，1951 年 4 月 18 日为维护国家主权、查禁走私，中央人民政府公布了《中华人民共和国暂行海关法》，1951 年 1 月 21 日政务院公布施行了《中华人民共和国海港管理暂行条例》，1957 年 12 月 23 日公布了《中华人民共和国国境卫生检疫条例》，1965 年 4 月 30 日发布了《边防检查条例》。上述法律与法规赋予相应的机关或机构依授权对进出口岸船舶的相应方面进行检查。为方便船舶规范检查程序，1957 年 11 月 5 日，交通部、总参、外贸部、卫生部联合颁发了《联合检查程序与注意事项》。随后为进一步规范联合检查工作，交通部、外贸部、公安部和卫生部于 1961 年 11 月 23 日公布实施了《进出口船舶联合检查通则》。至 1979 年 3 月 21 日，由于 1957 年公布的《联合检查进行程序与注意事项》已不适应形势的发展，而且检查手续烦琐、时间长、检查人员多，船方反映强烈。因此，上述四部又联合颁发了《关于改进船舶进出口联合检查工作的通知》，对进行联检工作的原则、方法、组织、程序和注意事项做出了详细规定。

随着我国改革开放及法制建设的完善，为了使我国口岸检查与国际接轨，避免弊端，要求加强这方面的法规建设,特别是1987年7月1日施行的新的《海关法》、1987年5月1日施行的《国境卫生检疫法》及1989年施行的《国境卫生检疫法实施细则》与1984年《海上交通安全法》及1986年颁布的《内河船舶交通安全管理条例》。在此背景下,国务院于1995年3月21日发布施行了《国际航行船舶进出中华人民共和国口岸检查办法》(以下简称《口岸检查办法》)。为了实施该办法,中华人民共和国海事管理机构局于1995年5月4日发布了《关于实施〈国际航行船舶进出中华人民共和国口岸检查办法〉暂行规定》。我国加入《1965年便利国际海上运输公约》,其于1995年3月17日对我国生效,因此,船舶出入境检查所需的单证与填报需使用公约规定的统一单证。

二、国际航行船舶口岸检查的机关及检查内容

(一)海关检查

根据我国《海关法》规定,中国海关是国家的进出关境监督管理机关。国家在对外开放的口岸和海关监管业务集中的地点设立海关,并依法独立行使职权,向海关总署负责。其主要职责是依法监管进出境的运输工具、货物、行李物品、邮递物品和其他物品,征收关税和其他税费,查缉走私,并编制海关统计报表和办理其他海关业务。

进出境船舶到达或驶离设立海关的地点时,应按时向海关申报,交验有关单证,交验的单证包括:①总申报单进出口岸各一份;②货物申报单进出口岸时各一份,本港无装货时,出口免交;船舶物品申报单进口时交一份;③船舶名单进出口岸各交一份,船员无变动时,出口免交;④旅客名单进出口岸各交一份,无变更时出口免交。

船舶进出口岸除如实申报外,对于已进境船舶未经海关同意不得擅自驶离,驶离前应办理结关手续。进出境船舶的到达和驶离时间,停泊地点,停留期间更换地点以及装卸货物、物品及上下旅客时,应接受海关监管。装卸完毕应向海关递交反映实际装卸情况的交接单据和记录。海关检查时,船长应到场,并根据要求开启舱室、房间、车门;有走私嫌疑的,应根据要求开拆可能藏匿走私货物、物品的部位,搬移货物、物料。

(二)国境卫生检疫检查

根据我国《国境卫生检疫法》规定,我国在国际通航港口、机场及陆地边境和国界江河的口岸,设立国境卫生检疫机关,依法实施传染病检疫、监测和卫生监督。进出境的人员、交通工具、运输设备以及可能传播检疫传染病的行李、货物、邮包等物品都应接受检疫,经许可方准出入国境。

1. 入境检疫

船舶代理应在接受入境检疫检查的船舶到达前,尽早向主管机关通知下列事项:船名、国籍、预定到达检疫锚地的日期和时间;始发港、最后停靠港口;船员和旅客人数;货物种类。到港船舶必须在指定地点(检疫锚地等)锚泊、等待检疫,并应按规定显示号灯。检疫人员上船时,船长应提交总申报单、货物申报单、旅客名单及航海健康申报书各一份,并出示除鼠证书或免予除鼠证书和其他有关检疫证书,并接受查验。在查验时,检疫人员有权查阅航海日志和其他有关证件,并可向船长、船医提出询问,船长、船医须如实回答。

进口船舶检疫前,除引航员和经检疫机关许可的人员外,其他人员不准上船,不准装卸任何货物或物品等,其他船舶不准靠近,船上人员不许上下。

进口卫生检疫在日出到日落前的时间内实施。但凡具备夜航条件,可靠离码头和装卸作业的港口口岸,实行24小时检疫。对来自疫区的船舶,不实行夜间检疫。

入境船舶实施查验后,对无染疫船舶,检疫人员签发入境检疫证书,船舶可进行有关作业。

2. 出口卫生检疫

出口船舶在进行卫生检疫时,应提交有关单证各一份,包括:总申报单、货物申报单、船员名单、旅客名单,出示除鼠证书或免予除鼠证书和其他有关检疫证件。但船舶在进口岸时已递交的单证,在出口时无变动者可免交。船长应如实回答检疫人员提出的有关船员、旅客健康和船上卫生情况的询问。

对出口船舶实施检疫后,检疫人员按检疫结果签发出境检疫证。出口船舶检疫后,除引航员和经卫生检疫机关许可的人员外,其他人员不准上船,不准进行货物、物品等的装卸。

(三)动植物检疫检查

根据我国《进出境动植物检疫法》的规定,国务院设立动植物检疫机关,统一管理全国进出境动植物检疫工作。动植物检疫机关在对外开放的口岸和进出动植物检疫业务集中的地点设立动植物检疫机关依法实施进出境动植物检疫。

动植物检疫机关对进出境的动植物、动植物产品和其他检疫物,装载动植物、动植物产品和其他检疫物的容器、包装物,来自动植物疫区的运输工具,以及对过境的动物及动物饲料、辅助材料和装载容器进行检查检验。

动植物检疫要求申报的单证包括:总申报单、货物申报单、船员物品申报单进出口各一份,出口时递交船舶物品申报单一份;进境时,还应递交输出国或地区政府动植物检疫机关出具的检疫证书。

进出境动植物检疫合格的,准予进境,海关凭口岸动植物检疫机关签发的检疫单证或在报关单上加盖的印章验放。

(四)边防检查

根据我国《边防检查条例》规定,边防检查站负责对进出国境的人员及其护照或进出国境证件、行李物品和进出国境的交通运输工具及其载运的物资实施边防检查。

进出口的船舶交验下列单证:总申报单、船员名单、旅客名单各一份。当船舶载有偷越国境的人员或危害我国安全的物品时,应立刻报告边防检查站,并听候处理。

(五)海事管理机构的检查

根据《海上交通安全法》和《内河交通安全管理条例》的规定,国际航行船舶进出我国港口,必须接受主管机关的检查。进出口检查的主管机关是我国海事管理机构。

进出口船舶在接受检查时,应交验的有关单证和文件包括:总申报单、船员名单、货物申报单各一份。当本港无装货时,货物申报单免交。交验船舶证书及有关文书及上一港口签发的出口许可证、船舶概况报告单。

三、船舶进出口岸手续和出口许可证

根据《海上交通安全法》第11条规定:外国籍非军用船舶未经主管机关批准,不得进入我国的内水和港口;外国籍军用船舶未经我国政府批准,不得进入我国领海。《内河交通安全管理条例》及《对外籍船舶管理条例》也有类似的规定。

(一)进口手续

国际航行船舶进入我国内水及港口,应按规定办理进口手续。其程序如下。

1. 申请

外国籍船舶应委托具有相应代理权的船舶代理,中国籍船舶由船舶或其代理向口岸所在地海事管理机构申请办理。在办理时,船舶或代理人应在船舶预计到达港口 7 日前(航程不足 7 日的,在驶离上一口岸时)填写国际航行船舶进口岸申请书;拟进入长江水域的船舶应在船舶预计经过上海港区的上述时间内向抵达地的海事管理机构递交申请书。

2. 递交规定文书资料

申请进口船舶,除递交申请书外,还应准确填报船舶概况报告书、总申报单、船员名单、旅客名单(无旅客免交)、货物申报单,上一港出口许可证及海事管理机构所需的其他单证。

3. 海事管理机构审查

海事管理机构接到船舶或船舶代理人递交的申请书和有关单证资料后进行审查。对我国政府规定不能进口岸的船舶、不符合本港或航行水域安全条件的船舶或船舶申请进入我国未批准开放口岸或水域的,将不予批准进口。对符合规定船舶,海事管理机构给予办理进口手续,并发给船舶进口岸手续办妥通知单。

对办好进口手续船舶,一经到达即可上下人员、装卸货物和其他物品。否则,除检查机关办理进口手续的人员和引航员外,任何其他人员不得上下船,不准进行货物和物品的装卸作业。

(二)出口手续及出口许可证

出口许可证是国际航行船舶进出一国口岸的必备单证。这基本上是国际通行的原则和做法。当船舶进入一国港口时,均要求其出示上一国政府核发的出口许可证。船舶驶出我国口岸也应办理有关手续,申请出口许可证。其程序如下:

(1)船舶或其代理应在船舶驶离口岸前 4 小时内(船舶在口岸停泊时间不足 4 小时的,在抵口岸时),向卫生检疫机关、海关、边防检查站及动植物检疫机关递交规定的单证及资料,接受检查。

(2)经上述四个检查机关检查后,船舶或其代理人持经上述四机关签注的船舶出口岸手续联系单及海事管理机构所需的单证、报表等到海事管理机构办理出口许可证。提交的有关单证及报表包括:总申报单、船舶概况报告单(与进口申报无变更者免交)、船员名单(无变更者免交)、旅客名单(无变更者免交)、货物申报单(本港无装货者免交)及港监机构管理需要的其他单证。

(3)海事管理机构在接到船舶或其代理递交的单证及有关资料后,对符合规定的,发给出口船舶国际航行船舶出口许可证。

如船舶或其代理未按规定准确填报有关报表、证件和资料,违反我国法律、法规或规章,处于不适航或不适拖状态,发生交通事故手续未清,未交付有关费用或提供担保或者海事管理机构认为其妨害或可能妨害水上交通安全的情况时,海事管理机构将不予办理出口手续。

定航线、定船员并在 24 小时内往返一个或以上航次的船舶,可以申办定期进出口岸手续。经批准后签发的定期出口许可证有效期不超过 7 天。

第二节　国际航行船舶进出中国口岸检查办法

《国际航行船舶进出中国口岸检查办法》(以下简称《口岸检查办法》)是在我国有关法律、法规的基础上,为了加强我国口岸管理、便利船舶进出口岸、提高口岸效能的目的而制定的。《口岸检查办法》对口岸检查机关,船货进口岸办理手续的时间、程序等问题做出了规定。

一、口岸检查机关

我国海事管理机构、海关、边防检查机关、卫生检疫机关及动植物检疫机关是负责实施口岸检查的机关。

二、船舶或其代理人的义务

(1)依法律、法规及口岸管理办法的规定办理进出口岸手续并接受检查。

(2)及时通知的义务。进口船舶办理进口手续后,在船舶预计抵口岸 24 小时前(航程不足 24 小时的,在驶离上一口岸时),将抵达时间、停泊地点、靠泊移泊及船员的有关情况报告检查机关。

(3)应按检查机关的规定准确填写报表,并如实提供有关证件、资料。

(4)遵守我国的法律、法规和有关的规章制度。

三、登轮检查

船舶进出口岸应接受我国主管机关的检查。检查一般仅限于对船舶或其代理人按规定递交的报表、单证和有关资料的审查,不登轮检查。但下列情况除外:

(1)对来自疫区的船舶,载有检疫传染病人、疑似检疫传染病染疫人、非意外伤害而死亡且死因不明尸体的船舶,应在检疫锚地接受检疫。

(2)未持有卫生证书或证书过期,或卫生状况不符合要求的船舶,在检疫锚地实施检疫。

(3)动植物检疫机关对来自动植物疫区的船舶和船舶装载的动植物、动植物产品及其他检疫物,可以在锚地实施检疫。

第六章 船舶安全监督

一、进口手续

船方或其代理人应当在船舶预计抵达口岸7日前(航程不足7日的,在驶离上一口岸时)填写国际航行船舶进口岸申请书,报请抵达口岸的海事管理机构审批;如实提供检查机关所需的证件、资料;拟进入长江水域的船舶,船方或其代理人应当在船舶预计经上海港区7日前(航程不足7日的,在驶离上一口岸时),填写国际航行船舶进口岸申请书,报请抵达口岸的海事管理机构审批。

经批准可以进口的船舶或其代理人应当在船舶预计抵达口岸24小时前(航程不足24小时的,在驶离上一口岸时),将抵达时间、停泊地点、靠泊移泊计划及船员、旅客的有关情况报告检查机关。在船舶抵达口岸前已经办妥进口岸手续的,船舶抵达后即可上下人员、装卸货物和其他物品。

船方或代理人在船舶抵达口岸前未办妥进口岸手续的,须在船舶抵达口岸24小时内到检查机关办理进口岸手续。抵达口岸前未办妥进口岸手续的,船舶抵达后,除检查机关进行进口岸检查手续的工作人员和引航员外,其他人员不得上下船舶、不得装卸货物和其他物品;船舶进出的上一口岸是中华人民共和国口岸的,船舶抵达后即可上下人员、装卸货物和其他物品,但是,应当立即办理进口手续。

卫生检疫检查机关对船舶所进行的检查,可实施电信检疫。持有卫生证书的船舶,其船方或其代理人可以向卫生检疫机关申请电信检疫。

二、出口手续

船方或其代理人应当在船舶驶离口岸前4小时内(船舶在口岸停泊时间不足4小时的,在抵达口岸时),到检查机关办理必要的出口岸手续。有关检查机关应当在船舶出口手续联系单上签注;船方或其代理人持船舶出口岸手续联系单和海事管理机构要求的其他证件、资料,到海事管理机构申请领取出口岸许可证。船舶领取出口岸许可证后,情况发生变化或者24小时内未能驶离口岸的,船方或者代理人应当报告海事管理机构,由海事管理机构商请其他检查机关决定是否重新办理出口岸手续。

船舶在口岸停泊时间不足24小时的,经检查机关同意,船方或者代理人在办理进口岸手续时,可以同时办理出口岸手续。

定航线、定船员并在24小时内往返一个或者一个以上航次的船舶,船方或其代理人可以向海事管理机构书面申请办理定期进出口岸手续。受理申请的海事管理机构商请其他检查机关审查批准后,签发有效期不超过7天的定期出口岸许可证,在许可证有效期内对该船舶免办进口岸手续。

但船舶领取出口岸许可证后，情况发生变化或者24小时内未能驶离口岸的，船方或其代理人应当报告海事管理机构，由海事管理机构商请其他检查机关决定是否重新办理出口岸手续。

第一节　船舶安全监督概述

一、船舶安全监督的概念、性质和种类

《中华人民共和国船舶安全监督规则》自2017年7月1日起实施，将船舶安全监督定义为：海事管理机构依法对船舶及其从事的相关活动是否符合法律、法规、规章以及有关国际公约和港口国监督区域性合作组织的规定而实施的安全监督管理活动。船舶安全监督分为船舶现场监督和船舶安全监督检查。

船舶现场监督，是指海事管理机构对船舶实施的日常安全监督抽查活动。船舶安全监督检查，是指海事管理机构按照一定的时间间隔对船舶的安全和防污染技术状况、船员配备及适任状况、海事劳工条件实施的安全监督检查活动，包括船旗国监督检查和港口国监督检查。

由于这两类安全监督检查所依据的具体法规与规定有所不同，船旗国监督检查和港口国监督检查的性质也有所不同，考虑到本国的船舶、船员和航运实际情况，除达到保障水上人命安全和保护水域环境这一共同目的外，各国在检查内容与项目、检查程序、处理方式上不完全相同，而只求基本一致。为了具体进行船舶安全监督检查工作，各国主管机关都有依据本国法律和国际公约制定的专门规定。

船旗国安全监督检查是各国主管机关的一种执法行为，是对船舶、船员及其所有人、经营人守法状况的检查。因此，各国对安全监督检查的实施、其实施的程序以及监督检查的人员等内容都有比较具体的规定，以规范船旗国安全监督检查这种行政执法行为。船舶安全监督检查对船舶以及行政相对人的影响表现在：第一，船舶安全监督检查不同于其他的检查，在检查时，要求船舶主要人员应陪同进行，并根据检查人员的要求进行必要的操作，这在一定程度上会妨碍船舶、船上人员的正常工作，可能会给船舶及船员带来一定的损失。第二，船舶安全监督检查的结果是对不遵守公约、法律、法规等的船舶、船员或其所有人进行行政处罚的法律依据。有关国际公约要求各缔约国对低于标准的船舶采取适当的措施，以使其符合规定的标准，从而达到保护海上人命、财产安全和保护海上环境的目的；各国关于船舶安全监督检查的立法，都对不符合有关国际公约及其国内立法的船舶，亦即低于标准船舶的处罚做出了规定。第三，船舶属于所有人的财产，非经法律、法规授权的人员不得登临，特别是对在港口的外国籍船舶，这属于船旗国的领土。

船舶安全监督检查的人员应是各国主管机关正式授权从事该项工作的官员，如水上交通安全监督管理人员和指定的验船师等。

二、船舶安全监督检查的一般程序

各国的船舶安全监督检查一般是先行检查船舶是否具有有效的各种船舶文书和船员证书；然后检查船舶及其设备、船员配备及其他船舶实际技术状况与各种证书的记载是否相符；如果经检查发现没有证书、证书过期、船舶与船员的实际情况与证书记载不符等情况，则认为该船有缺陷，并限期要求其在指定港口对存在的缺陷予以纠正和改善；若船舶的缺陷严重危及船舶、船员、旅客安全和海洋环境，而在离港前并未纠正，则应禁止离港。由此可见，实施船舶安全监督检查的直接目的是发现船舶的缺陷，在其出航前消除可能造成危险和事故的隐患与不安全因素，从而有效地预防危险局面和海难事故的发生。这项工作贯彻了“安全第一”“预防为主”“防患于未然”的基本原则。船舶安全监督检查的项目包括船舶文书、船员证书与配员、船体与机电设备、消防救生设备、航行操纵设备、无线电通信设备、应急设备、防污染设备、船上的各项安全制度、规定的操作及 ISM 项目及 ISPS 项目的检查等。对于加入国际劳工组织《商船最低标准公约》的国家来说，还应检查船员的工作与生活条件等项目。

虽然各国水上交通安全管理法规和有关国际公约中早已有主管机关可以或应该进行船舶安全监督检查的具体规定，但各国主管机关当时并未真正全面地贯彻这些规定。把船舶安全监督检查作为水上交通安全管理工作的一个独立的工作环节（在船舶进出港口检查和签证中，亦有与船舶安全监督检查相同的环节与检查项目）正规地、系统地开展只不过是近三十几年的事情。就实施港口国监督范畴的船舶安全监督检查来说，由巴黎备忘录所确定的安全监督检查是在 1982 年 3 月在巴黎签订《港口国监督谅解备忘录》之后才正规地开展的。日本的安全监督检查是从 1983 年 4 月起分阶段实施，到 1988 年 10 月全面实施。我国对本国船舶的安全监督检查工作是从 1985 年 1 月逐步全面开展的，对外轮的安全监督检查工作自 1986 年 10 月起在天津港开始试点，目前已全面开展。总的看来，各国开展船舶安全监督检查工作以来都取得了较好的效果，即发现不少船舶存在缺陷而经检查后纠正。目前，无论是船旗国管辖，还是港口国监督，实施船舶安全监督检查已被世界各航运国家公认为是一种积极有效的水上交通安全监督管理措施，越来越多的国家更加重视船舶安全监督检查工作。

第二节　船旗国管辖的安全监督检查

各国主管机关或机构对本国船舶进行安全监督检查，不仅是本国法规的要求，而且是有关国际公约赋予缔约国政府的法律义务。

一、法律与有关国际公约中的规定

1. 我国《海上交通安全法》等国内法规的规定

我国《海上交通安全法》，除在第十二条规定对进出我国港口的我国船舶进行检查（其中一些检查项目与安全监督检查的项目相同），并没有明文规定主管机关应该或可以进行船舶安全监督检查。我国现行有效《内河交通安全管理条例》则与《海上交通安全法》不同，其第五十八条明确规定：“海事管理机构必须建立、健全内河交通安全监督检查制度，并组织落实”；

第五十九条还规定:“海事管理机构必须依法履行职责,加强对船舶、浮动设施、船员和通航安全环境的监督检查……”解决了法律及法规中没有关于安全监督检查规定的情况。但是,这两个水上交通安全管理法规的宗旨是加强水上交通管理和保障船舶和人命财产安全,它们规定海事管理机构是对水域交通安全实施统一监督管理的主管机关,它们授权国务院主管部门(交通部)根据它们制定实施细则,因此,完全可以制定有关船舶安全监督检查的具体规定来实施安全监督检查。交通部港务监督局(现国家海事局)于1985年5月6日发出通知,称依据《海上交通安全法》第七条、第十七条规定,为贯彻交通部(84)交安全字第843号文件精神,确保海上航行船舶安全技术状况符合要求,保障海上运输生产要求,颁布《船舶安全监督检查暂行办法》,从1985年7月1日开始试行。1990年3月14日我国交通部发布《中华人民共和国船舶安全检查规则》,自公布之日起实施。由于国际港口国监督的发展,特别是操作性检查已被列入了检查的内容,为与国际港口国监督相适应,我国又于1997年和2009年修订了新的《船舶安全检查规则》,以适应新形势下海事监管的新情况和新要求。由于取消船舶签证及2014年东京备忘录在本地区实施港口国监督新的检查机制,纳入全新的风险评估机制和检查策略,对航运业发展影响巨大。新的《船舶安全监督规则》自2017年7月1日起施行。

2.《联合国海洋法公约》的有关规定

《联合国海洋法公约》第94条规定了船旗国的义务。该条第1款要求,船旗国应对悬挂其国旗的船舶有效地行使行政、技术及社会事项上的管辖和监督。第2款要求,船旗国对其船舶的构造、装备和适航条件、船员配备及其劳动条件等采取必要的措施,以保证海上安全。可以看出,《联合国海洋法公约》虽未明文规定船旗国应对其船舶进行安全监督检查,但上述条款的基本精神是要求和鼓励船旗国对其船舶采取必要的措施,以进行旨在保证海上安全有效的管辖和监督,这当然应包括实施安全监督检查这一有效的措施。

3.《国际海上人命安全公约》的规定

SOLAS 1974第1条(公约的一般义务)规定:各缔约国政府承担义务颁布一切必要的法律、法令、命令和规则,并采取一切必要的其他措施,使该公约充分和完全生效,以便从人命安全的观点出发,保证船舶适合其预定的用途。各缔约国对悬挂其国旗的船舶实施安全监督检查正是监督船舶遵守公约规定,保证船舶适合其预定用途的必要措施之一。

SOLAS 1974及其1978年议定书的附则第Ⅰ章(总则)第6条(检查与检验)要求船旗国政府应做出安排,以便在法定船舶技术证书有效期间,对船舶进行不定期的检查,并指明这种检查的目的是保证船舶及其设备在各方面都适合该船预定的用途。这些检查可以由船旗国自己的检查机构或由其指定的验船师或组织或申请其他缔约国政府来执行;无论采取何种方式办理,船旗国政府都应充分保证检查的全面性和有效性,并应做出必要安排以完成此项义务。由此可见,对船舶进行检验并颁发船舶技术证书是保证船舶安全的重要措施,而实施安全监督检查与实施检验一样,也是保证船舶安全的重要措施,两者相辅相成,不可偏废。

IMO主持制定并通过的LL 1966、MARPOL 73/78、STCW 1978等公约,虽未明文规定船旗国对其船舶进行安全监督检查,但都在各自公约条文的第1条(公约的一般义务)中要求各缔约国政府实施各公约及其附则的各项规定,以保证悬挂其国旗的船舶遵守公约的要求。应该说,缔约国的义务主要是靠实施船旗国管辖权来完成的,这种管辖包括实施船舶安全监督检查在内。

二、船旗国管辖的安全监督检查内容

安全监督检查的内容包括两方面的内容,一是船旗国制定的法律、法规、规章及船舶技术规范等;另一方面是船旗国政府所加入的国际公约中的有关规定。由于各国加入的国际公约不完全相同,以及各国立法的不同,因此各国对本国籍船舶安全监督检查的内容也不完全相同。在具体对船舶进行检查方面,又可归纳为四方面:第一是对船舶硬件部分的检查。检查船舶的技术证书是否有效,船舶的实际状况与其证书所载是否相符。具体包括:船舶文书,船体、机电设备,消防、救生设备,航行及操纵设备,无线电设备,应急设备,防污设备等。第二是对船舶配员、船员有否适任证书所进行的检查。具体包括:船员的配备是否符合本国制定的最低配员标准,有否相应的最低安全配员证书;应持证船员有否相应的适任证书等。第三是对本国制定的安全制度进行检查。各国为保证水上交通安全都制定了一定的安全制度,检查船舶的执行和落实情况。第四是对船舶所进行的操作性检查。操作性检查一般是在检查官员有明显的理由确信船舶或其他设备或配备船员的情况不符合有关文件的规定或对其怀疑时,或船上主要船员之间或船员与旅客之间或上下级船员之间不能有效地进行联系时进行的,有关操作性检查的"明显理由"一般是指:(1)在根据有关公约或国内立法进行监督检查中,发现了操作方面缺陷的证据;(2)由于操作不当而使该船陷于事故之中;(3)看到消防和弃船演习中船员对主要程序不熟悉;(4)缺少最新的应急部署表;(5)主要船员之间或与船上其他人员之间不能进行有效联系的迹象等。

虽然安全监督检查是对船舶所进行的较为全面的检查,但由于检查时间等方面的限制,检查相对还是较简单的。为了达到安全监督检查的目的,一般总是对船舶的技术证书先进行检查。如果船舶的各种技术证书全面有效,船上的各种迹象反映船舶处于良好状态,检查人员即可终止检查。安全监督检查中另一个重点检查的内容是船舶救生、消防设备、应急设备、防污设备及船舶和各种应变部署。

三、船舶安全监督检查的人员

船舶安全监督检查的人员是一国法律、法规授权的组织、机构并代表该组织或机构从事船舶安全监督检查的人员。安全监督检查人员根据各国法律、法规授权的不同,主要来自两种性质的机构:一种是来自政府职能部门的人员,如我国的船舶安全监督检查人员来自海事管理机构;另一种是由授权的民间等机构,如船级社。

安全监督检查人员的权利和义务:检查人员在执行检查任务时,是代表船旗国行使相应的权利并承担相应的义务的。

1. 船舶安全监督检查人员的一般权利

(1)国家法律、法规授予的登临船舶的权利(又称临登权、临检权等)。登临船舶的权利是船舶安全监督检查人员的基本权利,包括进入船舶各处所的权利。它是检查核实船舶证书以及核实船舶的实际与证书是否相符所必需的基本权利,也是实施船舶安全监督检查所必需的;

(2)查阅与船舶安全、海洋环境防污等有关的文书资料的权利;

(3)在条件许可的情况下,要求船上人员进行法律、法规、规章及有关国际公约规定的与安全有关的各项操作的权利;

(4)在检查过程中,要求船上主要人员陪同进行检查的权利;

（5）当船舶存在缺陷时，依照法律、法规及有关国际公约的规定对船舶采取相应处罚的权利。

2. 船舶安全监督检查人员的一般义务

船舶安全监督检查是一种行政法律行为，要求安全监督检查人员除应承担一般行政执法人员的义务外，还应承担下列义务，以保证安全监督检查合法。安全监督检查人员的一般义务包括：

（1）安全监督检查人员应按国家规定穿着规定的服装。登船前或登船后应立刻说明意图并出示有效的证件。

（2）检查应按照法律、法规或有关国际公约规定的程序进行。

（3）检查中尽量避免给船舶造成损失；尽量避免对船舶造成不适当的滞留和延误。

（4）对存在缺陷的船舶，依据法律、法规及有关国际公约的规定，进行适当的处理。以保证船舶带着相应的缺陷开航不会对船上人员、船上财产及海洋环境造成损害或污染。

（5）如在安全监督检查中，接触到船舶的商业秘密，而且这些秘密不违背国家的法律、法规、规章等的规定，应为船舶保守这些秘密。

3. 船舶安全监督检查人员的资格

检查人员在港口国监督中占有十分重要的地位，为此 1995 年 11 月 23 日在 IMO 第 19 届大会上通过的 A. 787（19）决议对其专业资历和资格及培训要求做出了明确规定。

（1）检查人员的专业资历

港口国监督只能由符合下述资格和培训要求规定标准的合格的检查人员进行。当检查人员不能提供所需的专业能力时，可由经港口国认可的具有所需专业能力的人协助。检查人员和协助人员不应在检查港口或被检查船上拥有任何商业性利益，检查人员也不应受经授权的机构雇佣或代表其工作。检查人员应携带由港口国签发的表明其被授权执行港口国监督的个人身份识别证件。

（2）检查人员的资格和培训要求

①检查人员应是具备船旗国检查员资格的有经验的官员。

②检查人员应能够用英语同主要船员进行交谈。

③应用 IMO 最新的示范教程对检查人员进行培训，使他们具备实施港口国监督有关公约条款的必要知识。

④主管机关在具体规定检查人员的资格和培训时应适当考虑与港口国监督相关的文件和到港船舶的类型。

⑤实施操作性检查的检查人员应具备以下资格：船长或轮机长并具有适当的海上资历，或具有主管机关认可的与海上相关领域相关的资历并受过专门培训，以保证其具有足够的适任技能；或者是主管机关的合格官员同时具有等效级别的海上资历并受过培训，以实施有关的操作性检查。

⑥应定期召开检查人员的研讨会以更新他们关于港口国监督文件的知识。

第三节 港口国监督的安全监督检查

港口国监督(Port State Control,PSC,亦译为港口国管理或港口国控制)是对船旗国管辖的一种补充管理措施。就从事国际航行的船舶安全管理来说,承担主要责任的是船旗国;但由于该船经常不在船旗国国内港口而在其他国家的港口,船旗国对该船就难以适时地施以有效的安全监督。在这种情况下,实施港口国监督势必是协助船旗国对该船舶实施有效安全监督的有力补充措施。因此,旨在保障海上人命安全和保护海洋环境的各项国际公约几乎都列入了有关港口国监督的条款。港口国实施监督所进行的检查也就是人们所称谓的对外国籍船舶所进行的船舶安全监督检查。

SOLAS 1974 及其 1978 年议定书附则第Ⅰ章第 19 条(监督)对港口国监督的安全监督检查做出以下规定:

(1)每一船其在另一缔约国的港口时,应接受该国政府正式授权官员的监督。这种监督的目的仅在于查明该船根据公约签发的各种船舶技术证书是否有效。

(2)除有明显的证据使人相信该船或其设备的情况实际上与证书所载情况不符,或该船及其设备不符合公约关于检验后状况的维持的规定外,此项证书如属有效,即应被承认。

(3)在船舶及其设备的情况实质上与证书所载情况不符,或当证书过期或失效时,执行监督的官员应采取措施以保证该船凡未具备对该船或船上人员都无危险的条件前,不得开航出海或离港驶往适当的修船厂。

(4)如因监督而引起任何干涉,执行监督官员将认为必须进行干涉的一切情况立即以书面通知船旗国的领事,若领事不在则通知其最近的外交代表。此外,还应通知负责发证的指定的验船师或认可的组织。有关干涉的事实还应向 IMO 报告。

(5)如未能按上述规定采取措施或已允许该船驶往下一停靠港时,港口国的有关当局应将有关该船的所有情况通知上述各方面以及下一停靠港当局。

(6)根据上述规定执行监督时,应尽一切努力避免对船舶作不适当的扣留或延误。如船舶被不适当地扣留或延误,应有权对所受的任何损失或损害要求赔偿。

(7)1994 年议定书附则Ⅰ、Ⅱ、Ⅲ、Ⅴ修正案新增加关于港口国监督操纵性检查条款,并于 1996 年 3 月 3 日生效。

另外,LL 1966、MARPOL 73/78、STCW 公约等几乎所有的国际海事公约中都有相同的条款。

第四节 港口国监督的产生、发展

1982 年欧洲港口国监督的开展引起了国际航运界的极大关注,与此同时,这种管理方式在其他地区的许多国家也先后单独开展了起来。

一、港口国监督的产生背景

虽然在最早的SOLAS公约中已经规定了港口国监督是港口国所行使的唯一权力,但这一权力并没有受到各缔约国的重视。到20世纪80年代,国际形势及航运业发生了很大变化,从而促使有关缔约国积极地行使了这种权力。

(1)运输方式的不断专业化。从20世纪60年代集装箱运输方式出现后,航运业发生了巨大变化,随后又出现了滚装船、危险品专用船、高速船等。这些船舶一般速度较快,而且由于货物的性质,一旦发生事故,造成的损失较大。

(2)船舶尺度大型化、特大型化。特别是超大型油船、特大型油船和大容量液化气体船舶及化学品专用船舶大量涌现,这些船舶发生事故造成的损失和污染以及对整个社会的冲击都是巨大的。

(3)海运货物发生了变化。在第二次世界大战后,海运货物中危险品所占的比重越来越大,因此对船舶与船员的要求也越来越高。

(4)特别是航运业蓬勃发展,使各航区、海域船舶交通密度不断增大,且事故数量呈上升趋势。

(5)在过去对船舶的安全管理上,一般认为船舶是船旗国的领土,只受船旗国法律的专项管辖,他国不应干涉,造成了在整个海运范围内大量低标准船舶的运行。然而实际上,一旦他国船舶在本国管辖水域发生污染等事故,受损的仍是本国相关的利益。1978年3月的"Amoco Cadiz号"的事故就是这些重大污染事故中的一例。它嘲弄性地证实了"墨菲法则"的正确性,即"任何可能出差错的事物总有一天会出差错的"。

(6)在1978年3月,欧洲8国为了保证外国籍远洋船舶符合ILO第147号公约于海牙签订了所谓的"海牙备忘录"(Memorandum of Understanding)。"海牙备忘录"的生效与"Amoco Cadiz号"事故的发生近乎同时。该事故导致欧洲尤其是法国海域发生严重的油污染,这产生了一种强烈的政治和公众诉求,即对海运安全要严格地予以管理。

针对这些情况,欧洲共同体委员会为各成员国对停泊共同体港口的船舶执行船舶安全和防污染的国际规则起草了一份指令性文件。欧洲13国负责海运安全的部长和欧共体委员会、IMO、ILO的代表一起在巴黎于1980年12月召开会议,通过此文件,并宣布其共同的目标是杜绝低于标准的船舶在欧洲营运。他们认为其目标可以通过欧洲地区的PSC合作来实现。在此情况下,与会部长决定,根据欧共体的指令性文件和"海牙备忘录"拟就一个国际性协议。该协议把ILO第147号公约也列入所谓的有关文件中。

在1982年3月第二次部长会议上,由14国的海运当局认可并签署了现行的"巴黎备忘录"(可简称为P-MOU)。同时,芬兰作为第14个成员国加入。"巴黎备忘录"于1982年7月1日施行。

虽然"Amoco Cadiz号"事故在很大程度上推动了欧洲港口国监督备忘录(P-MOU)的产生,但是在欧洲水域内,有许多不符合海上安全公约的船舶在营运,也是其产生的原因之一。

二、巴黎港口国监督备忘录的机构和运作

(一)“巴黎备忘录”成员国的义务

能否确保船舶符合国际公约规定的标准,关键取决于船旗国。这一点也是“巴黎备忘录”各成员国的共识。另外,所有合作者也认为港口国采取的预防性行动是相当必要的。因此,他们在“巴黎备忘录”中详细列出了成员国应该承担的各种义务。

(1)每个当局尽力实施“巴黎备忘录”及附件的规定。

(2)每个当局维持有效的港口国监督系统,对船旗国无歧视并保证到达其港口的外国籍船舶符合有关国际公约及所有生效的修正案中规定的标准。

在这项文件中,应注意的规定是,一个成员国应将悬挂另一成员国国旗的船舶视为一艘外籍船舶。

(3)每个当局对到达其港口或锚地状态处于优先级Ⅰ的外国商船进行检查。每个当局对处于优先级Ⅰ和优先级Ⅱ的外国商船所进行的年度检查总量,应与利用备忘录附件12所确定的检查义务相一致。但应避免为了完成年度义务,从处于优先级Ⅱ的船舶中选择本不需要检查的船舶进行检查。

(4)每个当局应与其他当局进行协商、合作和交换信息,以推动备忘录目标的实现。

(5)每个当局或任何其他主体(视情况而定),应为引航服务包括船舶驶往一个港口或在一个国内通过,以及港口当局立刻通知港口国当局或沿岸国以及在执行其正常职责时获得有明显异常情况将危及船舶安全或对海上环境造成损害的情况,建立适当的程序。

(6)为完成其义务,所有当局应执行备忘录附件9所确定的检查任务。

(7)备忘录中的所有内容不能解释为限制主管当局在其管辖范围内,对相关公约规定的内容采取措施的权利。

(二)“巴黎备忘录”的机构

为了达到“巴黎备忘录”的目的,建立了相应机构,如图6-1所示。

1. 港口国监督委员会(Port State Control Committee)

该委员会是“巴黎备忘录”设立的执行机构。它由各成员国海运当局和欧共体委员会的代表组成。国际海事组织(IMO)和国际劳工组织(ILO)以及其他备忘录组织等以观察员身份参与港口国监督委员会的工作。

该委员会的任务是履行“巴黎备忘录”赋予的具体职责,并通过各种必要的方式协调有关检查、缺陷纠正、滞留和所谓的“无优惠条款”运用的程序和实际做法。自1987年以来,美国海岸警卫队和加拿大海岸警卫队作为合作当局参与了委员会的会议和检验师研讨会。

2. 秘书处(P-MOU Secretariat)

该秘书处在港口国监督委员会的指导下工作,负责筹备会议,提供所需要的帮助,使委员会能行使其职能。另外负责交换情报、提供信息和准备必要的报告,以实现备忘录的目标。

3. 顾问团(MOU Advisory Board,MAB)

顾问团由各国权威海事组织及个人组成,负责为各项海事政策研究提供建议,并为港口国监督委员会、秘书处、检验师(技术工作人员)提供技术支持。

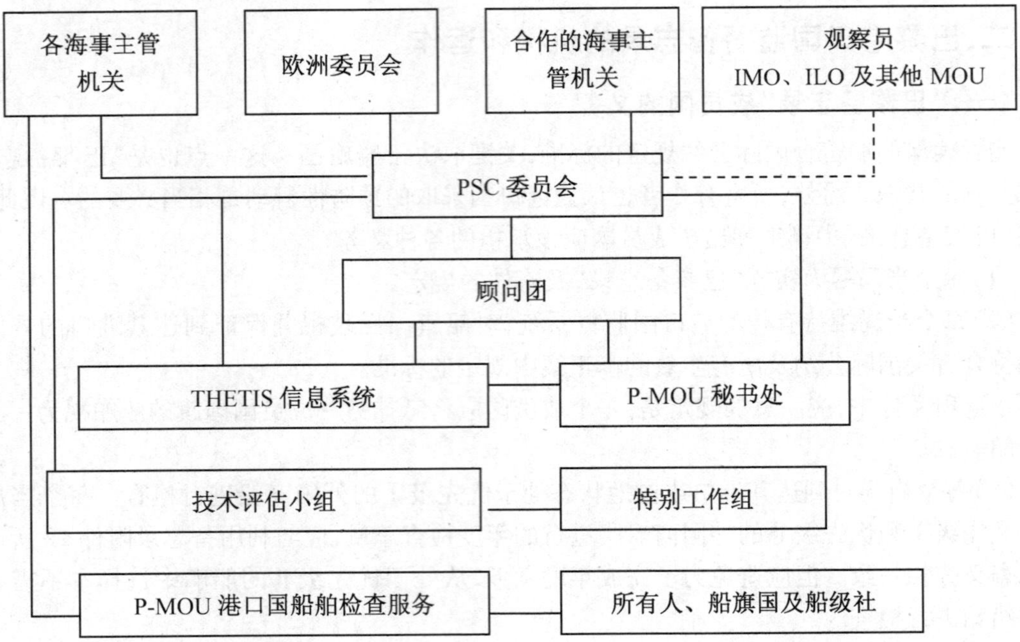

图 6-1　巴黎备忘录机构设置图

4. SIReNAC 信息系统(SIReNAC Information System)

SIReNAC 信息系统是"巴黎备忘录"的信息中心,负责所有检查数据的统计、处理、发布工作。

5. 技术工作小组(Technical Working Groups)

检验师按照"巴黎备忘录"进行检查,检验师是各成员国海事当局的船舶检查机构使用的完全合格的官员,或者在某些情况下,他们是由这些海事当局授权并按其职责工作的合格人员。检验师定期召开研讨会,以保证在"巴黎备忘录"所包括的地区内检查程序的有效和统一,使检验标准保持一致,经过多年实践,这些研讨会被证明是极有价值的。

"巴黎备忘录"中的港口国管理不愿对外国籍船舶强加任何公约要求以外的规定。换言之,"巴黎备忘录"不允许港口国管理超出公约所规定的港口国监督范围。但这不排除对悬挂非缔约国国旗的船舶实施有关公约规定的"无优惠条款"。

三、"巴黎备忘录"的检查情况

欧洲自 1982 年按照其"巴黎备忘录"实施 PSC。以下各表格全面统计了备忘录的检查情况,同时反映出不同的问题。表 6-1 为 1995—2004 年巴黎备忘录各国检查情况总表,表 6-2 为不同种类船舶被查有缺陷占该种船舶被查总次数的百分比,表 6-3 为某类船被扣留数占被检查总次数的百分比(扣留率),表 6-4 为某类船单船被扣留数占被检查数的百分比,表 6-5 为 P-MOU 2002—2004 年检查最常见缺陷(占缺陷总数比例),表 6-6 为 1997—2004 年中国大陆在 P-MOU 被查情况表("巴黎备忘录"1998 年前统计标准为将连续三年超过平均滞留率的国家予以通报,1999 年开始统计标准改为一年)。

表 6-1　1995—2004 年巴黎备忘录检查情况总表

年份	检查艘次	检查单船数	总体检查率	发现缺陷数	平均缺陷数	单船平均缺陷数	扣留船舶数	扣留率	单船扣留率	被查国家数
1995 年	16 381	10 563	25.9%	54 451	3.32	5.15	1837	11.21%	17.39%	—
1996 年	16 070	10 256	24.5%	53 967	3.36	5.26	1719	10.70%	16.76%	—
1997 年	16 813	10 719	25.6%	53 311	3.17	4.97	1624	9.66%	15.15%	108
1998 年	17 643	11 168	26.5%	57 831	3.28	5.18	1598	9.06%	14.31%	106
1999 年	18 399	11 248	27.6%	60 670	3.30	5.39	1684	9.15%	14.97%	104
2000 年	18 559	11 358	28.6%	67 735	3.65	5.96	1764	9.50%	15.53%	101
2001 年	18 681	11 658	28.84%	68 756	3.68	5.90	1699	9.09%	14.57%	107
2002 年	19 766	11 823	28.93%	69 079	3.49	5.84	1577	7.98%	13.34%	106
2003 年	20 309	12 382	30.07%	71 928	3.54	5.81	1431	7.05%	11.56%	105
2004 年	20 316	12 538	31.49%	64 113	3.16	5.11	1187	5.84%	9.47%	108

表 6-2　不同种类船舶被查有缺陷占该种船舶被查总次数的百分比

船型 \ 年份	1997 年	1998 年	1999 年	2000 年	2001 年	2002 年	2003 年	2004 年
杂货船	62.02%	64.55%	65.24%	65.29%	63.47%	64.03%	60.67%	59.29%
散货船	53.96%	56.65%	57.45%	59.55%	60.95%	58.61%	60.17%	57.86%
冷藏船	54.23%	56.11%	55.82%	56.24%	59.46%	59.51%	61.31%	70.93%
化学品船	41.67%	47.89%	46.02%	51.60%	50.69%	52.49%	49.51%	41.70%
油船	43.74%	42.83%	41.51%	48.82%	43.78%	46.08%	41.11%	38.50%
客船	52.75%	47.81%	44.29%	50.15%	53.68%	57.01%	58.99%	56.23%
滚装船	38.78%	41.23%	44.98%	44.24%	45.43%	43.27%	42.47%	42.96%

表 6-3　某类船被扣留数占被检查总次数的百分比(扣留率)

船型 \ 年份	1997 年	1998 年	1999 年	2000 年	2001 年	2002 年	2003 年	2004 年
杂货船	13.93%	13.04%	13.34%	12.85%	11.77%	10.96%	9.66%	7.66%
散货船	9.85%	9.19%	8.78%	9.26%	8.67%	6.73%	6.47%	6.01%
冷藏船	9.39%	8.14%	8.31%	7.17%	7.66%	7.75%	6.27%	8.04%
化学品船	7.04%	8.00%	6.17%	6.17%	7.66%	6.08%	5.50%	3.02%
油船	6.42%	5.52%	5.93%	8.09%	5.96%	4.03%	4.66%	2.48%
客船	5.66%	3.22%	5.09%	4.83%	7.50%	7.17%	4.16%	3.90%
滚装船	10.25%	4.84%	4.43%	4.40%	3.63%	3.62%	3.03%	3.53%

表 6-4　某类船单船被扣留数占被检查数的百分比

船型＼年份	1997 年	1998 年	1999 年	2000 年	2001 年	2002 年	2003 年	2004 年
杂货船	23.60%	22.46%	23.80%	22.97%	21.85%	21.31%	17.93%	14.32%
散货船	15.74%	13.84%	13.15%	13.46%	12.46%	9.69%	9.39%	8.53%
冷藏船	13.41%	11.86%	12.17%	9.58%	11.49%	11.22%	8.68%	11.54%
化学品船	10.99%	11.96%	9.31%	10.73%	11.93%	9.63%	9.01%	4.60%
油船	9.23%	7.92%	8.37%	11.90%	8.38%	6.10%	6.85%	3.37%
客船	9.23%	5.56%	9.25%	7.75%	14.83%	11.78%	6.59%	6.28%
滚装船	6.57%	6.99%	6.74%	6.32%	5.25%	5.45%	4.50%	5.25%

表 6-5　P-MOU 2002—2004 年检查最常见缺陷（占缺陷总数比例）

最常见缺陷	2002 年	2003 年	2004 年
safe in general（总体安全）	13.47%	9.45%	8.10%
life saving appliances（救生设备）	13.04%	11.69%	10.60%
fire safety measure（消防设备）	11.81%	15.10%	14.07%
safety of navigation（航行安全设备）	9.80%	10.48%	10.60%
与 ISM 规则相关的缺陷	4.65%	4.92%	4.36%
propulsion&auxmachinery（推进器及辅助设备）	5.22%	6.32%	6.78%
MARPOL Annex Ⅰ（MARPOL 附则Ⅰ）	6.40%	6.26%	5.69%

表 6-6　1997—2004 年中国大陆在 P-MOU 被查情况表

年份	检查艘次	检查单船数	有缺陷艘次	缺陷率	扣留数	扣留率	平均扣留率
1997 年	149	122	86	57.72%	9	6.04%	9.66%
1998 年	177	113	108	61.02%	11	6.21%	9.06%
1999 年	132		62	46.97%	3	2.27%	9.15%
2000 年	103		48	46.60%	4	3.88%	9.50%
2001 年	84	18	41	48.81%	3	3.57%	9.09%
2002 年	94	94	37	39.36%	1	1.06%	7.98%
2003 年	89	89	47	52.81%	3	3.37%	7.05%
2004 年	86	85	33	38.37%	1	1.16%	5.84%

为了减轻船舶的负担，备忘录要求各成员国避免重复检查，已检查过的船舶一般 6 个月内不再检查；对进入其水域的船舶，单船抽查率逐步达到 25%，1990 年已达到 23%左右（1989 年为 20.6%，1988 年为 18.2%）。近年来在提高检查质量的同时，对到达该区域船舶的检查率已

达到31.94%。

自1982年7月以来,P-MOU根据IMO新的要求和欧盟关于海上安全的指令进行了多次修改,其中,2009年P-MOU做出了突破性调整,通过了新的PSC检查机制——New Inspection Regime(NIR),该机制已于2011年正式运行。NIR对原有PSC检查机制的改进主要有以下四点:(1)采用全新的选船机制,NIR首次对船舶管理公司的表现进行评价,在各评估参量的核算方法上也更加复杂,在一定程度上减少了人的主观性影响;(2)各成员国检查任务的分配从硬性的指标要求转变为以所有P-MOU成员国为整体进行PSC检查,科学地配置检查资源,确保检查效果的最大化;(3)对于不同风险等级的船舶采取针对性的检查周期、检查优先顺序和检查类别,减少优质船舶检查频率,减轻航运业界负担;(4)加强报告义务,改善禁止入港程序,有利于掌握船舶信息,增强程序的实际操作性。

四、港口国监督的发展

(一) P-MOU产生的深远影响

1982年欧洲实施港口国的监控对整个航运业产生了巨大影响。第一,P-MOU对船舶的滞留给船舶所有人、经营人等造成了巨大损失,这要求各国应坚持对等原则,促使了他国港口国监督的实施;第二,由于有关国际公约要求各缔约国应充分实施公约的要求,无实施港口国监督被视为缔约国无完全实施公约的一种表现,这迫使有关国家实施港口国监督;第三,P-MOU的实施导致大量低于标准船舶转移到了欧洲以外的其他区域;第四,最为重要的是P-MOU的实施给其他各国提供了一个对外籍船舶实施管理的现成模式。另外,国际社会特别是IMO、ILO等国际组织看到了港口国监督的有益之处,鼓励各国积极实施港口国管理。因此,在P-MOU实施后,在世界范围内掀起了港口国监督的热潮。

1. P-MOU的成员国不断增加

起初P-MOU由欧洲14国发起形成,1991年,波兰申请加入了“巴黎备忘录”。同年,有关波兰加入备忘录的决议被正式通过。波兰从1992年1月1日起成为“巴黎备忘录”的第15个成员国。

之后不久,又收到来自克罗地亚共和国的申请,PSC委员会全面地评估了该国作为合格成员加入“巴黎备忘录”的可能性,并批准其成为正式成员。由于欧洲的政治形势和地理上的重新组合,一些新独立的国家陆续加入“巴黎备忘录”。冰岛1996年被授予合作成员身份,2000年3月正式成为正式成员;斯洛文尼亚2003年7月22日成为正式成员;拉脱维亚2002年被授予合作成员身份,爱沙尼亚2003年接受检查,2004年也成为合作成员,2005年两国已经成为正式成员。到2013年8月巴黎备忘录共有27个成员国。

美国海岸警卫队已与“巴黎备忘录”建立了官方合作形式。目前,巴黎备忘录的两个成员国,即加拿大和俄罗斯,同时参加东京备忘录和巴黎备忘录。俄罗斯还是黑海备忘录成员国,而塞浦路斯、马耳他成为巴黎备忘录成员国,又与地中海备忘录和黑海备忘录建立了联系,巴黎备忘录的标准逐步得到推广。

此外,许多国家与PSC秘书处接触,要求提供有关“巴黎备忘录”运作的各方面资料。所有这些关注PSC的迹象表明世界各地都认识到港口国行使其合法权利的重要性和必要性。

2. 区域性港口国监督的发展和形成

(1)在亚太地区,IMO曾于1986年在孟加拉国召开亚太地区海事安全管理研讨会,研究

PSC 方面的问题。1989 年 3 月日本曾牵头邀请中、韩举行亚洲地区 PSC 合作的讨论会,还邀请了德、英和“巴黎备忘录”的专家参加,但没有取得具体成果。1992 年 2 月中旬,日本再次邀请亚太地区的澳大利亚、加拿大、美国、印度、菲律宾、新加坡和中国香港地区举行 PSC 区域合作讨论会,IMO 派官员列席,会议原则上同意有必要在亚太地区建立 PSC 合作机制,但不必照搬“巴黎备忘录”的做法。因为本地区的情况与西北欧有差异,宜参考本地区各国在实施 PSC 方面的实际能力和水平,以 IMO 的 PSC 程序为基础拟定地区 PSC 程序,逐步建立现代化的信息交换机制和贮存中心,并决定下次合作会议于同年 11 月在澳大利亚举行。最终“亚太地区港口国管理备忘录”于 1993 年 12 月 2 日在日本东京签订。

(2)促进了拉丁美洲区域港口国监督备忘录的产生。该区域的 PSC 备忘录,即比尼亚德尔马谅解备忘录于 1992 年 12 月 5 日签订,并有该区域的阿根廷、玻利维亚、巴西、哥伦比亚、古巴、智利、厄瓜多尔、洪都拉斯、墨西哥、巴拿马、秘鲁、乌拉圭和委内瑞拉共 13 个国家和地区参加。

(3)促进了地中海区域港口国监督备忘录的产生。地中海谅解备忘录于 1997 年 7 月 11 日签订,由以下 10 个成员国组成:阿尔及利亚、塞浦路斯、埃及、以色列、约旦、黎巴嫩、马耳他、摩洛哥、突尼斯、土耳其。

(4)促进了印度洋区域港口国监督备忘录的产生。印度洋区域谅解备忘录于 1999 年 4 月 1 日生效。由以下国家组成:澳大利亚、厄立特里亚、印度、伊朗、肯尼亚、马尔代夫、毛里求斯、阿曼、南非、斯里兰卡、苏丹、坦桑尼亚和也门。

(5)促进了中西非区域港口国监督备忘录的产生。该备忘录于 1999 年 10 月 22 日签署。成员国及联系会员国由下列国家组成:安哥拉、贝宁、喀麦隆、佛得角、刚果、科特迪瓦、赤道几内亚、加蓬、冈比亚、加纳、几内亚、利比里亚、毛里塔尼亚、纳米比亚、尼日利亚、塞内加尔、塞拉利昂、南非、多哥。

(6)促进了黑海区域港口国监督备忘录的产生,该备忘录于 2000 年 4 月 7 日签署。黑海备忘录成员国如下:保加利亚、格鲁吉亚、罗马尼亚、俄罗斯、土耳其、乌克兰。

(7)促进了波斯湾区域港口国监督备忘录的产生,该备忘录由以下成员国组成:巴林、科威特、阿曼、卡塔尔、沙特阿拉伯和阿拉伯联合酋长国。

(8)促进了加勒比海区域港口国监督备忘录的产生,该备忘录于 1996 年 2 月 9 日由 9 个国家签署,即安提瓜和巴布达、巴巴多斯、多米尼加、格林纳达、圭亚那、牙买加、荷属安的列斯群岛、苏里南、特立尼达和多巴哥。现在该区域港口国监督备忘录有 15 个成员。

3. PSC 的内容得到不断充实

随着 PSC 工作的普及和深入,国际上提出了三个新的课题以充实 PSC 的内容。其主要的目的是督促船舶遵守公约,加强航运管理。第一个课题是在 PSC 里增加操作性要求(Operational Requirements)的检查;第二个课题是在 IMO 的海上安全委员会里增设 IMO 公约履约分组委员会(Sub-Committee on Implementation of IMO Instruments);第三个课题是修订报告格式及修改 A. 466(12)号大会决议。

在 PSC 里增加操作性检查,按 A. 466 号决议的要求,PSC 的主要检查项目是船舶的各项证书,按证书所载的船舶结构、机具、安全设备(救生、消防、导航助航、无线电通信等)以及按避碰规则配置的号灯、号型、声号等项目,执行载重线公约的情况,预防污染的设备、证书等,故称之为硬件。按 STCW 公约对人员资格、配备等方面的检查虽然也涉及人,但仍属证书方面的要求,也应列入硬件。

★对操作性要求的检查。当检查官员认为有明显的证据说明该船的实际情况、设备、船员与有关文件所载不相符时就可能进行操作性要求的检查。所谓有明显的证据,IMO 列出了六项参照内容:第一,PSC 过程中有证据说明不符合 SOLAS、MARPOL、STCW 公约;第二,货物及其他作业未按 IMO 导则进行;第三,未按操作要求而导致事故;第四,从救生、消防演习中注意到船员不熟悉必要的部署;第五,没有最新的应变部署;第六,主要船员不能与在船的同事或其他人员交流。

★怎样检查。根据上述参照内容,检查人员对操作性要求可以抽查,但不具体规定操作性试验(operational tests)或实体(physical)作业的要求,也不做全面的检查。操作性检查的具体项目有:

(1)应变部署表——考查船员;

(2)通信联络——特别是干部船员与其他船员、旅客的交流;

(3)消防及弃船演习——检查官亲自观看演习,以确认船员是否熟悉其职责和器具设备;

(4)船损控制图,船员是否熟悉其职责和器具的使用;

(5)火灾控制图及手册;

(6)驾驶控制及操作——值班驾驶员是否熟悉驾驶台操作方法、航海仪器、图书、船舶操纵性能、更换操舵程序等;

(7)货物装卸职责,装卸设备,危险货物的管理、装卸等;

(8)机械、电气设备的操作——负责的人员是否熟悉有关机械的操作方法,如电气应急设备、副操舵机具、污水及消防泵等应急设备等;

(9)船上应配的安全操作手册、指示,船舶机具的保养、测试、操练、填写日志的情况等;

(10)机舱内油类、油性混合物的处置是否符合 MARPOL 公约附则Ⅰ的要求;

(11)槽罐船的货舱仓库装卸、清洗程序;

(12)装载危险品和有毒、有害货物(包装的)堆装、分隔、预防措施是否符合要求,船员是否熟悉应急措施;

(13)生活垃圾的处置,是否符合 MARPOL 附则Ⅴ的要求和接收设备是否适合等。

以上列举的仅是一部分,其他项目可参照 A. 466、A. 481、A. 542 及 MEPC(23)的要求酌量进行检查,这一措施不仅对船舶有较大影响,对各国发证机构、各船公司、经营人都有深远影响,其实质是船舶的安全管理已趋向国际化;另一方面,一些发达国家可凭借其高科技和经济实力在国际航运市场获得竞争优势。

4. 导致了 IMO 公约履约分委会的成立

设立这一分委会的主要依据是:(1)许多 IMO 公约的缔约国未能完全遵守公约的规则和规定,PSC 检查的结果及事故调查表明了这一点;(2)一些国家实施 IMO 的规则有困难,对频繁修改公约有意见,需要有一个场合进行交流,以寻求解决办法。

5. PSC 导致了对国际船级社协会成员的检查评定

由于在 PSC 中发现许多公约缔约国的船级社并未完全按有关国际公约的规定对船舶实施有效的检查和检验,这对于船级社能否履行其职责产生了怀疑,于是从 1995 年开始对国际船级社协会成员的各船级社进行评定,从而使各船级社协会能有效地履行其职责,保证船舶在各方面遵守有关国际公约的规定。

6. 修订并统一报告格式

修订并统一报告格式的原因有:首先是执行 PSC 的国家日益增多,它们采用的报告格式虽都以 A. 466 决议为基础,但所使用的代号和按不同公约编排的报告形式等仍有一些差别;另外,有缺陷和无缺陷的报告使用同一格式,不易区分。为了减轻 PSC 国家主管机关及 IMO 的负担,鼓励各国向 IMO 提供缺陷报告,方便贮存和查阅资料,A. 466 决议中的格式有必要加以修订。加拿大、丹麦、荷兰、英国联合提出建议把报告分为两种,第一种称为 A 格式,适用于仅仅核对了证书而无缺陷的船;第二种称为 B 格式,适用于有缺陷的船。该报告上详细列出缺陷内容,与之有关的公约规定以及所采取的措施,包括扣船、通知船旗国、通知船级社、通知下一港口。如要签发 B 格式的报告,必须连同 A 格式一起送达船旗国及 IMO。第二是自 A. 466 决议通过以后,一些公约的修订已达到生效条件。其中有一些涉及 PSC,因此需要把相关内容补充进去。第三是考虑到统一的缺陷报告编码代号有利于建立一个国际全球信息系统,这一建议得到不少国家的支持,但目前仍未具体实施。

第五节　各地区港口国监督基本情况介绍

一、P-MOU 实施港口控制相关规定

基于船舶相关属性与历史参数,在 P-MOU 的信息系统中,每艘船舶都会被赋予一个风险水平,即高风险水平、标准风险水平或低风险水平。风险水平是基于每一艘船的风险标准评价得出的。每个风险标准都具有权重值,其反映这一标准对全船风险的影响。高风险船舶的风险值达到 5 或更高分值;低风险船舶的所有参数风险值符合低风险的判定标准,且在过去的 36 个月中接受过至少一次检查;标准风险船舶的风险标准既不属于高风险也不属于低风险。船舶的风险情况会随着多种参数动态变化,如船龄、过去 36 个历史检查情况及公司的表现,需每天重新计算。在船舶接受检查或适用的船旗国表现数值表和指定组织发生变化时,船舶的风险水平也应重新计算。

(一)检查间隔期

根据备忘录的要求,每个成员每年检查的数量应达到年度平均抵达船舶数量的 25%(年度平均抵达船舶数是基于过去三年到达成员港口的船舶统计数据得出)。

(1)一般情况下,船舶接受了 P-MOU 成员检查后的六个月内,其他 P-MOU 成员不会对这艘船舶进行检查,除非船舶存在需要进行再次检查的明显证据。

(2)强制性扩大检查的间隔期一般为 12 个月,两次强制性扩大检查之间可能会进行常规检查。

(3)SIReNAC 中目标因素积分在 50 分以上的船舶,被检查的间隔期将被缩短至 1 个月。

(二)检查船舶的选择

在选择检查船舶时,港口当局将参考 SIReNAC 信息系统显示出的目标因素值来确定。目标因素(Target Factor)由一般因素(Generic Factor)和历史因素(History Factor) 构成,一般因素是基于船舶基本参数得出的,历史因素是基于船舶在 P-MOU 的检查历史得出的。目标因素每天进行更新,并作为 P-MOU 检查官选择检查船舶的一个工具。对于目标因素值超过 50 的船舶,如果距离上次 P-MOU 成员检查的时间超过 1 个月,那么船舶将被选择进行检查。表 6-7 为目标因素种类和相应的目标值。

表 6-7　目标因素种类和相应的目标值

目标因素			目标值
一般因素(随船舶参数、船旗、船级社改变而改变)	船旗因素(由过去 3 年平均滞留率决定)	中等危险程度(滞留率大于 10%)	+4
		中等至高危险程度(滞留率大于 13%)	+8
		高危险程度(滞留率大于 16%)	+14
		极高危险程度(滞留率大于 19%)	+20
	目标船型因素	船龄超过 12 年的散货船	+5
		船龄超过 10 年的气体运输船	
		船龄超过 10 年的化学品船	
		船龄超过 15 年、大于 3 000 总吨的油船	
		客船、15 年以上的滚装船	
	船级社因素	非欧盟认可的船级社	+3
	船龄因素	船龄大于 25 年	+3
		船龄在 21~24 年	+2
		船龄在 13~20 年	+1
	船旗国因素	未加入主要公约	+1
	目标船级社(所属船级社船舶过去 3 年滞留率确定)	小于等于平均滞留率	0
		超出平均滞留率 2%之内	+1
		超出平均滞留率 2%~4%	+2
		超出平均滞留率 4%以上	+3
历史因素(每天更新)	最近 12 个月内未接受 P-MOU 成员国检查		+20
	最近 6 个月内未接受 P-MOU 成员国检查		+15
	前 12 个月内是否被滞留	否	0
		是	+15
	前 12 个月内检查发现的缺陷数	0	−15
		1~5	0
		6~10	+5
		11~20	+10
		20 以上	+15
	上次检查遗留缺陷情况	PSC 报告中每一个缺陷代号为 15 或 17 的缺陷	+1
		PSC 报告显示所有缺陷已消除	−2

(三)优先检查的船舶

不论船舶目标因素值如何,以下船舶将被视为优先检查对象:(1)引航或港口当局报告,存在影响安全航行缺陷的船舶。(2)装载危险或污染货物时,未按要求进行报告的船舶。(3)被港口当局通报的船舶。(4)被相关方(船长、船员、任何与船舶安全有关的人或组织)就船上生活和工作环境或船舶防止污染进行投诉的船舶。(5)曾有下列情况的船舶:①在航行途中发生了碰撞、搁浅;②被控告违反了有害物质和污水排放的相关规定;③进行不安全方式的操纵,或存在未遵守安全航行程序的情况;④进行了其他的不当操作,以至威胁到人员、财产、环境。(6)在先前的6个月内,因安全原因船舶证书被其船级社暂停或取消。(7)未在 SIReNaC 信息系统中出现的船舶。

(四)船舶的扩大检查

(1)扩大检查适用于下列船舶类型:3 000总吨以上且船龄15年以上的油船、船龄12年以上的散货船、船龄15年以上的客船、船龄10年以上的化学品和气体运输船。

(2)对于满足上述条件的船舶,应在抵达P-MOU港口的3天前通知港口当局。若航程短于3天,则应在离开上一港口前通知。因P-MOU各成员间的通知安排不一样,船东应向他们的港口代理进行核实。应该注意,如果未及时通知相关信息,可能会导致船舶因为完成扩大检查而使船期被延误。

(3)对于目标因素值不低于7的船舶,在船舶离港前将要求完成一次扩大检查。若因船舶在港停靠时间短等原因,扩大检查将在P-MOU的下一港口进行。

(4)对目标因素值低于7的船舶,通常不需要接受扩大检查,但船舶应按照(2)的要求通知P-MOU的港口,直到目标因素值达到7并完成了一次扩大检查。

(5)除了例行的检查项目外,扩大检查至少包含以下项目:

①一般项目[对所有(1)中所指船型都适用]。a. 应急发电机的断电和启动;b. 应急照明检查;c. 应急消防泵连同连接在消防总管上的两个消防栓的操作;d. 舱底泵操作;e. 水密门的关闭;f. 一侧救生艇降至水面;g. 锅炉、风机和燃油泵等的遥控应急切断装置的试验;h. 主、辅操舵装置的试验;i. 无线电装置的应急电源检查;j. 油水分离器检查并尽实际可能进行试验。

②除一般项目以外,油船还要增加检查下列项目:a. 固定甲板泡沫系统;b. 消防设备总体情况;c. 机舱、泵舱和居住处所防火闸;d. 惰性气体压力和含氧量控制;e. 压载舱,至少检查在货物区域内的一个压载舱;f. 确认下列文件保存在船上,并已业经船旗国或船级社签署:结构方面检验的报告、状况评估报告、测厚报告、IMO 决议 A. 744(18) 所述的文件。

③除一般项目外,散货船还要增加检查下列项目:a. 甲板机械底座的锈蚀情况;b. 舱口盖可能的变形和锈蚀情况;c. 横舱壁裂纹和局部腐蚀情况;d. 进入货舱的通道;e. 确认下列文件保存在船上,并已业经船旗国或船级社签署:结构方面检验的报告、状况评估报告、测厚报告、IMO 决议 A. 744(18) 所述的文件。

④除一般项目外,化学品和气体运输船还要增加检查下列项目:a. 货舱温度、压力和损耗监控和安全设备;b. 含氧量和爆炸气体测量设备及其校验情况,化学气体探测装置及一定数量为特定货品配备的蒸汽测量管的有效性;c. 为船上每个船员配备的逃生用呼吸和眼睛防护设备(若适用);d. 若可能,核查化学品/液化气体适装证书中所列货品;e. 固定甲板灭火设备、灭火剂满足载运货品要求。

⑤除一般项目外,客船还要增加检查下列项目:a. 探火和报警系统测试;b. 防火门关闭测试;c. 公共广播系统测试;d. 消防演习,记录中应至少包含验证了所有消防员装置和参加演习船员的人数;e. 确认关键船员可以获得破损控制图。

(五)拒绝进入的船舶

(1)适用于以下船舶类型:化学品和气体运输船、散货船、油船、客船。以上船型船舶不分吨位和船龄。

(2)上述所列船型的船舶,有下列情况之一者将被拒绝进入 P-MOU 水域:船旗属黑名单上“medium to high”或“medium”且船舶 2 年内在 P-MOU 水域被滞留 3 次后;船旗属黑名单上“very high risk”或“high risk”且船舶 3 年内在 P-MOU 水域被滞留 2 次后。禁令在船舶纠正引起滞留的缺陷并被获准驶离港口后立即生效。

(3)为了解除禁令,船东必须向提出禁令的港口当局递交正式申请。正式申请必须包括船旗国(不是被授权组织)出具的证明船舶满足所有公约(包括 STCW 公约和 ILO 公约) 要求的证书,若适用,还应附上船舶所属的船级社证明船舶符合它们要求的规范证书。为撤销禁令,船舶还必须由提出禁令港口当局在双方接受的港口完成一次检查,检查范围至少包括扩大检查的范围,此次检查船东需付费。

(4)船旗国黑名单将在 P-MOU PSC 年报和其网页上予以公布。

(六)申诉

备忘录第 3.13 条给予了船公司或其代表在船舶发生滞留时的申诉权利。申诉可通过官方渠道向滞留港口国提出,申诉程序可参见 P-MOU 申诉程序文件。另外船东或船舶管理公司也可以通过船舶的船旗国或其授权的认可组织向滞留港口国提出申诉。若对滞留港口国的答复不满意,可向 P-MOU 秘书处提出。

二、亚太地区港口国控制谅解备忘录(TOKYO MOU)

(一)检查间隔期

按照备忘录总则中的要求,TOKYO MOU 的目标是在其所覆盖区域内检查的船舶总量达到本区域内营运船舶总量的 75%。一般情况,船舶接受 TOKYO MOU 成员检查后的 6 个月内,其他 TOKYO MOU 成员不会对该船舶进行检查。这样的检查间隔期不适用于目标因素分值高的船舶和被列为优先检查的船舶。

(二)目标船舶的选择

自 2004 年 3 月 1 日起,TOKYO MOU 正式将船舶目标体系(Ship Targeting System)作为确定优先检查船舶的一个工具,如表 6-8 所示。各目标因素对应一定的分值,按照船舶对应的目标种类得到总分值,然后以分值的大小来确定船舶检查的先后。

(三)优先检查的船舶

不论船舶目标因素分值如何,有下列情况的船舶将被作为优先检查的对象:

(1)被港口当局通报的船舶;

(2)被相关方(船长、船员和任何与船舶安全有关的人或组织)就船上生活和工作环境或船舶防止污染进行投诉的船舶;

(3)要求在规定期限内消除缺陷的船舶;

(4)引航或港口当局报告,存在影响安全航行缺陷的船舶;

(5)装载危险或污染货物时,未按要求进行报告的船舶;

(6)船舶被滞留后,未得到港口国允许,擅自开航的船舶;

(7)PSC 委员会公布的优先检查的船舶种类。

表 6-8　船舶目标体系计算方法

目标因素种类		分值
船旗因素	超过平均滞留率(基于 APCIS 系统三年滚动平均滞留率)	每超出 1 个百分点+1(小数四舍五入)
目标船型因素	船龄超过 15 年的以下船型:油船、化学品船、散货船、杂货船、冷藏船、滚装货船/客船、客船	+4
	其他船型	0
船龄因素	0~5 年	0
	6~10 年	+5
	11~15 年	+10
	16~20 年	+10,超过 15 年的每年+1
	大于 20 年	+15,超过 20 年的每年+2
船级社	非 IACS 船级社	+10
最近 4 次初始检查或发现新缺陷的跟踪检查中滞留次数	1 次	+15
	2 次	+30
	3 次	+60
	4 次	+100
缺陷	在最近 4 次检查或发现新缺陷的跟踪检查中发现的每项缺陷	+0.6×缺陷数(小数四舍五入)
上次检查遗留缺陷	遗留缺陷,APCIS 记录的上次检查或相关的跟踪检查中没有标注已纠正(Code 10)的缺陷	+2×遗留缺陷数
距上次初始检查时间	6~12 个月	+3
	12~24 个月	+6
	超过 24 个月或从未在 TOKYO MOU 接受过检查(含新船)	+50

目标因素(TF)	优先等级
>100	Priority 1 (very high)
41~100	Priority 2 (high)
11~40	Priority 3 (medium)
0~10	Priority 4 (extreme)

(四)申诉

备忘录第 3.15 条给予了船公司或其代表在船舶发生滞留时的申诉权利。申诉可通过官方渠道向滞留港口国提出,各港口国的申诉程序和主管机构各不相同,这些信息可从各国海事网站上获得。另外船东和船舶管理公司也可以通过船舶的船旗国或其授权的认可组织向滞留港口国提出申诉。若对滞留港口国的答复不满意,可在滞留日起三个月内向 TOKYO MOU 秘书处提出申诉。

三、美国海岸警卫队(USCG)

(一)检查种类

按照美国法典(U. S. C.)33 章第 46 款的要求,在美国水域航行的悬挂外国旗的船舶需要接受检查,检查一般包括以下几类:

1. 年度检查

检查手册和海事安全手册已对年度检查程序做了相应规定,年度检查一般包括对船舶证书和文件的检查、对船舶总体状况的检查(包括设备检查、试验以及应急演习等)。如果检查官发现有明显证据表明船舶状况不满足相关的美国法律或公约要求,可以扩大检查。

2. 再次检查

再次检查是两次年度检验之间,为确保船舶能持续满足相关的美国法律或公约要求,而进行的检查。再次检查一般包括对船舶证书和文件的检查和总体检查(仅仅是例行检查)。如果检查官发现有明显证据表明船舶状况不满足相关的美国法律或公约要求,可以扩大检查。

3. 扩大检查

扩大检查是在年度和再次检查中,有明显证据表明船舶状况不满足美国法律或公约要求,而进行更为细致的检查和试验。

4. 消除缺陷检查

消除缺陷检查仅限于对缺陷消除情况的检查,如果登轮中发现了其他缺陷,那么应进行一次再次检查。

5. 监控

监控是对装卸货、加油、过驳等过程全程的现场监督,注重整个操作的程序和控制,一般和年度检查、再次检查和消除缺陷检查一起进行。

6. 货物监督

货物监督是在装运爆炸物或放射性物质时的监督过程。

(二)检查船舶的选择

随着停靠美国港口的非美国旗船舶的增多,为了确定此类船舶的风险程度,并帮助 PSC 检查官选择检查船舶,USCG 制定了基于风险评估的 ISPS/MTSA 保安符合目标矩阵(ISPS/MTSA Security Compliance Targeting Matrix),以评估船舶的保安符合性;PSC 安全和环境保护符合目标矩阵(Port State Control Safety and Environmental Protection Compliance Targeting Matrix),以评估船舶安全和环境保护程度。具体请见表 6-9 ISPS/MTSA 保安符合目标矩阵和表 6-10 PSC 安全和环境保护符合目标矩阵。

表 6-9　ISPS/MTSA 保安符合目标矩阵

栏目Ⅰ	栏目Ⅱ	栏目Ⅲ	栏目Ⅳ	栏目Ⅴ
船舶管理	船旗国政府	认可保安组织（RSO）	保安符合性（历史）	最近一个停靠港口
ISPS Ⅱ		ISPS Ⅰ		
船东/管理公司/租家在过去 12 个月中，有过与 ISPS 相关的拒绝入港和驱逐出港记录* 5 点 船东/船舶管理公司/租家的 CAR 值大于等于 5%，或在 G-MOC 目标船舶管理公司清单中 2 点 船东/船舶管理公司/租家的 CAR 值大于 1%，小于 5% 2 点 从 2004 年 7 月 1 日起，船东/船舶管理公司/租家在过去 3 年中其所属船舶进行了检查的不超过 10 艘次	船旗国的 CAR 值大于等于 5% 2 点 船旗国的 CAR 值大于 1% 小于 5% 2 点 从 2004 年 7 月 1 日起，在过去的 3 年里，悬挂该国国旗的船舶进行了检查的不超过 20 艘次	RSO 的 CAR 值大于等于 5% 5 点 RSO 的 CAR 值大于 1% 小于 5% 2 点 RSO 的值大于 0.5% 小于 1% 2 点 从 2004 年 7 月 1 日起，在过去的 3 年里，由该 RSO 发证的船舶进行了检查的不超过 20 艘次	在过去的 12 个月中，有过与 ISPS 相关的拒绝入港和驱逐出港记录* ISPS Ⅱ 矩阵点数没有达到需要进行 ISPS Ⅰ类检查的分值并且在过去的 12 个月内，没有进行过 ISPS 检查 5 点 船舶的 CAR 值大于等于 1% 2 点 船舶的 CAR 值大于 0.5% 小于 1% 2 点 从 2004 年 7 月 1 日起，在过去的 3 年里，进行过 ISPS 检验但不超过 10 次 1 点 过去 12 个月中发生的每次航行限制	指定进入条件和/或拒绝入港 最近停靠的 5 个港口，是列在联邦登记港中的港口 ISPS Ⅰ 最近停靠的 5 个港口是被定为 ISPS Ⅰ类的港口 ISPS Ⅱ 矩阵点数没有达到需要进行 ISPS Ⅰ类检查的分值并且最近停靠的 5 个港口是被定为 ISPS Ⅱ类的港口

*考虑拒绝入港的具体情况，可能会将等级放宽为 ISPS Ⅱ。如果拒绝入港仅仅是因为未提供 Notice of Arrival，会给予 2 点的分值。

船舶的点数大于等于 17 点时是 ISPS Ⅰ船舶，在进港前必须登轮检查。

船舶的点数在 7~16 之间的是 ISPS Ⅱ船舶，不必在进港前进行检查，但应该在到港时检查。

船舶的点数小于 7 点为 ISPS Ⅲ船舶，不必登轮检查，除非被随机的 MTSA/ISPS 检查随机抽取到

其中，CAR（Control Action Ratio）是一个与滞留率相似的一个数值。

船东/船舶管理公司/租家的 CAR = 与公司管理相关的控制措施数/ISPS（MTSA）检查数量。

船旗国的 CAR = 与船旗国相关的控制措施数/ISPS（MTSA）检查数量。

RSO 的 CAR = 与 RSO 相关的控制措施数/ISPS（MTSA）检查数量。

表 6-10 PSC 安全和环境保护符合目标矩阵

船舶管理	船旗	船级社	历史	船型
5 点 USCG 网站所列船东、经营者或租家	7 点 USCG 网站所列的船旗	Priority Ⅰ 滞留率高于 2% 5 点 滞留率为 1%~2% 3 点 滞留率为 0.5%~1% 0 点 滞留率低于 0.5%	Priority Ⅱ 首次到美国港口 5 点/次 前 12 个月内的滞留次数 1 点/次 前 12 个月内有过其他操作控制次数 1 点/次 前 12 个月内发生事故次数 1 点/次 前 12 个月内发生违反次数 1 点/次 前 6 个月内未登轮次数	1 点 油船或化学品船 1 点 气体运输船 2 点 10 年以上的散货船 1 点 客船 2 点散装低价值日用品
Priority Ⅰ Vessel（PⅠ）：必须在进港前登轮检查。 · 矩阵得分在 17 点及以上；或 · 船舶发生海损而影响到船舶航行；或 · USCG 港长认为船舶对港口或环境构成了潜在威胁；或 · 船舶所属船级社的滞留率高于 2%； · 船舶在接受海岸警卫队检查前将限制进港。 Priority Ⅱ Vessel（PⅡ）：不必在进港前检查，但应在到港时检查。 · 矩阵得分在 7~16 分间； · 本港或其他港口上次检查留有遗留要求，或船舶是年度检查过期的油船或客船； · 船舶在接受海岸警卫队检查前将限制货物作业或旅客上下船。 Non-Priority Vessel（NPV）：不必登轮检查。 · 矩阵得分在 6 分及以下； · 船舶属低危险。 降级条款：如果船舶的分值达到了 PⅠ或 PⅡ的标准，并且在过去 6 个月内 USCG 已对该船进行了检查，无严重缺陷，那么船舶可以被降为 NPV，被降为 NPV 的船舶会被列入到随机检查船舶之列				

其中：船舶管理对于列在 USCG 船东列表中的船东/船舶管理公司所属船舶，分值加 5。船东列表中的船东/船舶管理公司是那些在过去 12 个月内所属船舶曾经被滞留的公司，该列表根据过去 12 个月的情况每个月更新。

船旗：对于悬挂列在 USCG 船旗列表中的船旗的船舶，分值加 7。对于过去 3 年的滞留率超过平均值的船旗将被列入到船旗列表中，该列表每年 4 月 1 日更新。

船级社：按照各船级社过去 3 年的滞留率确定。

除了上述两种选船方式外，对于通过矩阵分值未被选中的船舶，将进入到随机登轮选择程序（Random Boarding Selection Process），在随机选择中，按照 USCG 的目标，将有 10%的船舶被选中执行检查。

四、其他港口国控制备忘录组织

在 IMO 的积极倡导和各国政府的共同努力下,一些地区间的港口国监督组织在全球范围内相继建立,目前除了 P-MOU、TOKYO MOU 和 USCG 外,还有 6 个备忘录组织在全球行使着港口国监督的权利,此外,波斯湾地区备忘录正在筹建之中,对其他备忘录的情况简要介绍如下:

(一)印度洋地区港口国控制谅解备忘录(Indian Ocean MOU)

表 6-11 为印度洋地区港口国控制谅解备忘录情况介绍。

表 6-11　印度洋地区港口国控制谅解备忘录情况介绍

签署时间	1998 年 6 月 5 日
现行文本	MOU. Rev2. Oct 2003
官方语言	英语
成员国	共有 18 个成员国:澳大利亚、孟加拉国、吉布提、厄立特里亚、印度、伊朗、肯尼亚、马尔代夫、莫桑比克、缅甸、阿曼、塞舌尔、斯里兰卡、苏丹、南非、坦桑尼亚、毛里求斯、也门
观察员国	埃塞俄比亚
目标检查率	3 年内,各成员国年度检查率不低于 10%
优先检查船舶	1. 第一次停靠或 12 个月后第一次停靠的成员国船舶; 2. 已给予解决缺陷的期限的成员国船舶,当期限到期时; 3. 引水或港口当局报告,存在影响安全航行缺陷的船舶; 4. 未持有按照公约要求签发的船舶构造和设备安全证书的船舶; 5. 装载危险或污染货物时,未按要求进行报告的船舶; 6. 在前 6 个月内,由于船舶安全的原因被所在船级社暂停船级的船舶
检查频率	协议要求各成员国如果没有明显证据表明该轮有缺陷,应避免检查已在前 6 个月内被本协议其他海事机关检查过的船舶。对于上述优先检查船舶,不适用以上规定,如果港口当局认为合适,就需要进行检查
秘书处所在地	印度果阿

(二)西非和中非地区港口国控制谅解备忘录(Abuja MOU)

表 6-12 为西非和中非地区港口国控制谅解备忘录情况介绍。

表 6-12 西非和中非地区港口国控制谅解备忘录情况介绍

签署时间	1999 年 10 月 22 日
官方语言	英语、法语
成员国	共有 19 个成员国：安哥拉、贝宁、喀麦隆、佛得角、刚果、科特迪瓦、赤道几内亚、加蓬、冈比亚、几内亚、加纳、利比里亚、毛里塔尼亚、纳米比亚、尼日利亚、塞内加尔、塞拉利昂、南非、多哥
目标检查率	3 年内，各成员国年度检查率不低于 15%
优先检查船舶	1. 第一次停靠或 12 个月后第一次停靠的成员国船舶； 2. 已给予解决缺陷的期限的成员国船舶，当期限到期时； 3. 引航或港口当局报告，存在影响安全航行缺陷的船舶； 4. 未持有按照公约要求签发的船舶构造和设备安全证书的船舶； 5. 装载危险或污染货物时，未按要求进行报告的船舶； 6. 在前 6 个月内，由于船舶安全的原因被所在船级社暂停船级的船舶
检查频率	协议要求各成员国如果没有明显证据表明该轮有缺陷，应避免检查已在前 6 个月内被本协议其他海事机关检查过的船舶。对于上述优先检查船舶，不适用以上规定，如果港口当局认为合适，就需要进行检查
秘书处所在地	尼日利亚拉多斯

（三）拉丁美洲地区港口国控制谅解备忘录（Latin American Agreement on PSC of Vessels）

表 6-13 为拉丁美洲地区港口国控制谅解备忘录情况介绍。

表 6-13 拉丁美洲地区港口国控制谅解备忘录情况介绍

签署时间	1992 年 11 月 5 日
现行协议文本	第 12 次委员会会议修正文本
官方语言	西班牙语、葡萄牙语
成员国	共有 13 个成员国：阿根廷、玻利维亚、巴西、智利、哥伦比亚、古巴、厄瓜多尔、洪都拉斯、墨西哥、巴拿马、秘鲁、乌拉圭、委内瑞拉
目标检查率	3 年内，各成员国年度检查率不低于 20%
优先检查船舶	1. 客船、滚装船和散货船； 2. 高风险船舶，如油船、气体运输船、化学品船和载运包装的危险/有毒物质的船舶； 3. 近期重复发现缺陷的船舶
检查频率	协议要求各成员国如果没有明显证据表明该轮有缺陷，应避免检查已在前 6 个月内被本协议其他海事机关检查过的船舶，除非是其他海事机关或与航行安全相关的人员和组织对该轮进行了通报。对于协议建议优先检查的船型，6 个月的检查频率不适用，如果港口当局认为合适，就需要进行检查
秘书处所在地	阿根廷布宜诺斯艾利斯

(四)地中海地区港口国控制谅解备忘录(Mediterranean MOU on PSC)

表 6-14 为地中海地区港口国控制谅解备忘录情况介绍。

表 6-14 地中海地区港口国控制谅解备忘录情况介绍

签署时间	1997 年 7 月 11 日
官方语言	英语
成员国	共有 10 个成员国：阿尔及利亚、塞浦路斯、埃及、以色列、黎巴嫩、马耳他、摩洛哥、突尼斯、土耳其和巴勒斯坦
目标检查率	3 年内,各成员国年度检查率不低于 15%
优先检查船舶	1. 第一次停靠或 12 个月后第一次停靠的成员国船舶; 2. 已给予解决缺陷的期限的成员国船舶,当期限到期时; 3. 引航员或港口当局报告,存在影响安全航行缺陷的船舶; 4. 未持有按照公约要求签发的船舶构造和设备安全证书的船舶; 5. 装载危险或污染货物时,未按要求进行报告的船舶; 6. 在前 6 个月内,由于船舶安全的原因被所在船级社暂停船级的船舶
检查频率	协议要求各成员国如果没有明显证据表明该轮有缺陷,应避免检查已在前 6 个月内被本协议其他海事机关检查过的船舶,除非是其他海事机关或与航行安全相关的人员和组织对该轮进行了通报。对于协议建议优先检查的船型,6 个月的检查频率不适用,如果港口当局认为合适,就需要进行检查
申诉程序	备忘录第 3. 13 条给予了船公司或其代表在船舶发生滞留时的申诉权利。申诉可通过官方渠道向滞留港口国提出,申诉程序可参见申诉程序文件(可从 Mediterranean MOU 网站上查到)。另外船东/船舶管理公司也可以通过船舶的船旗国或其授权的认可组织向滞留港口国提出申诉。若对滞留港口国的答复不满意,可在 30 天内向 Med. MOU 秘书处提出
秘书处所在地	埃及亚历山大

(五)黑海地区港口国控制谅解备忘录(Black Sea MOU)

表 6-15 为黑海地区港口国控制谅解备忘录情况介绍。

表 6-15 黑海地区港口国控制谅解备忘录情况介绍

签署时间	2000 年 4 月 7 日
现行文本	第三修正案,2006 年 1 月 1 日生效
官方语言	英语
成员国	共有 6 个成员国:保加利亚、格鲁吉亚、罗马尼亚、俄罗斯、乌克兰、土耳其
目标检查率	3 年内,各成员国年度检查率不低于 15%

(续表)

签署时间	2000 年 4 月 7 日
优先检查船舶	1. 第一次停靠或 12 个月后第一次停靠的成员国船舶; 2. 已给予解决缺陷的期限的成员国船舶,当期限到期时; 3. 引航员或港口当局报告,存在影响安全航行缺陷的船舶; 4. 未持有按照公约要求签发的船舶构造和设备安全证书的船舶; 5. 装载危险或污染货物时,未按要求进行报告的船舶; 6. 在前 6 个月内,由于船舶安全的原因被所在船级社暂停船级的船舶; 7. 有下列情况发生的船舶:(1)在航行途中发生了碰撞、搁浅;(2)被控告违反了有害物质和污水排放的相关规定;(3)进行不安全方式的操纵,或未遵守安全航行程序的情况;(4)进行了其他的不当操作,以致威胁到人员、财产、环境
检查频率	协议要求各成员国如果没有明显证据表明该轮有缺陷,应避免检查已在前 6 个月内被本协议其他海事机关检查过的船舶,除非是其他海事机关或与航行安全相关的人员和组织对该轮进行了通报。对于协议建议优先检查的船型,6 个月的检查频率不适用,如果港口当局认为合适,就需要进行检查
秘书处所在地	土耳其伊斯坦布尔

(六)加勒比海地区港口国控制谅解备忘录(Caribbean MOU)

表 6-16 为加勒比海地区港口国控制谅解备忘录情况介绍。

表 6-16 加勒比海地区港口国控制谅解备忘录情况介绍

签署时间	1996 年 2 月 6 日
官方语言	英语
成员	安圭拉岛、安提瓜岛和巴布达岛、阿鲁巴岛、巴哈马、巴巴多斯、伯利兹、英属维尔京群岛、开曼群岛、多米尼加、古巴、圭亚那、格林纳达、海地、牙买加、蒙特塞拉特岛、荷属安的列斯群岛、苏里南、圣基茨和尼维斯、圣卢西亚、圣文森特、特克斯和凯科斯群岛、特立尼达和多巴哥
目标检查率	3 年内,各成员国年度检查率不低于 15%
优先检查船舶	1. 对成员国的船舶,第一次停靠或 12 个月后第一次停靠; 2. 由于存在影响航行安全的缺陷而被引水员或港口机关通报的船舶; 3. 装载危险或污染货物时,未按要求进行报告的船舶; 4. 在前六个月内,由于船舶安全的原因被所在船级社暂停船级的船舶; 5. 未持有按照公约要求签发的船舶构造和设备安全证书的船舶
秘书处所在地	巴巴多斯克赖斯特彻奇

另外,还有波斯湾及加勒比海地区港口国监督备忘录。

第六节 船舶安全监督规则

一、适用范围

《船舶安全监督规则》（简称《规则》）适用于对中国籍船舶和水上设施以及航行、停泊、作业于我国管辖水域的外国籍船舶实施的安全监督工作。本规则不适用于军事船舶、渔业船舶和体育运动船艇。

《规则》所称船舶安全监督，是指海事管理机构依法对船舶及其从事的相关活动是否符合法律、法规、规章以及有关国际公约和港口国监督区域性合作组织的规定而实施的安全监督管理活动。船舶安全监督分为船舶现场监督和船舶安全检查。

船舶现场监督，是指海事管理机构对船舶实施的日常安全监督抽查活动。

船舶安全检查，是指海事管理机构按照一定的时间间隔对船舶的安全和防污染技术状况、船员配备及适任状况、海事劳工条件实施的安全监督检查活动，包括船旗国监督检查和港口国监督检查。

二、安全监督目标船舶的选择

海事管理机构对船舶实施的安全监督，应当避免对船舶正常生产作业造成不必要的影响。国家海事管理机构应当制定安全监督目标船舶选择标准。海事管理机构应当结合辖区的实际情况，按照全面覆盖、重点突出、公开便利的原则，依据我国加入的港口国监督区域性合作组织和国家海事管理机构规定的目标船舶选择标准，综合考虑船舶类型、船龄、以往接受船舶安全监督的缺陷、航运公司的安全管理情况等，按照规定的时间间隔，选择船舶实施船舶安全监督。

按照目标船舶选择标准未列入选船目标的船舶，海事管理机构原则上不登轮实施船舶安全监督，但在特殊情况下进行的专项检查除外。

三、船舶安全监督的内容

1. 船舶现场监督的内容

（1）中国籍船舶自查情况；（2）法定证书文书配备及记录情况；（3）船员配备情况；（4）客货载运及货物系固绑扎情况；（5）船舶防污染措施落实情况；（6）船舶航行、停泊、作业情况；（7）船舶进出港报告或者办理进出港手续情况；（8）按照相关规定缴纳相关费税情况。

2. 船舶安全检查的内容

（1）船舶配员情况；（2）船舶、船员配备和持有有关法定证书文书及相关资料情况；（3）船舶结构、设施和设备情况；（4）客货载运及货物系固绑扎情况；（5）船舶保安相关情况；（6）船员履行其岗位职责的情况，包括对其岗位职责相关的设施、设备的维护保养和实际操作能力等；（7）海事劳工条件；（8）船舶安全管理体系运行情况；（9）法律、法规、规章以及我国缔结、加入的有关国际公约要求的其他检查内容。

海事管理机构应当按照船舶安全监督的内容,制定相应的工作程序,规范船舶安全监督活动。

海事管理机构完成船舶安全监督后应当签发相应的船舶现场监督报告、船旗国监督检查报告或者港口国监督检查报告,由船长或者履行船长职责的船员签名。船舶现场监督报告、船旗国监督检查报告、港口国监督检查报告一式两份,一份由海事管理机构存档,一份留船备查。

船舶现场监督中发现船舶存在危及航行安全、船员健康、水域环境的缺陷或者水上交通安全违法行为的,应当按照规定进行处置。发现存在需要进一步进行安全检查的船舶安全缺陷的,应当启动船舶安全检查程序。

《规则》要求:中国籍船舶应当建立开航前自查制度。船舶在离泊前应当对船舶安全技术状况和货物装载情况进行自查,按照国家海事管理机构规定的格式填写船舶开航前安全自查清单,并在开航前由船长签字确认。

船舶在固定航线航行且单次航程不超过 2 小时的,无须每次开航前均进行自查,但一天内应当至少自查一次。

船舶开航前安全自查清单应当在船上保存至少 2 年。

同时,规定了对船舶安全缺陷的处理及相关法律责任。

第七章　通航水域管理与安全保障

第一节　水域划定与管理

为了维护国家利益和保障船舶、设施和人命财产的安全，我国《海上交通安全法》就水域划定和管理船舶通航水域做出了相应的规定。水域划定与水域管理是与船舶安全管理密切相关的，它表现为对船舶航行、停泊与作业等各种活动的空间范围做出了一定程度的限制。这种限制除了出于维护国家权益的目的，主要考虑的是加强船舶交通安全管理，建立安全通畅的水上交通秩序。

一、禁航区

《海上交通安全法》第十五条规定：除经主管机关特别许可外，禁止船舶进入或穿越禁航区。该法第二十一条规定：在沿海水域划定禁航区，必须经国务院或主管机关批准。但是，为军事需要划定禁航区，可以由国家军事主管部门批准。禁航区由主管机关公布。我国划定海上禁航区基本上是出于维护国家安全利益的目的，但在具体划定禁航区的范围时，充分考虑了海上船舶航行安全对水域范围的需要。中华人民共和国成立以来公布的且有效的禁航区如下：

1. 老铁山水道禁航区

交通部海运管理总局于 1956 年发布的《老铁山水道航行规定》指出：以老铁山灯塔为基点 7 海里距离为半径，以北隍城岛为基点 7 海里距离为半径，所划的区域内禁止国内外商船航行；在这两个禁航区的中间水道准许国内外商船通行，但须提前 8 小时向大连港监报告；海猫岛半径 10 海里内禁止船舶通行；越入禁区而发生任何后果概由船方负责。

2. 遇岩禁航区

交通部于 1962 年发布《关于禁止通过遇岩以内海区的规定》，指出：航行老铁山水道和进出大连港的船舶，必须保持本船在遇岩至老铁山禁区外沿连线以南海区和遇岩至大陆子午线以东海区航行，否则必须对由此产生的一切后果负责。

1982 年交通部又发文重申了上述的商船通过老铁山水道和禁止通过遇岩以内海区的规定。

3. 万山、佳蓬、担杆诸岛外轮禁航区

交通部于1964年发布《关于禁止外国籍船舶在万山、佳蓬、担杆诸岛连线以内海区航行的通知》,规定了由香港之外的其他港口驶往黄埔港的外轮和由香港驶往黄埔港的外轮不得进入或通过的禁航区。

4. 渤海辽东湾外轮禁航区

我国港务监督局于1984年公布了渤海辽东湾外轮禁航区。这一禁航区是适应营口港对外轮开放而划定的。

5. 黄海利根湾、灵山岛禁航区

我国港务监督局于1986年公布了黄海利根湾、灵山岛禁航区。该禁航区是为适应石臼港对外开放而划定的。

我国《海上交通安全法》第十一条规定:外国籍非军用船舶,未经主管机关批准,不得进入中华人民共和国的内水和港口。因此,对外轮来说,除不得进入或通过上述公布的禁航区外,也不得进入或通过我国的非对外开放的水道和港口。

二、交通管制区

《海上交通安全法》第二十八条规定:主管机关根据海上交通安全的需要,确定、调整交通管制区。该法第十四条规定:船舶通过交通管制区时,必须遵守我国政府或主管机关公布的特别规定。划定交通管制区并制定相应的交通管制规定,是针对某些船舶通航水域的特点而采取的船舶交通安全监督管理的有效措施。交通管制区可设在港口水域范围以内,亦可设在港口界限以外的重要水道和沿海水域。交通管理程度视交通管制区的水文气象、地理特点和船舶交通实况等因素而定。最简单的交通管制为过往船舶须按规定提前报告船舶资料、航行数据和通过时间等。复杂的交通管制反映在两方面:一方面制定交通规则,对船舶的航行路线、方向和速度等进行限制;另一方面建立先进的岸基监测设施(即船舶交通管理系统)以实施全面的监督管理。目前我国在非港界之内的沿海水域建立的交通管制区有:

1. 老铁山水道

老铁山水道交通管制区为老铁山禁航区和北隍城岛禁航区之间的水道。凡航行在该水道的商船在预计通过老铁山灯塔与北隍城岛灯桩的两点连线前8小时,向大连港务监督报告船名、呼号、国籍、出发港、目的港、航速、船体和烟囱颜色,以及预计通过老铁山灯塔与北隍城岛灯桩两点连线的准确时间。

2. 琼州海峡

我国国务院于1964年公布实行了《外国籍非军用船舶通过琼州海峡管理规则》。该规则划定了对琼州海峡管理的区域(简称为管理区),并制定了进入和通过该管理区的各种规定。例如被批准通过琼州海峡的外轮,应在进入管理区24小时以前确报进入管理区的时间;通过管理区的一律以白天为限;应在规定的航区范围内航行以通过管理区等。1975年国务院对该规则做了一些修改,例如取消了外轮一律在白天通过管理区的要求,增加了在进入管理区和在管理区通行时航速不得超过10节的规定。

3. 珠江口青州水道

随着改革开放形势的发展,航行于珠江口水域的船舶逐步增多,而且来往于内地至澳门和香港之间的快速客船每天多达100艘次。为避免船舶碰撞,保障人命与财产安全,我国港务监督局于1985年发布《珠江口青州水道通航规定》,对使用青州水道来往于九州、澳门与香港等港口之间的快速船实行分道航行。分道航行办法是:由东向西航行的快速船在北通航分道航行;由西向东航行的快速船在南通航分道航行;东西向船行的其他船舶应在上述两通航分道以外航行;南、北两通航分道宽度都是500米;两通航分道以灯浮连线为分隔线。

4. 成山头及其附近水域

成山头及其附近水域没有明确的交通管制区范围规定,一般认为是以成山头灯塔为中心半径的30海里范围内的水域。该水域是我国海上南北大通道的通航密集区域,又是我国海上重要渔场,同时该水域水文气象条件不佳,使之成为事故多发区。已由辽宁海事局在该水域建立分道通航制和船舶动态报告制及VTS。

另外,在长江水域、港口进出港口水域基本都建立了船舶定线制。

三、港外锚地

《海上交通安全法》第二十八条规定:主管机关根据海上交通安全的需要,确定、调整港口锚地;港外锚地的划定,由主管机关报上级机关批准后公布。根据《联合国海洋法》给"港外锚地"一词下的定义,港外锚地是一种避见条件好的装卸锚地,其地理范围可能完全在一国领海外部界限以内,也可能一部分在领海外部界限以内而另一部分在领海外部界限以外,还可能完全在领海外部界限以外;但是不论港外锚地的地理范围如何,它在法律上属于一国领海的范畴。从目前情况看,我国尚未公布用于装卸作业的港外锚地。但是为保证外轮航行安全,我国除允许外轮到各沿海开放港口内避见外,还在我国沿海水域开辟了10个外轮避见锚地(国内船舶亦可使用)。北方沿海有荣城湾锚地、黄家圹湾锚地;华东沿海有绿华山锚地、南韭山锚地、大陈锚地、隘顽湾锚地、泉州湾锚地;华南沿海有东山湾锚地、甲子港湾锚地、海凌山港锚地。

为了掌握船舶动态以有效利用避见锚地,各避见锚地都有管理规定。以《荣城湾锚地管理规定》为例,它规定船舶在荣城湾锚地避见须在进入锚地6小时前向烟台港务监督报告船名、呼号、国籍、船公司名称、出发港、目的港、航速、吃水以及预计抵达锚地时间,在情况紧急时,船也可在决定驶入锚地避见后立即向烟台港监报告;船舶在锚地避见可自行选择锚位,但不得超越锚地范围,否则发生一切后果由船方负责。

四、安全作业区

《海上交通安全法》第二十条规定:在沿海水域进行水上水下施工以及划定相应的安全作业区,必须报经主管机关核准公告。无关的船舶不得进入安全作业区。施工单位不得擅自扩大安全作业区的范围。按照该法对"作业"一词所下的定义,它是指在沿海水域调查、勘探、开采、测量、建筑、疏浚、爆破、救助、打捞、拖带、捕捞、养殖、装卸、科学试验和其他水上水下施工。划定并核准公告安全作业区是《海上交通安全法》以法律手段保护不同部门或单位为各自目的而对海洋水域这一资源或空间的使用,并同时加以协调,以保证海上人命与财产安全不受影响。安全作业区的范围及注意事项一般以航行通告和船行警告方式公布。

五、港口水域

港口水域是指港界线以内的全部水域。一般说来,整个港区水域被划定为航道、锚地、系泊区(码头水域)和其他水域。航道、锚地、系泊区的大致位置和范围在规划和建设港口时根据港区地形、水文等自然状况和建设投资情况确定,而航道、锚地、系泊区的确切位置和港口范围及其调整由港务监督根据船舶交通实况加以规定。港口水域内不同区域的划定需要将港口装卸作业和运输生产的经济性和安全性以及交通便利等因素综合加以考虑。

为了对港口水域实施全面有效的监督和管理,各港基本上都制定有港章。港章是一个港口街管理的综合规定,其中有关港口水域交通安全管理方面的规定是其重要组成部分。我国各港港章大都是在建国初期在港口实行政企不分的管理体制的情况下制定的,已不适应现有的管理体制,需要重新制定。上海海上安监局已经制定出新的上海港港章,这一港章以增进水上交通安全、保护水域环境免遭船舶污染、维护水上正常交通秩序的规定为主要内容。此外,各港港务监督针对港口水域中航道、锚地、靠泊区等不同区域的特点,分别制定具体的安全管理规定,也针对船舶的航行、停泊、作业等不同动态的特点分别制定具体的安全管理规定。总的看来,沿海各港港章及各种水域交通安全管理规定都是依据《海上交通安全法》的基本规定,针对本港水域的实际情况与特点制定的。就上海港来说,港章以及各种专项规定就有几十个。

近年来,沿海港口的交通管制得到进一步重视和发展。虽然将港口水域中的某一部分确定为交通管制区而正式公布的并不多见(如大连港大三山水道通航分隔制),但实际上,整个港口水域都处在不同程度的交通管制之下。一般说来,对进出港航道的交通管制要比对系泊区和锚地的交通管制更加全面、仔细与深入。

第二节　船舶安全保障

为了保障海上人命与财产安全,不但要求船舶是合格的,船员是适任的,还要求通航环境是良好的。所谓通航环境不但包括水文气象和地理条件等自然环境,还包括航道与航标条件,以及提供航行信息与交通管理状况等人工创造和保持的交通环境。《海上交通安全法》第五章(安全保障)对后者做出了若干规定。

一、禁止碍航设施与清除水下障碍物

《海上交通安全法》第二十二条规定:未经主管机关批准,不得在港区、锚地、航道、通航密集区以及主管机关公布的船路内设置、构筑设施或者进行其他有碍航行安全的活动。该法第二十条规定:在港区内使用岸线或者进行水上水下施工包括架空施工,必须附图报经主管机关审核同意。这些规定旨在为船舶的安全航行提供一个清爽畅通的可航水域环境。对在上述区域内擅自设置、构筑的设施,主管机关有权责令其所有人限期搬迁或拆除。

为了保证航道畅通和航行安全,改善通航条件,提高通航能力,充分发挥水运在国民经济中的作用,国务院曾于 1964 年发出加强航道管理和养护工作的指示,规定建筑设施不得破坏

通航条件，设置固定渔具捕鱼或进行水产养殖不得影响航行安全航行。1978 年国务院公布了《中华人民共和国航道管理条例》，对加强航道管理、改善通航条件、保证航道畅通和航行安全等做出了更加明确的规定。该条例授权交通部主管全国航道事业；该条例明确指出：航道和航道设施受国家保护，任何单位和个人均不得侵占或者破坏；交通部门应当加强对航道的养护，保证航道通畅；该条例还提出了“谁造成碍航谁恢复通航”的原则。此处的“航道”一词在该条例中被定义为指我国沿海、江河、湖泊、运河内船舶、排筏可以通航的水域。由此可见，国家充分认识到保持通航水域的清爽畅通对于船舶航行安全是至为重要的，并制定专门的行政立法以加强对通航水域的管理，以禁止在通航水域中设置、构筑妨碍航行安全的设施或进行有碍航行安全的其他活动。

通航水域中的水下碍航物往往成为引发触碰沉船事故的重大隐患，为了给航行船舶提供安全保障，《海上交通安全法》第四十条规定：对影响安全航行、航道整治以及有潜在爆炸危险的沉没物、漂浮物，其所有人、经营人应当在主管机关限定的时间内打捞清除；否则，主管机关有权采取措施强制打捞清除，其全部费用由沉没物、漂浮物的所有人、经营人承担。该法第二十六条又规定：设施的搬迁、拆除，沉船沉物的打捞清除，水下工程的善后处理，都不得遗留有碍航行和作业安全的隐患。在未妥善处理前，其所有人或经营人必须负责设置规定的标志，并将碍航物的名称、形状、尺寸、位置和深度准确地报告主管机关。这些规定要求清除水下障碍，也是为船舶安全航行创造一个清爽畅通的通航环境。

二、保持航标明显有效

航标是保障船舶在水上安全航行的重要助航设施。《海上交通安全法》为此做出三条规定。第二十三条规定：禁止损坏助航标志和导航设施；损坏助航标志或导航设施的，应当立即向主管机关报告，并承担赔偿责任。第二十五条规定：航标周围不得建造或设置影响其工作效能的障碍物。航标和航道附近有碍航行的灯光，应当妥善遮蔽。第三十条规定：为保障航行、停泊和作业的安全，有关部门应保持助航标志、导航设施明显有效。这些规定虽然在字面上要求航标充分发挥助航功能和禁止损坏和影响航标，但实质上是保护船舶，即为船舶安全航行提供保障。

涉及航标设置与管理的法规有：《航标条例》《沿海航标管理办法》《海区航标设置管理办法》《海区航标动态通报管理办法》《海区航标作业管理规则》等五十余件。

三、及时提供安全航行必需的信息

《海上交通安全法》第二十九条规定：主管机关按照国家规定，负责统一发布航行警告和航行通告。第三十条规定：为保障航行、停泊和作业的安全，有关部门应当保持通信联络畅通，及时提供海洋气象预报的必要的航海图书资料。这些规定说明，船舶航行安全保障之一是能及时获得安全航行所必需的各种信息。

1. 航行警告和航行通告

航行警告和航行通告是人们在长期的航海实践中总结的向船舶传达安全航行所需信息的一种形式，是一种公告。航海警（通）告发布机关将管辖水域内发生的或将要发生的可能影响航行安全的任何情况变化，用无线电或以书面形式，及时准确地向所有船舶广播和公告，使有关船舶能了解和掌握这些情况而采取适当的戒备和防范措施，以保证船舶的航行安全。

通常人们将无线电发布的公告称为航行警告,而将书面发布的称为航行通告。在我国,港(航)监督机构负责统一发布航行警告和航行通告。在国际上,IMO与国际水道组织共同努力,于1979年统一了世界各国的无线电航行警告的制度与做法,建立了世界无线电航行警告系统。

为了做好我国统一发布航行警告和航行通告的工作,交通部和部海事局下发了一系列现行有效的文件,主要有:《沿海无线电航行警告和航行通告的播发办法》(1984年);《海上航行警告和航行通告管理规定》(1993年);《发布海上航行警告和航行通告管理办法》(1993年);《关于无线电航行警告工作的通知》(1982年)等。在这些文件中,对我国发布航行警告和航行通告的海岸电台及其呼号、频率、播发时间、播发方法、负责的海区、需要发布航行警告的情况,受理发布航行警告的申请等做了明确具体的规定。

《海上交通安全法》第二十四条规定:船舶、设施发现助航标志或导航设施变异失常,有妨碍航行安全的障碍物漂流物及其他有碍航行安全的异常情况,应当迅速报告主管机关。这些规定是与发布航行警告和航行通告紧密相关的。

2. 船岸通信联络

船舶航行于海上时,特别是其远离海岸航行时,保持船岸之间的通信联络畅通无误,对于船舶航行安全是至为重要的。各船公司出于业务和安全管理的需要,始终要与航行或停泊于世界各地的本公司船舶保持通信联系。各国水上安全监督管理机关也从确保船舶航行安全的目的出发,制定各种有关船岸、船舶之间通信事宜的规定和标准。

目前,我国有关船舶安全通信的两个现行有效文件是1978年颁布的《船舶遇险紧急通信处置细则》和《船舶安全开航技术要求——通信和导航》。《船舶遇险紧急通信处置细则》是为确保船舶遇险紧急通信的畅通,在处理问题中各尽其责,迅速准确地传递信息而制定的。该细则认为,船舶遇险紧急通信的处理,是关系到船舶航行安全和海上人命安全的重大事项,必须切实做好。该细则对海岸电台、船舶电台、船长、海上安全指挥部(现改为海上搜救中心)和海事机构四方面的工作职能提出了具体要求。《船舶安全开航技术要求——通信与导航》是我国的一项国家技术标准,是船舶在开航前对通信与导航设备进行安全监督检查的技术要求和规则。该标准以《国际无线电规则》、SOLAS公约、STCW公约以及我国《海船无线电规范》和《海船航行设备规范》的有关规定为基础,对船舶应急通信设备、船舶救生艇无线电台及无线电示位标、船舶无线电通信设备(含VHF无线电话、卫星通信船站、气象传真机、航行警告接收机等)以及雷达、卫导、电测向仪、罗兰、电罗经等船用导航设备的技术要求做出了具体的规定。

随着卫星通信技术的不断发展,国际海事卫星系统于1982年开始工作,它能以电话、电报、电传、传真和数据传输等方式提供海上遇险、紧急和安全通信业务,成为一种大容量、高质量的新型海上通信,对保证船舶航行安全起了重大作用。在该系统基础上发展完善起来的全球海上遇险与安全系统(GMDSS)已于1992年开始工作,它使船舶不论在什么位置和时间遇到险情都能及时报警,并能在短时间内被岸基部门查明航位;它使船舶按标准格式自动发送海上遇险的有关信息,为船舶航行安全提供更可靠的保证。

3. 海洋气象预报

恶劣的气象条件和海况历来是对船舶安全的极大威胁,也是导致船舶翻沉事故的主要原因。目前，世界各沿海国家都通过无线电广播和电视节目定时传播海洋与气象台站发布的各种海洋气象与海况预报。海洋气象预报是否及时、准确关系到船舶能否及时采取适当的防范措施以避免发生海难事故。各播发航行警告航行通告的海岸电台也转播大风、台风警告和气象预报，这是远离海岸的船舶获得海洋气象预报的一个重要渠道，也是各海上安全监督管理机构的一项职责。海事卫星系统在向船舶传播海洋气象预报上发挥了重要作用。此外，气象导航服务亦是船舶获得海洋气象资料的一个途径。

SOLAS公约第Ⅴ章（航行安全）第四条规定：各缔约国政府承担义务，鼓励海上船舶收集气象资料，并保持用最适宜于助航目的的方式安排这些资料的审查、传播和交换；各缔约国政府尤其应承担义务，在向船舶发送各种气象预报资料上尽可能进行合作；供船舶用的预报、警报、天气形势和其他气象报告，应按有关缔约国政府间的共同协定，由各国国家气象机构在为不同区域或地区服务的最佳地点，进行发布和传播。该公约第Ⅴ章第五条还规定，各缔约国政府承担义务，担任北大西洋冰区巡逻研究与观测冰情服务，向船舶发布浮冰资料以防止撞船事故发生。因此，为保证船舶航行安全而提供海洋气象预报不仅是国内法规的要求，也是国际公约的要求。

4. 航海图书资料

航海图书资料是船舶能够从事海上航行的必备条件，也是安全航行的基本保证。因此，船舶配备必需的航海图书资料是构成船舶适航的重要条件之一，也是船舶安全监督检查的重要项目之一。SOLAS公约第Ⅴ章（航行安全）第二十条规定：所有船舶应备有为其计划航程所必需的足够和最新的海图、航路指南、灯塔表、航行通告、潮汐表以及一切其他航海资料。英美等主要海运国家主管机关都对在该国登记的船舶或在该国主权管辖水域航行的船舶所应配备的航海图书资料的种类、版本等有明确的行政法律规定。目前，我国尚未有此类规定。但各船公司都在其安全规章制度中有所规定，并由其海监室具体负责向船舶提供航海图书资料及监督各船做好航海图书资料的配备工作。

四、保持码头与系泊点处于良好状态

《海上交通安全法》第二十七条规定：港口码头、港外系泊点、装卸站和船闸，应当加强安全管理，保持良好状态。也就是说，码头和系泊点应能适合于船舶安全地靠离和系泊，船闸应能适合于船舶安全地进出与通过，装卸站也应能适合于船舶安全地进行装卸作业。这些港口系泊设施和航道船闸设施应由其所有人或经营人加以妥善管理。交通部及各港港口规章和水道规则中都对此有所规定。

五、消除对交通安全的危害

《海上交通安全法》第三十一条规定：船舶、设施发生事故，对交通安全造成或者可能造成危害时，主管机关有权采取必要的强制性处置措施，这也是安全保障措施之一。例如，船舶在港口水域中突然舵机失灵，就可能要租用拖船对其实行拖带，以防止船舶碰撞事故的发生；又如船舶在航道中搁浅，则要采取强制性措施卸载拖离，以防止堵塞航道，以便于其他船舶安全进出港口等。《海上交通安全法》第十八条规定：主管机关认为船舶对港口安全具有威胁时，有权禁止其进港或令其离港。该法第十九条规定，主管机关发现船舶、设施处于不适航或不适拖状态，或者妨害或可能妨害海上交通安全的情况，则有权禁止其离港或令其停航、改航、停止作业。这些规定实际上也是为船舶、设施航行、停泊和作业提供安全保障。

六、危险通报

为保证船舶航行安全,除船舶管理机构所从事的工作外,SOLAS 公约第Ⅴ章(航行安全)还对海上航行的每艘船的船长设定了进行危险通报的义务。

(一)危险通报的适用

SOLAS 公约第Ⅴ章第二条规定,每艘船舶的船长如遇到下列情况时均有责任采取一切措施将该情况通知附近各航区能与之通信的最近岸上主管当局:(1)遇到危险的冰、危险的漂浮物,或其他任何对航行的直接危险;(2)热带风暴;(3)遇到伴随强风的低于冰点的气温致使上层建筑严重积聚冰块;(4)未曾收到暴风警报而遇到蒲福风级 10 级或 10 级以上的风力时。

(二)危险通报的内容

根据 SOLAS 公约第Ⅴ章第三条的规定,危险通报内容包括下列情报:

1. 冰、漂浮物及其他对航行的直接危险

(1)所观测到的冰、漂浮物或航行危险的种类;

(2)最后所观测到的冰、漂浮物或航行危险的位置;

(3)最后所观测到的航行危险的时刻和日期(格林尼治时间)。

2. 热带风暴(西印度群岛的飓风、中国海的台风、印度海面的旋风及其他地区类似的风暴)

对于该种通报,每当船长有充分理由认为在他附近正在发展或存在的热带风暴时,即须发送。

(1)观测时的时刻、日期(格林尼治时间)和船舶的位置;

(2)在通报内必须尽可能包括下列情报:气压(注明其为毫巴、毫米或英寸,以及是否已经修正);气压趋势(过去 3 小时内气压的变化);真风向、风力(蒲福风级);浪级(小浪、中浪、大浪、狂浪)、涌级(小、中、强)及其传来的真方向(如可能涌浪的周期和长度亦是有价值的);船的真航向及速度。

3. 继续观测

船长报告热带或其他危险的风暴后,在该船仍受风影响的时间内,虽无义务约束,如属可能仍可每小时做进一步的观测和通报,但无论如何每隔不超过 3 小时应进行一次。

4. 当未收到风暴警报风力已达 10 级及以上时

当遇到这种风暴时,通报中须包括遇到热带风暴时的同样情报,但不包括有关浪和涌的内容。

5. 伴随强风的低于冰点和气温致使上层建筑严重积冰

时刻和日期(格林尼治时间);气温;海水温度(如可能时);风力和风向。

第三节　船舶引航

引航，是指引导、带领与指挥船舶安全顺利地航行。引航是确保船舶安全顺利地进出港口和通过复杂水道的安全保障措施之一。对外国籍船舶实行强制引航，则以维护国家主权为主要目的，保障安全为次要目的。在《引航员管理办法》中，定义为：引航是指持有有效适任证书的引航员，在引航机构的指派下，从事的引领相应船舶航行、靠泊、离泊、移泊、锚泊等活动。

一、强制引航

对外国籍船舶进出本国港口水域和内陆水道实行强制引航，是世界各国的普遍做法，成为一项众所周知的航运惯例。我国《海上交通安全法》第十三条规定：外国籍船舶进出中华人民共和国港口或者在港内航行、移泊以及靠离港外系泊点、装卸站等，必须由主管机关指派引航员引航。我国《对外国籍船舶管理规则》第四条规定：船舶进出港口或在港内航行、移泊，必须由港务监督指派引航员引航。有关引航的具体事项应按照中华人民共和国交通部颁发的《海港引航工作规定》办理。我国《外国籍船舶航行长江水域管理规定》第八条规定：船舶在长江水域及其港口航行或移泊，必须向中华人民共和国长江港口港务监督申请指派引航员引航。这些规定是我国对外国籍船舶实行强制引航的法律依据。

二、船舶引航行政管理体制

交通运输部主管全国引航员管理工作。中华人民共和国海事局依照本办法负责统一实施全国引航员管理工作。负责管理中央管辖水域的海事管理机构和负责管理其他水域的地方海事管理机构（以下统称海事管理机构），具体负责引航员管理工作。

依据《船员条例》《引航员管理办法》，国务院于 2014 年 8 月 12 日发布《国务院关于取消和调整一批行政审批项目等事项的决定》（国发〔2014〕27 号），将引航员任职资格审批的行政审批权力由交通运输部下放至直属海事系统分支机构。2016 年 2 月 19 日国务院发布《国务院关于第二批取消 152 项中央指定地方实施行政审批事项的决定》国发〔2016〕9 号取消了引航员任职资格审批的行政审批事项。

三、引航机构的设置

引航具有公益服务和专业技术有偿服务属性，在维护国家主权和保障港航安全方面具有特殊作用。根据《港口法》的规定和《国务院办公厅转发交通部等部门关于深化中央直属和双重领导港口管理体制改革意见的通知》（国办发〔2001〕91 号）精神，引航机构为事业单位，沿海按“一个港口一个引航机构”设置，为进出全港所有码头的船舶提供引航服务，保持全国引航管理体制的统一性和完整性。引航机构名称定为“某某港引航站（中心）”，各港根据实际需要在引航站（中心）下面可以设置若干引航分支机构。长江干线设一个引航机构并由长江海事局管理，长江干线引航管理由长江航务管理局负责。

引航机构内部机构设置和人员配备应符合《引航机构人员配备要求》（JT/T 949—2014）

的相关要求，坚持高效、精干、统一的原则，严格控制非引航员岗位编制。引航员根据各港口生产的实际需要和《船舶引航管理规定》的资质要求实行聘用制。

四、引航员管理

最新的《引航员管理规定》是根据2013年12月24日交通运输部《关于修改“引航员注册和任职资格管理办法”的决定》修订的。其主要内容如下。

(一)引航员的分类、分级、引领船舶权限

引航员，是指取得引航员任职资格并受聘于引航机构的人员，包括一级引航员、二级引航员、三级引航员，分为海港与内河两个系列。

海港引航员的引领范围是沿海港口及附近水域；内河引航员的引领范围是内河港口和航线。

引航员按如下规定权限引领船舶：

(1)海港、内河一级引航员可以在各自的引领范围内引领任何船舶；

(2)海港二级引航员可以引领总长小于250米的船舶，内河二级引航员可以引领总长小于200米的船舶；但是总长等于或者大于180米的客船除外；

(3)海港三级引航员可以引领总长小于180米的船舶，内河三级引航员可以引领总长小于150米的船舶；但是客船和载运散装一级危险货物的船舶除外。

交通运输部直属海事管理机构或者省级交通主管部门所属的海事管理机构可以根据本辖区港口、航道、通航环境、特定类型船舶的实际情况以及引航员的任职年限等因素，在上述范围内制定各类别、等级引航员引领的船舶种类和尺度的具体规定。超出上述规定的引领船舶种类和尺度的，应当报经中华人民共和国海事局批准。

引航员应当依照规定取得引航员适任证书后，才可以引领相应种类和长度的船舶。

(二)申请各级引航员适任证书符合的条件、递交的材料

(1)申请一、二、三级引航员适任证书，应当符合下列条件：

①持有船员服务簿；

②符合船舶驾驶员体检要求；

③经过相应的适任培训，并通过相应的考试和评估；

④具有规定的水上服务资历和良好的安全记录。

(2)申请引航员适任证书，应当向海事管理机构提出，并提交下列材料：①引航员适任证书申请；②船员服务簿；③最近12个月内的船员体格检查表；④近期直边正面5厘米免冠白底彩色照片2张；⑤引航员适任考试、评估成绩单。

(三)发证、证书内容及有效期

(1)发证及拒发证：海事管理机构应当自受理申请之日起20日内，做出行政许可决定。对于符合规定的，应当签发相应类别、等级和引领范围的引航员适任证书；不符合规定的，不予签发引航员适任证书，退回申请材料并书面说明理由。

(2)引航员适任证书应当载明内容：适任证书编号；持证人的姓名、出生日期、出生地点、持证人签名；适用范围：类别、等级、引领范围；签发机关名称和签发官员署名；签发日期和有效期截止日期。

(3)证书有效期:引航员适任证书有效期不超过5年,有效期截止日期不超过持证人65周岁生日。

同时,《引航员管理规定》对引航员培训、考试和评估,监督管理,法律责任,用语进行了定义。

世界上有些国家对某些船舶可以免除强制引航,比较常见的可以免除强制引航的船舶包括军事舰艇;不超过规定吨位的船舶、港内专用船舶或拖船、港口当局公务船、游艇、小于一定长度的渔船等。我国对免除强制引航未做明文规定,在实际工作中按照上级指示进行个案处理。

五、非强制引航

各国对本国船舶一般不实行强制引航,但是对于某些船舶进入某些水域可能出于保证安全考虑而强制引航,但这种强制引航在性质上与对外国籍船舶实行的强制引航不一样。

六、船舶引航管理

为规范船舶引航活动,维护国家主权,保障水上人命财产安全,适应水上运输和港口生产的需要,于2002年1月1日实施了《船舶引航管理规定》。

(一)引航申请与实施

1. 引航申请

申请引航的船舶或者其代理人应当向相应的引航机构提交引航申请。船舶不得直接聘请引航员或者非引航员登船引航。

船舶进、出港或移泊的引航申请和变更,应当按市级地方人民政府港口主管部门规定的时间向引航机构提出。申请引航的船舶或者其代理人应当向引航机构提供被引航船舶的下列资料:(1)船公司、船名(包括中、英文名)、国籍、船舶呼号;(2)船舶的种类、总长度、宽度、吃水、水面以上最大高度、载重吨、总吨、净吨、主机及侧推器的种类、功率和航速;(3)装载货物种类、数量;(4)预计抵、离港或者移泊的时间和地点;(5)在内河干线航行的船队,还应当提供拖带的方式和队形;(6)其他需说明的事项。

2. 引航的实施

引航机构在接到船舶引航申请后,应当及时安排持有有效证书的引航员登船引航,并将引航方案通知申请人。引航机构应当满足船舶提出的正当引航要求,及时为船舶提供引航服务,不得无故拒绝或者拖延。对特殊引航作业船舶的引航,引航机构应当制订引航方案,报市级地方人民政府港口主管部门和海事管理机构批准后实施。引航机构应当根据船舶状况和通航条件,制定合理的拖船使用方法。被引航船舶应当根据引航机构提供的拖船使用方法的要求安排拖船或者委托引航机构安排拖船,并承担相应的费用。

引航员登船后,应当向被引船舶的船长介绍引航方案;被引船舶的船长应当向引航员介绍本船的操纵性能以及其他与引航业务有关的情况。在一次连续的引航中,同时有两名或两名以上的引航员在船时,引航机构必须指定其中一人为本次引航的责任引航员。

引航员上船引领时,被引船舶应当在其主桅悬挂引航旗。任何船舶不得在非引领时悬挂引航旗。引航员应当谨慎引航,按规定向海事管理机构及时报告被引船舶动态。引航员发现海损事故、污染事故或违章行为时，应当及时向海事管理机构报告。

引航员在遇到下列情况之一时，有权拒绝、暂停或者终止引航，并及时向海事管理机构报告：(1)恶劣的气象、海况；(2)被引船舶不适航；(3)没有足够的水深；(4)被引船舶的引航梯和照明不符合安全规定；(5)引航员身体不适，不能继续引领船舶；(6)其他不适于引航的原因。引航员在做出上述决定之前，应当明确地告知被引船舶的船长，并对被引船舶当时的安全做出妥善安排，包括将船舶引领至安全和不妨碍其他船舶正常航行、停泊或者作业的地点。

在引航过程中被引船舶发生水上安全交通事故，引航员应当按事故调查报告相关规定办理。

使用拖船引航，拖船应当服从引航员的指挥，并保持与引航员通信联系良好。引航员应当注意拖船的安全。

船舶接受引航服务，被引船舶的船长应当遵守下列规定：

(1)按照《1974 年国际海上人命安全公约》的规定，为引航员提供方便、安全的登离船设备，并采取必要的措施确保引航员安全登离船舶；

(2)为引航员提供工作便利，并配合引航员实施引航；

(3)回答引航员有关引航的疑问，除有危及船舶安全的情况外，应当采纳引航员的引航指令；

(4)在离开驾驶台时，指定代职驾驶员并告知引航员，并尽快返回；

(5)船长发现引航员的引航指令可能对船舶安全构成威胁时，可以要求引航员更改引航指令，必要时还可要求引航机构更换引航员，并及时向海事管理机构报告。

引航员应当将被引船舶从规定的引航起始地点引抵规定的引航目的地。引航员离船时应当向船长或者接替的引航员交接清楚，在双方确认安全的情况下方可离船。因恶劣的天气或者海况，引航员不能离开船舶时，船长应当做出合理的等待，或者将船舶驶抵能使引航员安全离开船舶的地点，并负责支付因此造成的相关费用，但事先应当征得海事管理机构的同意。

引航机构、船舶、拖船，均应当配备必要的通信设备或者器材，以便及时与引航员保持联系。

港口企业对被引船舶靠、离泊，应当做好下列工作：

(1)泊位的靠泊等级必须符合被靠船舶相应等级，泊位防护设施完好；

(2)确保泊位有足够的水深，水下无障碍物；

(3)泊位有效长度应当至少为被引船舶总长的 120%；被引船舶总长度小于 100 米的，泊位长度应大于被引船舶总长的 20 米；

(4)被引船舶靠离泊半小时前，应当按照引航员的要求将有碍船舶靠离泊的装卸机械、货物和其他设施移至安全处所并清理就绪；

(5)指泊员在被引船舶靠、离泊半小时前应当到达现场，与引航员保持密切联系，并按规定正确显示泊位信号，备妥碰垫物；

(6)被引船舶夜间靠、离泊，码头应当具备足够的照明；

(7)泊位靠泊条件临时发生变化，必须立即告知引航员。

引航结束时船长和引航员应当准确填写引航签证单。被引船舶或者其代理人应当按规定支付引航费。

第四节 船舶应变与演习

一、概述

为了保证安全,国际社会制定了 SOLAS 公约、MARPOL 73/78 公约、LL 公约等。对于众多的船舶,尽管其构造和布置符合规范,船舶及其全体人员遵守有关安全的规定,但海上事故仍会以小概率出现。可见,事故能被减少,但不能被完全消灭。因此,船舶应变就成为事故正在发生或继续发生时的对抗手段,以尽可能保证船舶和人命安全和最大限度地减少对海洋环境的污染。

在船舶应变中,一方面要求船舶必须具备能进行应变的基本物质条件,即构造和布置。船舶构造必须符合造船规范中的强度、抗沉性、破舱稳性、防火分隔和材料等方面的要求;船舶的布置必须符合造船规范和有关国际公约中的救生、消防、通信和其他应急系统和设备要求;另一方面要求配备合格的、足够数量的人员,而且这些人员能各司其职,熟练地操作有关设备,从而实现分工合作,最大限度地减少事故的损失。因此,就船舶应变而言,它是一个典型的人机系统的表现形式。为了规范船舶应变,SOLAS 公约对于船舶应变的计划、演习等方面提出了要求。

二、船舶应变的分类

船舶应变根据不同情况有不同的分类方法。

(1)我国习惯的分类有:救生(含弃船求生和救助人落水)、消防、堵漏、油污应急和综合应变。

(2)有关国际公约将应变分为:船损控制、消防、救生和油污应急。

我国的分类实际上与 SOLAS 公约中的分类相同,只是我国的分类多了一种综合应变。综合应变指除上述三种以外的应变,如战区应变、防海盗等,该种应变和油污应急在本教材中不做详细的论述。

三、船舶应变部署表与应急程序

应变部署表是船舶进行应急时的计划和对船员及有关人员等的指导,其内容应全面和具体,反映出船舶在应急时的各个细节。根据 SOLAS 1974 公约第Ⅲ章第二十五条,以及 1983 年修正案第Ⅲ章 B 部分(船舶要求)第八条、第五十条及第五十三条,对应变部署表的内容进行了规定,其要求:

(1)应变部署表应写明通用紧急报警信号的细则,并应规定发出报警时船员和旅客必须采取的行动。应变部署表应写明弃船命令将如何发出。

(2)应变部署表应指明分派给各种船员的任务,包括:①船上水密门、阀门的关闭及排水孔、船舷小窗、天窗、舷窗、防火门和其他类似开口的关闭;②救生艇及其他救生设备的装备;③救生艇的准备工作及降落;④其他救生设备的一般准备工作;⑤旅客的集合;⑥通信设备的用法;⑦指定处理火灾的消防队人员的配备;⑧指定有关使用消防设备及装置方面的专门任务。

(3)应变部署表应指明哪些驾驶员负责维护救生和消防设备使其处于良好状态,并立即可用。

(4)应变部署表应指明关键人员受伤后的替换者,要考虑不同应变情况下要求不同的行动。

(5)应变部署表应指明在应变时,指定给船员和与旅客有关的各项任务。这些任务应包括:①向旅客告警;②查看旅客是否适当地穿好衣服以及是否正确地穿好救生衣;③召集旅客于各集合地点;④维持通道及梯道上的秩序并一般地控制旅客的动向;⑤保证把毛毯送到救生艇筏上。

(6)应变部署表应在船舶开航以前制定完毕。在应变部署表制定后,如船员有所变动而必须更改应变部署表时,船长应修订该表,或者制定新表。

(7)每艘客船的应变部署表须采用主管机关认可的格式。

(8)船上每个人员应配备一份在紧急情况应变时必须遵循的明确的须知。

(9)船舶应变部署表应展示在全船各明显之处,包括驾驶室、机舱和各船员起居处所。用适当文字书写的图解和应变须知应张贴在旅客舱室明显处,在集合地点及其他旅客处所明显地展示出来,告知旅客:①集合地点;②应变时必须采取的必要行动;③救生衣的穿着方法。

四、船舶应变演习

船舶应变演习是使船员或船上有关人员熟悉或熟练掌握应变基本技术的重要途径,是在真正应急时减少损失的重要保障。根据《国际海上人命安全公约》的要求,船舶应变演习在设备保证、制定船舶应变部署表的前提下进行,还应编制训练手册。

(一)训练手册

船上应变演习手册可分成若干分册,此手册应包括关于船上所配备的救生设备和最佳救生方法的须知和资料,用易懂的措辞(凡有可能者,加以图解)进行说明。这些资料的任意部分都可以用视听辅助教材来代替。手册应对下列各项详加解释:

(1)救生衣与救生服的穿着法(如果适用);

(2)集合的指定地点;

(3)救生艇筏和救助艇的登乘、降落和离开;

(4)在救生艇内降落的方法;

(5)从降落设备上脱开;

(6)降落区域内防护方法与防护设备的用法(如果适用);

(7)降落区域的照明;

(8)一切救生属具的用法;

(9)一切探测装备的用法;

(10)(用图解说明)无线电救生设备的用法;

(11)海锚的用法;

(12)发动机及辅助设备的用法;

(13)救生艇筏和救助艇的回收(包括存放与制牢);

(14)暴露的危险和穿戴保暖衣物的必要性;

(15)救生艇筏设备的最佳用法;

(16)求生的方法,包括直升机救助装置(吊绳、吊篮和吊担架)、连裤救生衣、海岸救生工具和船舶抛绳设备的用法;

(17)应变部署表与应变须知所列出的所有其他职责;

(18)救生设备应急修理须知。

(二)应变训练与演习

根据《国际海上人命安全公约》的规定,船舶应变演习与训练应做好以下工作:

1. 训练手册

每间船员餐室及文娱室或每间船员住室应配有一份符合要求的训练手册。

2. 集合演习与操练

(1)每个船员每月应至少参加各一次弃船和消防演习。若有25%以上的船员未参加该特定船上个月的弃船和消防演习,应在该船离港后24小时内举行该两项演习。如果某类船舶这样做是不可行的,主管机关可同意该船有相当的其他安排。

(2)在从事非短程国际航行的客船上,应在旅客上船后24小时内举行旅客集合演习,应向旅客讲授救生衣的穿戴方法和应变时采取的行动。如在已举行过应变演习后,有少数旅客在港口上船,则应提醒这些旅客注意有关的应变须知,但不必再进行一次集合演习。

(3)在从事短程国际航行的船舶上,如在离港后不举行旅客集合演习者,则应提醒旅客注意有关应变须知。

(4)每次弃船演习应包括:①使用规定的报警系统,召集旅客和船员至集合地点,并确保他们了解应变部署表中所规定的弃船命令;②向集合地点汇报,并准备执行应变部署表所述的任务;③查看旅客和船员穿着是否合适;④查看旅客和船员是否正确地穿好救生衣;⑤在完成必要的降落准备工作后,至少降落一艘救生艇;⑥起动并运转救生收录机;⑦运转降落救生筏所用的吊筏架。

(5)不同的救生艇应在可行的范围内,在完成必要的降落准备工作后,在逐次演习中降下。

(6)演习应尽可能按实际应变情况进行。

(7)每只救生艇应在每3个月至少一次的弃船演习中乘载经指定的操作船员降落下水并在水上进行操纵。对于从事短程国际航行的船舶,如果由于港口泊位的安排和营运格局不允许这些救生艇在某一舷降落下水,主管机关可准许救生艇不在该舷降落下水。但无论如何,所有这些救生艇应至少3个月下降一次,并每年至少降落下水一次。

(8)除兼作救助艇的救生艇外,救助艇应在合理和可行的范围内,每个月乘载经指定的船员下水并在水上进行操纵。在一切情况下,应至少每3个月按此要求进行一次。

(9)如救生艇与救助艇的降落下水演习是在船舶前进航行中进行,考虑到演习可能会带来危险,该项演习仅应在有遮蔽水域并在有此项演习经验的驾驶员监督下进行。

(10)在每次弃船演习时,应试验集合与弃船所用的应急照明系统。

3. 船上训练与授课

(1)应尽可能快且不迟于船员上船后两星期内,进行船舶救生设备(包括救生艇筏属具)

用法的船上训练。但无论如何,如船员是定期安排轮流派上船者,应在不迟于第一次上船后两星期内,进行此项训练。

(2)应进行船舶救生设备的用法和海上救生须知方面的课程,其间隔期与演习间隔期相同。每一课程内容可以是关于船舶救生设备系统中各个不同的部分,而每2个月一期的课程内容应包括全部船舶救生属具设备。每个船员均应听课,课程应包括但不必仅限于:①船舶气胀式救生筏的操作与使用;②低温保护问题,低温急救护理和其他合适的急救程序;③在恶劣气候和恶劣海况中,使用船舶救生设备所需要的其他专门课程。

(3)在每艘装设吊架降落救生筏的船舶上,应在不超过4个月的间隔期内,举行此项设备用法的船上训练。每当可行时,此项训练应包括充气与降下救生筏。救生筏可以是训练专用救生筏,而不是船舶救生设备的组成部分;训练专用救生筏应加显著标记。

4. 记录

举行应变演习的日期、弃船演习与消防演习的细节、其他救生设备演习以及船上训练应记录于主管机关可能规定的航海日志内。若在指定时间未举行全部应变集合、演习或训练项目时,则应在航海日志内记述其原因和已举行的集合、演习或训练项目的范围。

第八章 船舶安全营运与防止污染管理

第一节 船舶安全营运与防止污染管理概述

当今世界海上事故不断发生且数量呈上升趋势,其中 80%以上的事故与人为因素有关,这些严峻的现实引起了国际海运界的普遍高度关注。广泛深入的分析研究认为,形成这一局面的根本原因在于船旗国特别是负责船舶营运的公司没有严格履行国际公约中规定的有关保障海上安全和防止污染的职责。为了促进履约,减少由于人为因素导致的海上事故数量,IMO于 1993 年 11 月 4 日在第十八届大会上以大会 A. 741(18)号决议通过了 ISM 规则,并号召各国家在自愿基础上推进该规则的实施。

1994 年 6 月,SOLAS 1974 公约缔约国大会通过了该公约新增加的第Ⅸ章"船舶安全营运管理",使 ISM 规则于 1998 年 7 月 1 日起对客船、高速艇和 500 总吨及以上油船、化学品船、气体运输船、散货船强制实施,于 2002 年 7 月 1 日起对 500 总吨及以上的其他货船和移动式近海钻井装置强制实施。

IMO 几十年来制定和实施了一系列海上安全和防止污染国际公约、规则、标准和决议,对促进海上安全和防治污染起到了重要作用。但是,ISM 规则与 IMO 以往制定的强制文件明显不同。以前的强制文件都是针对船舶、船舶设备和船员的技术要求或标准做出的,而 ISM 规则则要求负责船舶营运的公司和其所营运的船舶建立起一套科学、系统和程序化的安全管理体系,并要求船旗国主管机关或其认可的机构对公司和船舶的安全管理体系进行审核和发证。从性质上区分,前者属于或偏重于"硬件"管理;后者则属于"软件"管理,主要对公司涉及船舶安全和防止污染管理的船岸人员的责任、权力和各种工作程序提出要求。

船舶安全监督管理规则是港口国监督的直接结果,其最终的目的是对船舶遵守有关国际公约的规定进行全面监督。

一、ISM 规则的基本内容

根据现行的 ISM 规则,主要内容包括三部分:前言、A 部分、B 部分。

ISM 规则的前言部分介绍了规则制定的目的、规则在制定中所采用的大会相关决议的原则,以及在规则制定中考虑到不同航运公司或船舶所有人的情况不同,因此规则仅给出了一般原则和目标。同时强调了航运公司不同级别人员的责任心、能力、态度等对安全管理和防止污染的重要性,特别是强调了公司管理高层人员的保证是安全管理的基础。

1. ISM 规则“A 部分”

ISM 规则“A 部分”为“实施”,共包括十二部分。

第一部分:总则。为了明确规则的各项规定,首先对规则中所使用的术语进行了定义。规则中所指的 ISM 规则系指由 IMO 大会通过的,并可由该组织予以修正的 ISM 规则。“公司”是指船舶所有人或已承担船舶所有人的船舶营运责任并在承担此种责任时同意承担本规则规定的所有责任和义务的任何机构或个人,如管理人或光船承租人。“主管机关”是指船旗国政府。规定了规则要达到的目标与适用范围,以及对安全管理体系(以下简称“SMS”)的功能要求。

第二部分:安全和环境保护方针。

第三部分:公司的责任和权力。

第四部分:指定人员。

第五部分:船长的责任和权力。

第六部分:资源和人员。

第七部分:船上操作方案的制定。

第八部分:应急准备。

第九部分:对不符合规定的情况、事故和险情的报告和分析。

第十部分:船舶和设备的维护。

第十一部分:文件。

第十二部分:公司审核、复查和评价。

2. ISM 规则“B 部分”

ISM 规则“B 部分”为“发证和审核”,包括四部分。

第一部分:发证与定期审核;第二部分:临时发证;第三部分:审核;第四部分:证书的样式。

二、安全管理体系

根据 ISM 规则的规定,我们可以给船舶安全管理体系下一个定义:SMS 是指由船舶所有人或已承担船舶所有人的船舶营运责任并在承担此种责任时同意承担本规则规定的所有责任和义务的任何机构或个人,如管理人或光船承租人,为保证海上安全、防止人员伤亡、避免对环境特别是海洋环境造成危害以及对财产造成损失,制定的符合强制性规定及规则且能使公司人员有效实施公司安全和防污方针的结构化和文件化的体系。

根据 ISM 规则的规定,该体系的功能、要求和目标是:

1. 安全管理体系的功能

(1)安全和环境保护方针;

(2)确保船舶的安全营运和环境保护符合有关的国际和船旗国立法的指令和程序;

(3)船、岸人员的权限和相互间的联系渠道;

(4)事故和不符合本规则规定的情况的报告程序;

(5)对紧急情况的准备和反应程序;

(6)内部评审和管理复查程序。

2. 安全管理体系的要求

(1)符合强制性规定及规则;

(2)对 IMO、主管机关、船级社和海运行业组织所建议的适用的规则、指南和标准予以考虑。

3. 公司安全管理体系的目标

(1)提供船舶营运的安全做法和安全工作环境;

(2)针对已认定的所有风险,制定防范措施;

(3)不断提高岸上及船上人员的安全管理技能,包括安全及环境保护方面的应急准备。

三、船公司的责任和权力

船公司应制定正确的安全和环境保护方针。方针应说明实现 SMS 的目标、符合有关强制性规定的方法,公司应当保证船岸各级机构均能执行和保持此方针。

四、船、岸人员

作为安全管理体系的重要组成部分,ISM 规则强调了人在安全管理体系中的重要性。它为船、岸人员在安全管理体系中的作用及其权利和义务做出了规定。

1. 船上人员

(1)公司应当保证根据本国和国际有关规定,为每艘船舶配备合格、持证并健康的船员。

(2)公司应当建立有关程序,使船上人员借此能够获得以一种工作语言或他们懂得的其他语言书写的有关安全管理体系的信息。

(3)公司应保证船上人员在履行其涉及 SMS 的职责时能够有效地交流。

(4)公司应当保证与其 SMS 有关的船上人员对有关规定、规则和指南有充分的理解。

(5)公司应当建立并保持有关程序,以保证进行为实施 SMS 所需要的培训,并保证向所有相关人员提供这种培训。

(6)船长的责任和权力。船长在船舶安全营运和安全管理体系中占有十分重要的地位,船公司应当保证船长具有适当的指挥资格;完全熟悉公司的安全管理体系以及在需要时得到必要的支持,以便可靠地履行其职责。

船公司应保证在船上实施的 SMS 中包含一个强调船长权力的明确声明。公司应在 SMS 中确立船长的绝对权力和责任,以便做出关于安全和防止污染事务的决定并在必要时要求公司给予协助。公司应以文件形式明确船长的下列责任:①执行公司的安全和环境保护方针;②激励船员遵守该方针;③以简明方式发布相应的命令和指令;④核查具体要求的遵守情况;⑤复查 SMS 并向岸上管理部门报告其不足之处。

2. 岸上人员

(1)船公司首先应明确指定从事安全和防止污染管理和审核工作的所有人员,并以文件的形式规定其责任、权力及相互关系。

(2)被指定的人员应享有履行其职责的足够的人力、物力和财力。

(3)为保证各船的安全营运和提供公司与船上之间的联系渠道,公司应当根据情况指定一名或数名能直接同最高管理层联系的岸上人员。被指定人员对各船的安全营运和防止污染方面进行监控,并确保按需要提供足够的资源和人力支持。

(4)公司应当建立有关程序,以便保证涉及安全和环境保护工作的新聘人员和调至该位置人员适当熟悉其职责。凡需在开航前做出的指令均应标明并以文件形式下达。

(5)公司应当保证与其安全管理体系有关的所有人员对有关规定、规则和指南有充分的理解。

(6)公司应当建立并保持有关程序,以便标明为支持安全管理体系所需要的任何培训,并保证向所有相关人员提供这种培训。

五、船舶应急和船上操作

对涉及船舶安全和防止污染的关键性操作,船员若能够正确及时地操作,对于船舶防止污染及保证船舶安全是十分重要的,为保证这种操作的正确性和及时性,ISM 规则要求船公司应建立和制定有关方案的操作程序和操作须知,并将与之有关的各项工作明确地分配给适任的人员。

船舶应急一直是船舶保证人命安全和防止海洋环境污染的重要组成部分,因此有关的国际公约给予了高度重视。ISM 规则为了保证船舶应急操作的及时和正确,规定:对船上可能出现的紧急情况,船公司应当建立标明、阐述和反应的程序;船公司应当制订应急行动的训练和演习计划;确保公司有关机构能在任何时候对涉及船舶危险、事故和紧急情况做出反应。

六、船舶和设备的维护

在海上交通安全系统中,船舶状况会对事故的发生产生重要影响,并且有关的公约要求船舶所有人保证船舶及其设备的有效性,使其适用。为了让船舶所有人履行公约设定的义务,规则规定:船公司应当建立有关程序,以保证船舶按照有关规定、规则以及公司制定的任何附加要求对船舶进行维护。为保证船舶处于良好状态,要求船公司应按照适当的间隔期对船舶进行检查;报告已知的不符合规定的情况并附可能的原因;采取适当的纠正措施并保存有关活动的记录。

除对船舶和设备进行有效的维修保养外,规则还要求船公司在安全管理体系中,标明哪些设备会因突发性运行故障而导致险情,并应提供旨在提高这些设备和系统可靠性的具体措施。措施中还应包括对备用设备或装置进行定期测试。

七、安全管理体系的发证、审核和监督

船公司建立的安全管理体系应符合 ISM 规则的规定。对于符合规定的安全管理体系,经过主管机关或主管机关认可的机构或公司选定从事营运活动的国家的政府代表主管机关的审核,签发给"符合证明"。该证明应当被视为该公司能够符合本规则有关要求的证据。

当公司持有这样的"符合证明"后才准予从事船舶的营运。主管机关或主管机关认可的机构应向船舶签发"安全管理证书"。在签发该证书时,主管机关应审核该公司及其船上的管理是否按照经认可的 SMS 进行运作。

为了保证该 SMS 的有效性,规则要求船公司应当开展内部安全评审,以便审核安全及防止污染活动是否符合 SMS 的要求;定期评价 SMS 的有效性,必要时还应当根据公司建立的有

关程序对安全管理体系进行复查；负有责任的管理人员应当对所发现的缺陷及时采取纠正措施。主管机关或主管机关认可的机构应当定期审核认可的船舶的SMS是否正常运作。

另外，ISM规则对不符合规定的情况、事故和险情的报告和分析有关文件等做出了规定。

第二节　安全管理体系

SMS是建立在船舶严格遵守有关国际公约、规则、标准及适当考虑有关组织建议案的基础之上的。根据ISM规则的要求，所谓SMS是指在船公司遵守有关规定的基础上，在船上和岸上建立标准化的操作程序以及为保证其有效地从人力、物力和财力上给予充分保障的体系。根据IMO的建议，SMS可能包括下列内容：拟定正式的公司安全和环境保护方针；确定各级人员的责任和权力以及船岸人员间的联络渠道；确定特殊操作和关键操作，并制定有关防止事故和应急反应的须知；制订岸上和船上的应急计划；制订日常维护计划；制定对事故、险情和不符合规定情况的报告程序；制定内部评审的复查程序；制定文件控制程序。

一、明确公司安全管理的目标、功能要求和方针

ISM规则明确规定了公司安全管理体系的目标、功能和方针，这些都是安全管理体系必须达到或实现的，因此，这一体系必须明确。同时还应说明如何实现这一目标、功能和方针。

二、人员

SMS中的人员包括岸上人员和船上人员。所有的人员必须对公司制定的目标方针有足够的了解，以实现SMS的目的。对船上的人员首先应保证船长及船员适任和配员符合要求，以文件的形式明确船长的权力和义务；对于岸上人员，船公司应指定一名或数名人员负责船舶的安全营运，并能直接同最高层管理人员联系，该类人员在需要时，应拥有足够的人力和物力的指挥权和调配权，为实现公司安全管理体系，应编制相应的培训、熟悉教育体系。

三、船上各种操作及应急计划

为规范船上的各种操作和避免事故发生，在SMS中，船公司应根据有关的规定拟定各种标准化操作程序。制定的标准化操作程序可能包括下列特殊操作和关键操作程序（但不限于下列各种操作）。

（一）特殊的船上操作

（1）保证水密完整性的操作；

（2）航行安全，包括改正海图和有关出版物；

（3）影响设备（如舵机）及其有关的备用机器可靠性的操作；

（4）维护操作；

（5）加油操作及港内驳油作业；

（6）集装箱、货物及其他物品的紧固；

（7）船舶保安、暴力和海盗行为。

(二) 船上关键的操作

船上关键操作一般指如操作错误会立刻导致危及人员、环境或船舶的事故或情况的操作。一般可包括下列操作:①在限制水域或交通密集区域航行;②在接近陆地水域或交通密集水域会造成突然失去操纵能力的操作;③视线不良条件下航行;④气象恶劣条件下航行;⑤危险货物和有毒有害物质的装卸和积载;⑥海上加油和驳油;⑦气体运输船、化学品船和油船的货物操作;⑧关键性机器操作。

(三)各种应急计划

在 SMS 中,应对船上可能出现的各种紧急情况制定或建立反应程序,以确保船舶及岸上有关机构能在任何时候对船舶所面临的危险、事故和紧急局面做出反应,以及为了确保制订的各种应急计划能够发挥应有的作用,公司应制订应急行动的训练和演习计划。船上的应急计划和岸上的应急计划应合理地结为一体,以保证双方在紧急情况下能够协调行动。

岸上应急计划可包括: ①各种应急计划的人员组成和其职责;②公司有关应急反应的动员程序(可包括建立一支应急反应队伍);③对事故或险情做出反应必须遵循的程序;④建立和保持船舶与岸上管理部门间联系的程序[可参阅 IMO 大会第 A. 648(16)号决议"船舶报告制度和船舶报告要求",并做出进一步的指导];⑤适用于该类紧急情况并有助于在做出反应时对船舶进行系统询问的检查表;⑥需要进行通知和咨询的各有关单位联系名单和通信细节;⑦船岸双方的报告方法[参见 IMO 大会第 A. 648(16)号决议];⑧与船上人员的亲属进行通知和联络的程序;⑨关于对新闻媒介和公众发布信息公告或接受询问的程序;⑩发生持久性紧急情况时,对公司初始反应行动的后续安排。

船上应急计划应考虑到在特定船舶上可能发生的各种紧急情况,可包括: ①船上的职责分工;②为重新控制局势应采取的行动;③船上使用的通信方法;④向第三方请求援助的程序;⑤通知公司和向有关当局报告的程序;⑥保持船岸间的通信;⑦应对新闻媒介和外界各方的程序。

所制订的应急计划应说明怎样处理涉及破损、火灾、污染、人员、保安和货物的各种紧急情况。紧急情况包括:结构损坏、主机失灵、舵机失灵、电源损坏、碰撞、搁浅、货物移动、货物散漏或沾染、火警、投弃货物、进水、机舱事故、弃船、人员落水/搜救、进入封闭处所、严重受伤、暴力或海盗行为、直升机操作、恶劣天气损害。

四、不符合规定的情况、事故和险情的报告与分析

安全管理体系应要求船长向岸上指定人员报告下述事项:事故、险情、不符合安全管理体系的情况、修改和改进安全管理体系的建议。

对上述的报告,在安全管理体系中应建立相应的报告程序以及公司接到报告后相应的处理、评估和改正的程序等。

五、船舶和设备的维护

船舶和设备的维修应按计划进行,同时在 SMS 中,公司应建立船舶和设备的维修和保养计划,以及为保证船舶和设备按计划进行的相应检查程序和制度。

建立的各种维护程序可能包括:(1)船体及上层建筑钢结构的维修和保养计划;(2)安全、

消防及防污设备的维修和保养计划;(3)航行设备的维修和保养计划;(4)舵机设备的维修和保养计划;(5)锚泊和系泊设备的维修和保养计划;(6)主机和辅机的维修和保养计划;(7)管系和阀门;(8)货物装卸设备;(9)惰性气体系统;(10)火、气、热探测系统;(11)机舱污水泵、压载水泵及分离系统;(12)废物处理及生活污水系统;(13)通信设备。

除建立相应的维护保养计划和程序外,安全管理体系还应建立相应的检查制度、对维护不符合规定情况的报告制度以及相应的纠正制度等。

六、安全管理体系的审核、复查和评审

为保证安全管理体系的有效性,ISM 规则要求,公司应建立对安全管理体系的评审计划。该计划应包括安全管理体系涉及的所有部门和全部船舶。

评审计划包括:要进行评审的具体范围和活动;执行评审人员的资格;对发现的情况、结论和建议的报告程序等。

总之,安全管理体系应使公司的管理和船舶的管理制度化、系统化,将强制的公约、规则等纳入体系并适当地考虑有关组织的建议。因此,可以预言,安全管理体系的建立和强制实施,将有利于促进海上安全和保护海洋环境。

第三节　安全管理体系的评审及程序

SMS 的评审系指为判断安全管理体系活动和有关结果是否符合计划安排,以及这些安排是否得到有效实施并适合于达到目标的系统而进行的独立审查。

一、对 ISM 规则审核机构和人员的要求

1. 负责审核船公司 SMS 的审核机构的基本资格

负责审核船公司 SMS 的审核机构自身应当在以下方面具有资格:

(1)使负责船舶营运的公司保证遵守有关的规定和规则,包括向海员发证;

(2)从事与海运证书相关的认可、检验和发证;

(3)ISM 规则要求的实施安全管理体系所必须具有的权限;

(4)具有船舶营运的实践经验;

(5)从事符合 ISM 规则审核的任何机构均应当保证实施独立的审查。

2. 参加审核人员的基本资格

根据 ISM 规则的规定,参加审核船公司和船舶 SMS 的人员应具有以下基本资格:

(1)参加审核的人员应至少有以下正式受教育水平:①主管机关或经认可机构认可院校的工程或物理学专业(至少两年制)方面的学历;②海运院校的学历和作为持证船员的相关海上经历。

(2)参加审核的人员应当经过培训,以便保证其具有从事符合 ISM 规则审核的足够资格和技能,尤其是以下方面:①了解和理解 ISM 规则;②了解强制性规定和规则;③具备 ISM 规

则要求且公司应考虑的权限;④具备审查、提问、评价和报告等评估技巧;⑤熟悉安全管理技术性或操作性业务;⑥具备航运和船上操作的基本知识;⑦至少参加过一次有关海运管理体系的评审。

上述资格应通过笔试或口试以及其他可以接受的方式得到证明。

(3)除上述所规定的基本资格以外,对符合证明和安全管理证书从事初始审核和换新审核的人员必须具有全面评价船公司或船舶是否符合 ISM 规则要求所需要的资格,如:

①判断 SMS 要素与 ISM 规则的要求符合与不符合情况;

②判断公司或船舶 SMS 的有效性,以便保证像法定检验和入级检验记录证实那样与规定和规则相符;

③评估 SMS 在保证符合法定检验和入级检验不涉及的规定和规则方面的有效性,以便于审核遵守这些规定和规则的有效性;

④评价 IMO、主管机关、船级社和海运行业组织所建议的安全做法是否已予以考虑。

(4)负责对符合 ISM 规则进行初始审核和换新审核的人员,应当至少有 5 年与安全管理技术或操作相关的经历,且至少参加过 3 次初始审核或换新审核。参加过符合其他管理标准审核的,可视为相当于参加过符合 ISM 规则的审核。

(5)从事期间、中间和临时审核的人员应当满足对参加审核人员的基本要求,并且至少参加过 2 次期间、换新或初始审核。他们应当收到特殊的必要须知,以便保证具有判断公司安全管理体系有效性所需的资格。

该规则还要求,从事规则发证的机构应当实施一项制度,使从事符合 ISM 规则审核的人员适任和使其知识不断丰富、资历不断提升。该制度应覆盖所有资格要求和与发证有关的理论培训,以及接受教师指导的实践培训,完成培训的人员应有文件证明。

二、对符合《国际安全管理规则》的审核及发证

ISM 规则要求公司建立评审计划,评审计划应包括安全管理体系所涉及的所有部门和全部船舶。公司应对某些科室定期进行一次评审。

对公司 SMS 审核的基本原则是:具有满足 SMS 安全管理总目标的能力;具有满足 SMS 安全和防止污染具体标准的能力。在审核中,虽然 ISM 规则要求建立的 SMS 应适当考虑国际海运组织、主管机关、船级社和其他海运行业组织所建议的有关规则、指南和标准,但依据规则这些建议不能成为评审时的强制要求。

对公司安全管理体系的评审,首先是建立在公司内部评审的基础之上的,通过内部评审,该体系至少有该公司每一船种的 1 艘船上实施 3 个月并取得该体系有效性的明显证据后,船公司才能申请主管机关评审。

主管机关的评审是依据公司的申请而发生的。主管机关主要从体系所要达到的目的、体系的完整性以及公司提供的证明该体系有效性的客观证据等方面进行评审。根据我国交通部安全监督局(现为“海事局”,下同)以安监字〔1997〕327 号发布的《航运公司安全管理体系审核发证程序》的规定,对船公司安全管理体系的审核主要分为四种:初次审核、年度审核、换证审核和临时审核。

1. 初次审核

初次审核的程序为:申请的受理、预审、正式审核和发证。

(1)申请的受理

船公司向船舶登记地的港务监督申请,港务监督收到公司的安全管理体系初次审核申请及所附材料后,立即进行申请材料审查,以判断:①公司是否属于本港监管辖范围;②公司是否符合申请条件;③申请材料是否齐全;④审核申请表填写是否正确;⑤安全管理手册是否已全面阐述公司如何实施安全管理体系;⑥安全管理体系是否可能覆盖和符合《国际安全管理规则》的要求。

对未通过审查的,由港监通知船公司进行补充、纠正或重新申请。对通过审查的,港监填写安全管理体系审核发证登记表和审核工作单,并尽快将申请材料转送交通运输部安全监督局、片区港监和当地中国船级社。

(2)预审

组织审核由交通运输部安全监督局组成审核组,预审方式一般以书面审核为主。预审主要包括以下内容:①审核安全管理手册,检查方针的正确性和安全管理体系是否已覆盖和符合ISM规则要求的所有内容;②审核程序等管理性文件(含职责规定),检查文件内容是否符合ISM规则、相关国际国内强制性规定的要求和是否已考虑国际国内建议性要求;③审核须知等操作性文件,检查关键性操作、船舶设备维护等操作性文件内容是否符合相关的强制性规定要求,以及是否已考虑或采纳建议性要求。

在预审过程中,审核员每天应填写文件审核记录,对发现的问题由审核组长确认后形成问题清单并与被审核方交换意见。如审核组发现送审的文件尚未体系化而无法审核时,可在召开审核组全体会议研究后中止审核。

预审通过后,审核组与公司初步商定正式审核时间,制定审核计划,其内容主要有:①审核种类;②审核范围(审核内容,船型,准备审核的公司岸上机构、部门及相关人员,准备审核的代表船及其船型);③审核安排(审核起止时间、文件、被审部门和代表船的预定审核日期及持续时间、公司岸上活动审核小组及审船小组组成);④审核时间表。

预审结束后,审核组填写审核工作单,编写安全管理体系审核报告(预审),该报告正本送交通部安全监督局,两份副本交当地港监并由当地港监转交公司一份。该报告的主要内容包括:①公司基本情况(法定代表人、部门经理、指定人员、规模、船种、船舶数量、与安全和防污染管理有关的部门及分支机构的设置情况等);②审核概要(审核情况概述、审核结果及问题等概要);③正式审核安排;④附件(文件审核记录、问题清单等)。

安全管理体系审核报告(预审)由交通运输部安全监督局审议,有明显疑义或因投诉等原因,经查实确有影响公正审核行为的可组织复核或另组审核组重新进行预审。

(3)正式审核

正式审核由对该公司进行预审的审核组实施。正式审核主要包括以下内容:①审核安全体系文件,内容同预审,但重点审查公司对预审中发现问题的纠正情况;②审核公司岸上安全管理活动,审查其是否符合公司相关安全管理体系文件的规定要求;③审核公司代表船的安全管理活动,审查其是否符合公司相关安全管理体系文件的规定要求;④对公司不符合规定的情况、事故、险情等进行分析,评估公司安全管理体系运行的有效性。

正式审核方式包括查看文件、检查安全管理运行的各种记录及其他客观证据、与公司相关人员座谈、观察并审核具体部门和(或)具体管理活动等。正式审核持续时间可根据公司规模、机构分布及代表船动态和数量等实际情况,由审核组与公司商定。原则上,公司岸上机构集中同一城市的，岸上管理活动审核应在一天内完成，每艘代表船的活动审核应在6小时内完成。

在正式审核过程中，从事任何一项审核活动均应填写文件审核记录或活动审核记录。审核组发现一般不符合规定的情况，经审核组长确认后开出不符合规定情况报告，当认为有必要因此调整审核计划时，由审核组长决定，调整的范围和内容应立即通知船公司。如发现“重大不符合规定的情况”（不包括针对经营多船种公司中某一船种代表船的“重大不符合规定的情况”），且无法立即消除，经审核组长召开审核组全体会议研究后，可以中止审核。

值得注意的是，我国对船公司体系的审核，分为两个审核组，一个审核组审核公司岸上安全管理活动及相关SMS文件的规定；另一审核组审核代表船SMS的情况，该审核组组长由中国船级社审核员担任，但在船公司审核组长的统一领导下。代表船审核的表格填写、文件的形成等按中国船级社的船舶审核程序进行。代表船审核发现的“一般不符合规定的情况”由船舶审核组长决定，但代表船审核发现的影响SMS审核结论的“重大不符合规定的情况”由公司审核组长裁定。

代表船审核内容包括：①船舶是否已配备全部相关的有效安全管理体系文件；②船舶安全管理活动是否符合公司相关SMS文件的规定要求；③SMS在船上运行的有效性。

代表船审核方式包括检查船上各种相关记录、与有关船员座谈、观察有关操作活动等。审船小组在审核结束后，通过综合分析、研究审核中搜集到的客观证据，确认并汇总审核中发现的“不符合规定的情况”，总体评估船上安全管理活动与公司SMS的符合性、SMS在船上运行的有效性，填写代表船审核报告。

（4）发证

部海事局接到公司审核组填写的审核工作单、安全管理体系审核报告后，3日内进行审定并做出审核结论。经过初步审核符合ISM规则规定的公司，主管机关在3个工作日内向其签发“符合证明”及其副本，并进行登记。中国船级社收到“符合证明”副本后，应在3个工作日内向通过审核的代表船签发“安全管理证书”，并将副本送交通部安全监督局。对于经审定不同意发证的船公司，部海事局向其发审核结果通知，并将副本同时送当地港监和中国船级社。

“符合证明”只对已在特定船种上实施3个月的船种有效。“符合证明”的有效期为5年。

2. 年度审核

“符合证明”的有效性与安全管理体系的有效性是密切相关的，该“符合证明”应在签发之日每周年前后3个月内实施年度审核。审核包括对符合证明适用的每个船种的至少1艘船舶的法定和船级检验记录正确性的审查和审核。同时审核上一次审核后对安全管理体系进行的纠正措施和修改。

年度审核的程序基本上与初次审核的程序相同，但年度审核没有预审。船公司应按期限要求向当地港监递交申请及要求的有关资料，审核组按初次审核中的正式审核程序进行，但重点审核以下几方面：

（1）SMS文件与ISM规则的符合性（若在上次审核后对SMS有修改）；

（2）审核公司岸上安全管理活动与安全管理体系文件要求的符合性；

（3）验证公司对上一次审核中发现的“不符合规定的情况”的纠正情况；

（4）验证公司代表船安全管理活动与安全管理体系要求的符合性；

（5）对公司“不符合规定的情况”、事故、险情进行分析，审核公司安全管理体系运行的有效性。

针对存在的“不符合规定的情况”,审核组可与公司商定不超过3个月的纠正期限,并根据实际需要安排跟踪审核。对通过年度审核的公司,审核组长在“符合证明”上签注。对未通过年度审核的,审核组长不予签注,经交通部海事局审定后,该“符合证明”自动失效。

3. 换证审核

换证审核是在“符合证明”5年到期后,经船公司重新进行申请主管机关组织对船公司安全管理体系进行的审核。换证审核应当包括对安全管理体系所有要素符合ISM规则的情况,以及安全管理体系达到ISM规则规定目标有效性的评估。换证审核的程序及发证程序同初次审核程序。

4. 临时审核

在船旗国或公司变更情况下,应根据规定对临时符合证明和安全管理证书做出特殊过渡安排。为了便于新建立的公司或对现有符合证明新增船种的公司实施ISM规则,可以发给该公司一份临时符合证明。在证明公司的安全管理体系满足ISM规则规定的目标后,主管机关可以发给该公司有效期不超过12个月的临时符合证明。主管机关应当要求公司出示关于在临时符合证明有效期内实施满足ISM规则全部要求的安全管理体系的计划。对公司所属的新船舶,可以发给有效期不超过6个月的临时安全管理证书。在特殊情况下,主管机关可以对该临时安全管理证书展期6个月。

在签发临时安全管理证书前,主管机关应当审核:

(1)与当事船舶相关的符合证明,包括临时符合证明;

(2)公司为船舶提供的安全管理体系是否包括ISM规则规定的关键要素,以及该体系是不在为签发“符合证明”所做的评审中评估过;

(3)船长及有关的高级船员是否熟悉安全管理体系和有关其实施的计划安排;

(4)已确认为开航前需要做出的基本指令是否已下达;

(5)公司在3个月内对船舶进行评审的计划是否具备;

(6)安全管理体系的相关信息是否已通过一种工作语言或船上人员理解的语言送达。

临时审核的程序由片区港监组织实施,其程序可参照预审和正式审核的程序进行。发证程序也可参照上述发证程序进行。

5. 中间审核

根据ISM规则的规定,为了保证安全管理证书的有效性,必须在证书的有效期内进行一次中间审核,以确认安全管理体系有效运作以及上一次审核后对该体系的修改是否符合ISM规则要求。在某些情况下,特别是在安全管理体系运作的初始阶段,主管机关可能发现有必要增加中间审核的频率。另外,如有不符合规定的情况也可能成为增加审核频率的原因。如果没有申请中间审核,或者存在严重不符合规定情况的证据,只有发证的主管机关可以撤销安全管理证书。

我国目前的相关法规没有对中间审核的有关事宜做出规定。

第四节 国内安全管理规则

ISM 规则对中国远洋船舶及公司强制实施以来取得了巨大成效,中国籍船舶相应从欧洲、美国和亚太地区的黑名单中成功脱出。而与此同时,国内航行船舶安全状况却未见明显好转,这引起航运界的高度关注,并将给予重视和研究。随着我国船舶大型化的发展和技术性能的提高,船舶购置投入和运营成本越来越高,一些载客人数较多的客船、高速客船、客滚船等新船种引入国内,气体运输船和散装化学品也越来越多,这类船舶一旦发生事故,就会造成严重的生命财产损失和环境污染。1994 年交通部在水运系统中开始推行水运企业安全管理新机制试点。新机制虽参照了 ISM 规则,但操作性和系统性不强。1996 年交通部海事局委托天津海事局进行国内化调研,最终于 2001 年 7 月颁布了《中华人民共和国船舶安全营运和防止污染管理规则(试行)》,简称为《国内安全管理规则》(NSM 规则)。

NSM 规则分别于 2003 年 1 月 1 日和 2004 年 7 月 1 日起对第一批国内航行船舶(载客定额 50 人及以上跨省航行的客滚船、旅游船、高速客船和 150 总吨及以上的气体运输船和散装化学品船)和第二批国内航行船舶(载客定额 50 人及以上所有跨省航行的客船和 500 总吨及以上的油船)生效。规则的实施有效地加强了上述船舶安全和防污染管理工作,促进了航运公司安全和防污染管理责任的落实,不断提升公司管理水平,成效明显。为贯彻落实党中央、国务院关于加强安全生产工作的指示精神,建立水上安全管理长效机制,进一步强化水上交通安全管理,《国内安全管理规则》自 2007 年 7 月 1 日起,对 500 总吨及以上沿海跨省航行的散货船和其他货船生效。

NSM 规则是运用 ISM 规则原理,以等效采用的方法,完全涵盖了 ISM 规则有关船舶安全和防污染的所有内容,其核心是要求公司建立、实施、保持并不断改进其安全管理体系,以此来规范公司及船舶管理,并不断提高其安全管理水平。ISM 规则是以西方人的惯用思维写成的,有些译文显得不适合汉语习惯,甚至有一些“看不懂”。因而,NSM 规则以国人习惯的语言风格对文字做了些许调整,没有改变 ISM 规则的原意,只是在某些条款和定义的表述上有些细小的区别。前几节已对 ISM 规则做了详细介绍,下面就只对 ISM 规则与 NSM 规则的不同之处做比较:

一、定义上的比较(见表 8-1)

表 8-1 ISM 规则与 NSM 规则定义上条款内容比较

	ISM 规则	NSM 规则
公司	指船舶所有人,或已承担船舶所有人的船舶营运责任并在承担此种责任时同意承担本规则规定的所有责任和义务的任何机构或个人,如管理人或光船承租人	中国籍船舶的所有人,或已承担船舶所有人责任的船舶营运管理人并承担 NSM 规则规定的所有责任和义务的任何组织
主管机关	船旗国政府	中华人民共和国海事局

（续表）

	ISM 规则	NSM 规则
符合证明	发给符合 ISM 规则要求的公司的文件	发给公司，表明该公司符合 NSM 规则要求的证明文件
客观证据	基于观察、衡量或测量并能被核实的，有关安全或安全管理体系要素存在和实施与否的量或质的信息、记录或事实声明	通过观察、衡量或测试获得并被证实的有关安全或安全管理体系要素的量或质的信息、记录或事实声明
不合格、不符合	已发现的客观证据表明不满足某一具体规定要求的可见情况	已发现的客观证据表明不满足某一具体规定要求的情况
重大不符合	对人员或船舶安全构成严重威胁或对环境构成严重危险，并需要立即采取纠正措施的可辨别的背离，包括未能有效和系统地执行本规则的有关要求	已发现的对人员或船舶安全构成严重威胁或对环境构成严重危险，并需要立即采取纠正的事项或情况，包括未能有效和系统地实施本规则的有关要求

二、主要条款不同内容比较

1. 公司的权力和责任方面（见表 8-2）

表 8-2　ISM 规则与 NSM 规则公司的权力和责任方面条款内容比较

ISM 规则	NSM 规则
1. 如果负责船舶营运的实体不是船舶所有人，则船舶所有人必须向主管机关报告该实体的全称和详细情况。 2. 对管理、从事和审核涉及安全和防止污染工作的所有人员，公司应当明确并用文件形式规定其责任、权力及相互关系。 3. 公司应当提供足够的资源和岸上的支持，以便使指定的人员能够履行职责	1. 如果负责船舶安全和防污染管理责任的实体不是船舶所有人，则船舶所有人与该实体必须签订以下规定的船舶管理协议，并将双方的详细情况报告主管机关。 2. 当船舶安全和防污染与生产、经营、效益发生矛盾时，应当坚持安全第一和保护环境的原则。 3. 船舶管理公司同意承担本规则所规定的所有责任和义务。 4. 在不妨碍船长履行其职责并独立行使其权力的前提下，船舶管理公司对处理涉及船舶安全和防污染的事务具有最终决定权。 5. 对管理、执行以及审核监控安全和防污染工作的所有人员，公司当用文件形式明确规定其责任、权力及相互关系。 6. 为使指定人员能够履行职责，公司有责任确保对其提供足够的资源和岸基支持

2. 指定人员方面(见表 8-3)

表 8-3 ISM 规则与 NSM 规则指定人员方面条款内容比较

ISM 规则	NSM 规则
为保证各船的安全营运,提供公司与船上之间的联系渠道,公司应当根据情况指定一名或数名能直接同最高管理层联系的岸上人员。指定人员的责任和权力应包括对船舶的安全和防污染方面进行监控,并确保需要提供足够的资源和岸上支持	1. 公司应当任命指定人员,以直接同最高管理层联系,提供公司与船舶的联系渠道。 2. 公司应当以文件形式明确规定指定人员的责任和权力。指定人员的责任和权力应包括: .1. 对公司船岸的安全和防污染工作进行监控; .2. 确保公司向船舶提供足够的资源和岸基支持

3. 不符合规定的情况、事故和险情的报告和分析方面(见表 8-4)

表 8-4 ISM 规则与 NSM 规则不符合规定的情况、事故和险情的报告和分析方面条款内容比较

ISM 规则	NSM 规则
安全管理体系应当包括确保向公司报告不符合规定的情况、事故和险情并对其进行调查和分析的程序,以便改进安全和防止污染工作	公司应当建立程序,确保不符合规定的情况、事故和险情及时报告公司,并保证进行调查和分析,以便改进安全和防污染工作

4. 公司审核、复查和评价方面(见表 8-5)

表 8-5 ISM 规则与 NSM 规则公司审核、复查和评价方面条款内容比较

ISM 规则	NSM 规则
1. 公司应当开展内部安全评审,以便审核安全及防止污染活动是否符合安全管理体系的要求。 2. 公司应当定期评价安全管理体系的有效性,必要时还应当根据公司建立的有关程序对安全管理体系进行复查。 3. 审核及可能采取的纠正措施应当按文件规定的程序进行。 4. 除非由于公司的规模的性质不可能做到,实施评审的人员应当不从属于被评审的部门。 5. 评审及复查结果应当告知有关部门的所有负有责任的人员,以便提请他们注意。 6. 负有责任的管理人员应当对发现的缺陷及时采取纠正措施	1. 公司应当定期开展内部审核,以便核实安全及防污染活动是否符合安全管理体系的要求,除非由于公司的规模的性质不可能做到,实施评审的人员应当不属于被评审的部门。 2. 公司应当定期评价安全管理体系的有效性,必要时还应当根据公司建立的有关程序对安全管理体系进行复查。 3. 内部审核及管理复查的结果应当告知所有负有责任的人员,以便提请他们注意。 4. 负有责任的管理人员应当对所发现的缺陷及时采取纠正措施。 5. 内部审核、有效性评价和管理复查及可能采取的纠正措施应按文件规定的程序进行

5. ISM 规则与 NSM 规则在实施上的区别

(1)实施范围上,ISM 规则适用于一切国际航行的船舶,NSM 适用于国内航行船舶及公司;ISM 规则分两批实施,第一批 6 大类船舶已于 1998 年 7 月 1 日实施,第二批已于 2002 年

7 月 1 日全面实施，实施的时间跨度长些；NSM 规则亦是分批实施，首批公司船舶实施一旦成功，全面实施的进度将加快。

（2）国际上的航运公司和船舶相对比较规范，在实施 ISM 规则方面易于推行。而国内航运公司安全管理意识薄弱，包括组织机构在内的基础差，有一部分公司根本没有安全管理，完全是以包代管、包而不管，冒险经营。为推行和实施 NSM 规则，必须对该类公司加以规范或清理，加大人力、安全资金的投入，从而营造良好的管理环境。由于交通部〔2001〕1 号令已经明确除内河普通货运外，其他运输都必须实施公司制管理。随着《国内船舶管理业规定》的出台实施，大批的个体船舶及其他松散性管理的非公司制管理的船舶纳入了专业船舶管理公司。因此国内航线船舶实施 NSM 规则的范围基本可覆盖绝大部分。同时，强制实施该规则后，未经过审核认证的船舶将不得营运，以此来强制此类船归并到经认可的公司中加以管理，并通过实施该规则进行产业结构调整，提高整个行业的管理水平。

（3）ISM 规则是由 SOLAS 公约缔约国政府确立的主管机构或由主管机关授权的组织代表他们签发 DOC 和 SMC 证书，在我国 DOC 证书由交通部核发，SMC 证书由 CCS 核发。而 NSM 规则规定主管机关为中华人民共和国海事局，并由片区海事局主持审核、颁发 DOC 和 SMC 证书。

第九章　海上保安

第一节　海上保安概述

一、背景

1985 年 10 月 7 日,意大利籍游轮“阿基莱·劳罗号”在埃及沿海被 4 名携带武器的恐怖分子劫持,该事件促使 IMO 首次将海上保安问题提到其工作议程上。IMO 通过了一项决议,内容涉及防止危及船舶安全及船舶乘客和船员保安的非法行为的措施,并于 1986 年发布了关于防止针对船上乘客和船员的非法行为的措施的指南。1988 年 3 月 10 日,IMO 在罗马通过了《1988 年制止危及海上航行安全非法行为国际公约》(简称 1988 年 SUA 公约,亦称《罗马公约》)和《1988 年制止危及大陆架固定平台安全非法行为议定书》,两者均于 1992 年 3 月 1 日生效;2005 年 IMO 又对 1988 年 SUA 公约和议定书进行了更新和修订,简称为 2005 年 SUA 议定书,于 2010 年 7 月 28 日生效。

该事件并没有使海上保安问题在全球范围内得到重视,1988 年 SUA 公约及其议定书也没有对航运产生较大的影响。2001 年“9·11”事件发生后,IMO 意识到海上防止恐怖主义的重要性和急迫性,积极、迅速、有效地采取了应对措施。2001 年 11 月 IMO 召开了第 22 届大会,大会一致同意制定关于船舶和港口设施保安的新措施,这些措施包括制订 1974 年 SOLAS 公约附则修正案和出台《国际船舶保安和港口设施保安规则》(简称 ISPS 规则)。2002 年 12 月 9 日至 13 日,IMO 召开海上保安外交大会,通过了上述修正案和 ISPS 规则。按照默认接受程序,该修正案和 ISPS 规则已于 2004 年 7 月 1 日生效。至此,海上保安成为与海上安全和防止船舶污染海洋同样重要的课题,IMO 的宗旨也由“航行更安全,海洋更清洁(Safer Shipping, Cleaner Oceans)”,改成“清洁海洋上安全、平安和高效的航运(Safe, Secure and Efficient Shipping on Clean Oceans)”。ISPS 规则的强制实施使保安成为船舶运营和港口生产的一项日常工作内容,对航运界影响深远。

海盗,这一伴随着航海而产生和发展起来的古老的“职业”,一直是困扰世界航运的难题。不同历史时期,海盗行为的特点也不相同,地中海海盗、北欧海盗、加勒比海盗的故事世人皆知。自 20 世纪 80 年代至今,世界海盗的活跃区域曾是马六甲和新加坡海峡,经过 IMO 和各有关方面的合作和共同努力,这个地区的海盗行为已经明显减少了。但进入 21 世纪后,海盗这一棘手的问题又出现在索马里海岸、亚丁湾和泛印度洋海域,而且该地区海盗行为更加有组织、有策略,更加大胆、猖狂和暴力,已成为影响世界航运的公害,给世界航运甚至国际经济造成了巨大损失。根据 IMO 的报告,近年来全世界每年因索马里海盗而付出的代价为 70 亿~120 亿美元(主要包括赎金、各种应对海盗措施的花费、保险、绕行好望角而多耗费的燃油和时间,以及由此造成的碳排放量增加等)。这一切促使 IMO 将打击海盗行为作为其主要工作之一。打击海盗是一项长期、艰苦而又复杂的工作,需要联合国、各国政府、船公司、船长甚至每一个普通船员的共同努力。为了引起国际社会对海盗问题的关注,更有效地解决海盗问题,IMO 将 2011 年世界海事日的主题确定为"海盗:协调行动,共同应对"(Piracy: Orchestrating The Response)。

可以预见,海盗、危及船舶航行安全的非法行为和海上恐怖主义等问题在未来的一段时期内难以根除,海上保安将是 IMO 和航运界长期关注的热点问题。

二、海盗、海上非法行为与海上保安事件的定义

(一)有关海盗的定义

海盗自产生以来,至今已有几千年的历史,但国际上一直没有一个统一的关于海盗或海盗行为的法律意义上的概念,只有传统的认识和各国自己的规定,直到 1958 年联合国召开的第一次海洋法大会。在这次会议上通过了《1958 年日内瓦公海公约》,第一次明确了海盗的定义。著名国际刑法学者巴西奥尼认为,《1958 年日内瓦公海公约》有关海盗行为的规定,反映了当时国际社会对于海盗行为的性质和范围的协商一致,也反映了关于海盗问题的国际习惯法。

在 1982 年第三次联合国海洋法大会上通过的《1982 年联合国海洋法公约》沿用了《公海公约》中关于海盗的定义,具体如下:

第 101 条"海盗行为的定义",下列行为中的任何行为构成海盗行为:

(a)私人船舶或私人飞机的船员、机组成员或乘客为私人目的,对下列对象所从事的任何非法的暴力或扣留行为,或任何掠夺行为:

(i)在公海上对另一船舶或飞机,或对另一船舶或飞机上的人或财物;

(ii)在任何国家管辖范围以外的地方对船舶、飞机、人或财物;

(b)明知船舶或飞机成为海盗船舶或飞机的事实,而自愿参加其活动的任何行为;

(c)教唆或故意便利(a)或(b)项所述行为的任何行为。

由于目前国际上尚没有一个专门针对海盗问题的国际公约,1958 年《公海公约》和 1982 年《联合国海洋法公约》就成为认定海盗行为的最重要的国际法律文件。但这两个文件中关于海盗行为的界定条件过于严格:首先,海盗行为必须以私人船舶或私人飞机为工具,军舰、政府船舶或飞机上的海员或机组人员只有发生叛变同时又实施了海盗行为时,才能被认定为海盗行为,发生叛变但还未实施海盗行为时,不能将该船认定为海盗船(或飞机);其次,在犯罪动机方面,必须是以私人目的的行为才是海盗行为,而出于政治目的犯罪行为按照该定义就不能判定为是海盗行为;第三,犯罪地点必须在公海,在其他地区的犯罪行为不能判定为海盗行为。另外,各国法律对海盗罪的规定不一致,有些国家尚没有海盗罪(比如我国)的规定等,这些法律问题给各国政府打击和惩戒海盗行为造成了一定的困难。

国际海事局(International Maritime Bureau, IMB)也对海盗行为进行了定义。IMB 是国际商会的一个分支机构,于 1992 年在马来西亚首都吉隆坡成立海盗报告中心。该机构的任务是

收集国际海盗的活动情况并将这些情况每天播报给全世界,这些信息和数据都是关于海盗的重要情报,在预防和打击海盗方面起到重要作用。它对海盗的定义更为宽泛,将所有在海上发生的登船抢劫或暴力事件,不论其发生在公海还是领海,皆视为海盗行为,将海盗行为定义为"未获得来自主权国家的允许,在海上实施的抢劫或掠夺,其目标经常锁定其他船只,但也攻击岸上目标","意图使用暴力以达到盗窃或从事其他犯罪目的的任何登船或试图登船的行为"。但由于该组织是非政府组织,其对海盗行为的界定不具有法律效力。

(二)IMO 对海上非法行为的定义

自 20 世纪 80 年代以来,海盗的行为方式已经发生了改变,海上恐怖活动和暴力事件频发,依据《联合国海洋法公约》对现代海盗行为越来越难以界定,"阿基莱·劳罗号"被劫持事件促使 IMO"研究在船上发生或针对船舶的恐怖主义行为的问题",以便就适当措施提出建议。1988 年 SUA 公约对海上犯罪行为进行了定义,具体如下(第 3 条):

(1)任何人如非法并故意从事下列活动,则构成犯罪:

(a)以武力或武力威胁或任何其他恐吓形式夺取或控制船舶;或

(b)对船上人员施用暴力,而该行为有可能危及船舶航行安全;或

(c)毁坏船舶或对船舶或其货物造成有可能危及船舶航行安全的损坏;或

(d)以任何手段把某种装置或物质放置或使之放置于船上,而该装置或物质有可能毁坏船舶或对船舶或其货物造成损坏而危及或有可能危及船舶航行安全;或

(e)毁坏或严重损坏海上导航设施或严重干扰其运行,而此种行为有可能危及船舶的航行安全;或

(f)传递其明知是虚假的情报,从而危及船舶的航行安全;或

(g)因从事(a)至(f)项所述的任何罪行或从事该类罪行未遂而伤害或杀害任何人。

(2)任何人如从事下列活动,亦构成犯罪:

(a)从事第 1 款所述的任何罪行未遂;或

(b)唆使任何人从事第 1 款所述的任何罪行或是从事该罪行者的同谋;或

(c)无论国内法对威胁是否规定了条件,以从事第 1 款(b)项、(c)项和(e)项所述的任何罪行相威胁,旨在迫使某自然人或法人从事或不从事任何行为,而该威胁有可能危及船舶的航行安全。

1988 年 SUA 公约及其议定书,包括 2005 年重新修订的公约及议定书对海盗及海上犯罪行为重新定义,并要求各国通过国内刑法对该种犯罪进行惩治,规定了对这些罪行各国都有管辖权,并且规定了各种管辖权之间的顺位,试图弥补《联合国海洋法公约》对海盗行为界定过于严格这一缺陷。

(三)IMO 对海上保安事件的定义

1. 定义

1974 年 SOLAS 公约第Ⅺ-2 章及 ISPS 规则的内容主要针对海上保安做出规定,其中关于保安的一些重要定义如下:

(1)船/港界面活动系指当船舶受到涉及往来于船舶的人员、货物移动或港口服务提供等活动的直接和密切影响时发生的交互活动。

(2)港口设施系指由缔约国政府或由指定当局确定的发生船/港界面活动的场所,其中包

括锚地、锚泊区和进港航道等区域。

(3)船到船活动系指涉及物品或人员从一船向另一船转移的任何与港口设施无关的行为。

(4)指定当局系指在缔约国政府内所确定的负责从港口设施的角度确保实施本章涉及港口设施保安和船/港界面活动规定的机构或行政机关。

(5)保安事件系指威胁船舶(包括移动式海上钻井装置和高速船)、港口设施或任何船/港界面活动或任何船到船活动保安的任何可疑行为或情况。

(6)保安等级系指企图造成保安事件或发生保安事件的风险级别划分。

(7)保安声明系指船舶与作为其界面活动对象的港口设施或其他船舶之间达成谅解的书面记录,规定各自将采取的保安措施。

(8)认可的保安组织(RSO)系指经授权进行本章或 ISPS 规则 A 部分所要求的评估,或验证,或批准或发证活动,具备相应保安专长并具备相应船舶和港口操作方面知识的组织。

2. 适用范围

第Ⅺ-2 章适用于从事国际航行的客船(包括高速客船)、500 总吨及以上的货船(包括高速货船)、移动式海上钻井装置、服务于国际航行船舶的港口设施。不适用于军舰、军事辅助船及由缔约国政府拥有或经营的并仅用于政府非商业性服务的其他船舶。该章中的任何内容均不影响国际法赋予各国的权利和义务。

3. 缔约国政府的保安义务

主管机关应为悬挂其国旗的船舶规定保安等级并确保向其提供保安等级方面的信息。当保安等级发生变化时,保安等级信息应根据情况予以更新。缔约国政府应为其境内的港口设施和进入其港口前的船舶或在其港口内的船舶规定保安等级并确保向其提供保安等级方面的信息。当保安等级发生变化时,应视情况对保安等级信息予以更新。

以上定义及其所出自的公约是海上保安的主要法律依据。

三、STCW 公约有关海上保安的规定

STCW 公约马尼拉修正案对 STCW 78/95 进行了大幅度的修改,新增了保安方面的要求。附则第Ⅵ章“应急、职业安全、保安、医护和求生职能”第Ⅵ/5 条明确了签发船舶保安员培训合格证的强制性最低要求,第Ⅵ/6 条提出了对所有海员与保安有关的培训和训练的强制性最低要求。

STCW 公约马尼拉修正案规定的保安培训分为四种类型:熟悉保安培训、保安意识培训、承担制定保安职责人员的培训和船舶保安员培训。船舶保安员必须持有船舶保安员培训合格证;所有船员必须持有保安意识培训合格证;被指定承担保安职责的海员还应持有承担指定保安职责培训合格证。

第二节　船舶与港口设施保安

根据 1974 年 SOLAS 公约第Ⅺ-2 章(加强海上保安的特别措施)第 4 条(对公司和船舶的

要求)规定,船公司和船舶应符合 SOLAS 公司第Ⅺ-2 章和 ISPS 规则 A 部分的相关要求,并考虑到 ISPS 规则 B 部分提供的指导。ISPS 规则是船舶和港口设施保安的主要依据。

一、ISPS 规则简介

ISPS 规则由三个部分构成。第一部分是序言,主要描述了 IMO 有关修改 SOLAS 公约和制定 ISPS 规则的工作过程,指出 SOLAS 公约第Ⅺ-2 章的规定和本规则适用于船舶和港口设施。并强调,在起草规定时,已确保与经修正的 STCW 公约、ISM 规则以及检验和发证协调系统(HSSC)的规定之间的相容性。序言强调,在实施 SOLAS 公约第Ⅺ-2 章和本规则 A 部分的海上保安规定时,应考虑到本规则 B 部分所提供的指导。第二部分是关于经修正的 1974 年 SOLAS 公约第Ⅺ-2 章规定的强制性要求(A 部分)。第三部分是关于经修正的 1974 年 SOLAS 公约附则第Ⅺ-2 章以及本规则 A 部分规定的导则(B 部分)。为了使用方便,A 部分和 B 部分在编排格式上保持了一致,涉及总则、定义、适用范围、缔约国政府的责任、保安声明、公司的义务、船舶保安、船舶保安评估、船舶保安计划、记录、公司保安员、船舶保安员、船舶保安培训操练和演习、港口设施保安、港口设施保安评估、港口设施保安计划、港口设施保安员、港口设施保安培训操练和演习、船舶的验证和发证等 19 条内容。

ISPS 规则中一些常用的定义如下:

(1)船舶保安计划(SSP)系指为确保在船上采取旨在保护船上人员、货物、货物运输单元、船舶备品或船舶免受保安事件威胁的措施而制订的计划。

(2)港口设施保安计划系指为确保采取旨在保护港口设施和港口设施内的船舶、人员、货物、货物运输单元和船舶备品免受保安事件威胁的措施而制订的计划。

(3)船舶保安员(SSO)系指由公司任命的在船上负责保安并对船长负责的人,其责任包括实施和保管船舶保安计划以及与公司保安员和港口设施保安员进行联络。

(4)公司保安员(CSO)系指由公司任命负责确保船舶保安评估得以开展,船舶保安计划得以制订、提交批准,而后得以实施和保管,并与港口设施保安员和船舶保安员进行联络的人。

(5)港口设施保安员(PFSO)系指经任命负责制订、实施、修订和保管港口设施保安计划以及与船舶保安员和公司保安员进行联络的人员。

(6)保安等级 1 系指应始终保持最低限度的适当防范性保安措施的等级。

(7)保安等级 2 系指由于保安事件风险升高而应在一段时间内保持适当的附加防范性保安措施的等级。

(8)保安等级 3 系指当保安事件可能或即将发生(尽管可能尚无法确定具体目标)时应在一段有限时间内保持进一步的特定防范性保安措施的等级。

二、船舶保安

1974 年 SOLAS 公约第Ⅺ-2 章和 ISPS 规则规定的船舶保安的主要内容和程序,可用图 9-1 所示的流程图表示。

(一)船舶保安评估(Ship Security Access,SSA)

船舶保安评估是 SSP 制定和更新过程的重要和必要组成部分。通过 SSA 可确定影响船舶保安的各种因素,包括受到保安事件威胁的可能性(即保安风险)、存在的薄弱环节以及现有保安措施的有效性等,从而为制订或修改 SSP 提供依据。

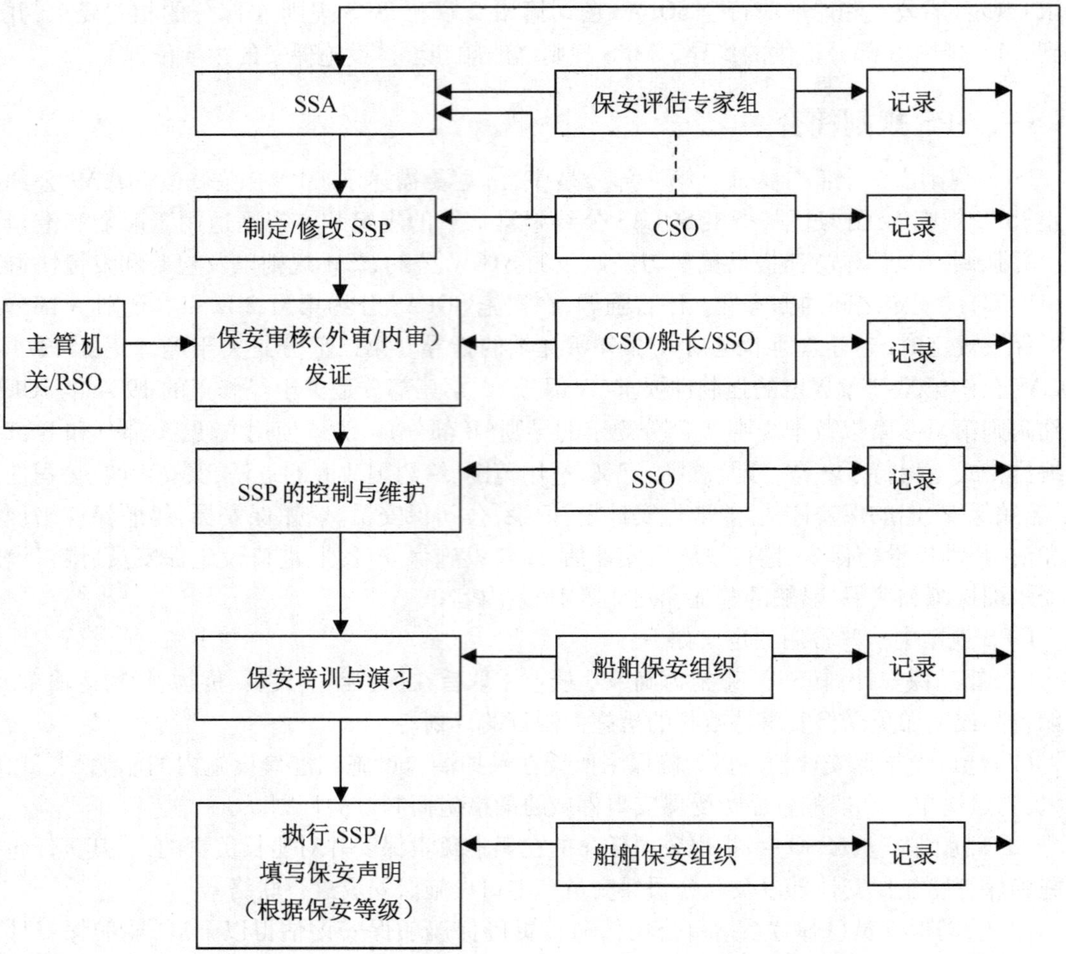

图 9-1　船舶保安流程示意图

SSA 应由公司形成文件,经过评审和认可后保存。CSO 无须亲自执行船舶保安评估,但必须对评估的结果负责。备有保安评估的文件是制订和更新 SSP 不可缺少的部分,也是船旗国主管机关或 RSO 审批 SSP 的前提。

通过 SSA,应确定并评估下列影响船舶保安的基本要素:(1)现有保安措施、程序和操作的有效性;(2)应予重点保护的船上保安关键操作;(3)船上关键操作可能受到的威胁及其发生的可能性;(4)根据保安威胁的风险优先顺序,确定并按优先顺序排定保安措施;(5)基础设施、方针和程序中的薄弱环节,包括人为因素。

评估工作应由具备评估能力、掌握评估知识的人员组成,包括风险评估专家、保安专家、船舶结构专家、船舶管理人员、船长轮机长等,或者至少在评估过程中,能获得相关专家的协助,特别是在如下方面:(1)当前保安威胁/危险和保安模式;(2)认识和发现武器/危险物质和装置;(3)认识可能危害保安的人员特征和行为模式;(4)用于规避保安措施的技巧;(5)制造保安事件的方法;(6)爆炸物对船舶和结构的影响;(7)船/港界面活动、船舶和港口作业;(8)船舶保安和实地保安;(9)无线电和无线电通信系统,包括计算机系统和网络;(10)海洋工程、船舶及港口作业。

（二）制订/修改船舶保安计划（Ship Security Plan，SSP）

制订 SSP 是为了执行在不同保安等级下的船舶保安措施、船舶保安操作规定以及船舶保安应急事件的反应程序，从而保护船上人员、货物、货物运输单元、船舶物料和船舶本身免受保安事件的威胁，减少保安事件造成的损失。

SSP 的主要用途为：（1）描述船舶保安的组织、人员和岗位，及其在保安方面的职责和任务，确保船舶保安计划的有效实施；（2）提供有关船舶日常营运过程实施保安操作的指南；（3）规定船舶在不同保安等级下应实施的具体保安措施；（4）提供处理船舶受到威胁或破坏时的反应程序；（5）通过培训和演练，提高船舶人员保安防范意识和技能以及应急反应能力；（6）规定船舶所配备的保安设备和系统的维护、测试和校验的要求，确保这些设备和系统处于随时可用状态等。

完整的 SSP 应包括以下基本内容：（1）船舶保安的组织结构；（2）在不同保安等级下的船舶保安措施；（3）船舶保安操作规定；（4）船舶保安事件的应急反应程序；（5）船舶保安培训与演练；（6）船舶保安设备的使用与维护；（7）船舶保安检查与保安声明；（8）向缔约国政府的联络点进行报告的程序；（9）计划本身的经常性审查和审核程序等。其中，在不同保安等级下的船舶保安措施是船舶保安计划的最基本内容。

SSP 由 CSO 负责制订并提交主管机关或 RSO 批准。一份有效的 SSP 是在对船舶保安所有相关问题进行全面评估的基础上制订的，这些问题包括船舶的特点、操作要求、航线特征、潜在威胁及保安薄弱点等，因此每艘船舶的 SSP 的内容都有所不同。在制订 SSP 时应满足 ISPS 规则对其内容的具体要求。RSO 可为某一具体船舶编制船舶保安计划，但该保安组织不应再参加该 SSP 的审查或批准工作。主管机关可以以指南的形式对 SSP 的制订提出建议，船舶在编制保安计划时应参考这些建议。

CSO 和 SSO 必须参与保安计划的制订，评估船舶保安计划的有效性，以及确保对船舶保安计划进行适当的修订，以纠正计划中的缺陷，使其更符合船舶保安的要求。

（三）CSO 及 SSO 的职责

根据 ISPS 规则，履行保安职责的主要负责人有公司保安员 CSO 和船舶保安员 SSO。

1. CSO 的职责

根据公司所管理的船舶的数量或类型，船公司应任命一名或数名 CSO。被任命为 CSO 的人员可被指定负责一艘或数艘船舶。CSO 应履行好 ISPS 规则规定的职责，包括但不限于：

（1）利用适当的保安评估和其他相关信息，就船舶可能遇到威胁的等级提出建议；

（2）确保船舶保安评估得以开展；

（3）确保按 ISPS 规则的要求制定 SSP，并将计划提交主管机关或 RSO 批准，加以实施和保持；

（4）确保对 SSP 进行适当修改，以纠正缺陷并符合船舶保安的要求；

（5）安排对保安活动进行内部审核和评审；

（6）安排由主管机关或 RSO 对船舶进行的初次审核和后续验证；

（7）确保对内部审核、定期评审、保安检查和符合性审核期间所确定的缺陷和不符合项予以迅速处理和解决；

（8）提高整个公司内部包括船上人员的保安意识和警惕性；

(9)确保负责船舶保安的人员受到适当的培训;

(10)确保 SSO 和有关 PFSO 之间的有效沟通和合作;

(11)确保船舶保安要求和船舶安全要求的一致性;

(12)若采用了姐妹船或船队的保安计划,确保每条船的计划均能准确反映该船具体信息;

(13)确保为某一特定船舶或某一组船舶批准的任何替代或等效安排得以实施和保持。

在 SSP 中应列明与 CSO 的联系方法,包括:公司保安员的办公电话、家庭电话、移动电话、办公传真及 E-mail 地址等。

2. SSO 的职责

公司应在每艘船上任命一名保安员,该保安员可以是专职,也可以是兼职。船舶保安员必须具备涉及船舶保安的所有方面的知识,接受相应的培训并取得保安证书。

船舶保安员的职责和责任包括但不限于:

(1)定期对船舶进行保安检查,确保适当的保安措施得以保持;

(2)保管船舶保安计划,并监督船舶保安计划的实施;

(3)与船上其他人员和相关港口设施保安员协调货物和船舶备品装卸中的保安事项;

(4)对船舶保安计划提出修改建议;

(5)向公司保安员报告在内部审核、定期评审、保安检查和符合性审核期间所确定的缺陷和不符合项,并实施相应的纠正行动;

(6)提高船上人员的保安意识和警惕性;

(7)确保为船上人员提供适当的保安培训;

(8)报告所有保安事件;

(9)与公司保安员和相关港口设施保安员协调实施船舶保安计划;

(10)确保正确操作、测试、校准和保养船舶保安设备(如有)。

ISPS 规则虽然没有用单独的章节规定其他人员的保安职责,但规则的某些条款(如第 13 条船舶保安培训、操练与演习)规定了所有相关人员,包括公司的岸上人员和全部船员,都应不同程度地掌握保安方面的知识和技能,定期接受培训和参加演习,在 SSP 中都应安排有各自的保安职责。

(四)SSP 的审核与发证

根据 ISPS 规则(A 部分第 9、10、11、12 条等),SSP 的审核可分为内部审核和外部审核。

1. SSP 的内部审核

公司应建立程序,定期对 SSP 进行内部审核,以定期评估其有效性。在每年一次的公司保安体系内部审核中,对 SSP 进行重点复查、评价和审核。CSO、船长、SSO 应参加具体船舶的保安计划的定期内部审核。对在审核过程中发现的问题、缺陷以及不符合项应及时修正,并通过保安评估的方式对修正后的 SSP 予以验证。有关 SSP 的内部审核的记录应按规定予以保存。

2. SSP 的外部审核和发证

船舶必须通过主管机关或其授权 RSO 的审核,证明该船符合 SOLAS 公约第Ⅺ-2 章以及 ISPS 规则的要求,同时验证船舶保安计划能有效地实施,方能取得国际船舶保安证书(ISSC 证书),为此目的而开展的审核称作船舶保安审核。

(1)船舶保安审核的种类

ISPS 规则中规定的船舶保安审核的种类分为初次审核、换证审核、中间审核、附加审核。

初次审核是在船舶投入营运之前或第一次签发 ISSC 证书之前进行的审核。初次审核应进行下列验证:①SOLAS 公约第Ⅺ-2 章、ISPS 规则 A 部分和经批准的 SSP 所要求的船舶保安体系和任何相关保安设备的完整性;②船舶保安体系和相关保安设备符合 SOLAS 公约第Ⅺ-2 章、ISPS 规则 A 部分的所有适用要求;③所有相关保安设备处于令人满意的状况并适合预定用途;④确认船上人员熟悉 SSP 中规定需要承担的职责和责任。审核过程中,如发现存在不合格项,船舶及其公司应予以纠正和(或)采取纠正措施。通过初次审核的船舶将为之签发 ISSC 证书。

换证审核又称换新审核,是在船上现有 ISSC 证书到期,申请换发新证书前进行的审核。换证审核应按初次审核的要求完成,并应确认所有船舶保安设备都按 SSP 的要求进行了保养和校准。换证审核的间隔期不应超过 5 年,并应在证书到期日之前的 3 个月内进行。通过换证审核的船舶将为之签发新的 ISSC 证书。

在初次审核和换证审核之间船舶应进行中间审核。中间审核应包括检查船舶保安体系,确认所有船舶保安设备都按 SSP 的规定保养和校准,以确保其处于适合船舶预定营运的令人满意的状态。在 ISSC 证书有效期内至少进行一次中间审核。如仅进行一次中间审核,该审核应在证书的第 2 个和第 3 个周年日之间进行。中间审核完成后,应在 ISSC 证书上予以签注。在中间审核时,如要求对不合格项采取纠正措施,船舶应及时采取纠正措施。

附加审核由主管机关决定何时进行,但 ISPS 规则并没有列出须进行附加审核的具体情况。一般情况下,船舶应在下列情况申请附加审核:①船旗国主管机关要求时;②船舶保安体系发生重大变更;③船舶配备的保安设备发生重大变更;④批准的 SSP 发生重大改变;⑤发生船舶因保安缺陷导致被滞留、驱逐出港等情况。附加审核包括确认船舶相关保安设备按 SSP 的规定进行了保养和校准。附加审核完成后,应在证书上予以签注。

(2)国际船舶保安证书

证书签发:①在完成船舶保安初次或换证审核,认为 SSP 的实施和船舶保安设备完全满足 SOLAS 公约第Ⅺ-2 章和 ISPS 规则 A 部分所有适用要求,应签发 ISSC 证书。该证书由主管机关或 RSO 代表主管机关签发。另一缔约国政府也可代为审核并签发,如此签发的证书应载明是应主管机关的请求而签发的,与主管机关签发的证书具有同等效力。②主管机关或 RSO 也可根据有关规定,为船舶签发临时 ISSC 证书。

证书签注:按要求完成规定的中间审核和任何附加审核,认为 SSP 的实施和船舶保安设备完全满足 SOLAS 公约第Ⅺ-2 章和 ISPS 规则 A 部分所有适用要求,不存在任何不合格项,主管机关或 RSO 应在 ISSC 证书上予以签注。

证书有效期:①ISSC 证书的有效期自初次审核或换证审核完成之日起最长不超过 5 年。临时 ISSC 证书的有效期为 6 个月,或直到签发 ISSC 证书时止。②如换证审核已完成,而新证书在现有证书到期日之前不能签发或不能发放到船上,可以在现有证书签注,签注后的证书的有效期自证书到期之日起,最长不超过 5 个月。③证书到期时,船舶若不在可以实施审核的港口,如主管机关准许延长 ISSC 证书的有效期,可以为其办理展期。但该项展期只能以使船舶完成其驶抵进行审核港口的航次为限。对任何证书的展期均不得超过 3 个月。临时 ISSC 证书不得展期。④给从事短途航行船舶签发的证书,可由主管机关给予最多1个月的宽限期。⑤ISSC证书的到期日可协调至与船舶安全管理证书(SMC)载明的到期日相同。

证书失效:遇有下述情况之一者,ISSC证书将失效:①未在规定的期限内进行相关审核;②证书未按规定进行签注;③持有ISSC证书的船舶实质性地更换了对该船承担经营管理责任的公司;④船舶改悬挂另一缔约国国旗。因ISSC证书失效而重新申请取证,需按初次审核的要求进行审核,合格后重新签发ISSC证书。

(五)SSP的控制与维护

SSP是船舶保密文件,由SSO负责保管。SSP应建立程序加以保密控制,以确保:①防止擅自接触或泄露;②如采用电子文件形式保存,防止其被擅自删除、破坏或修改;③计划中的有关机密信息未经有关缔约国政府同意,不得被检查。

SSP应根据CSO对本船年度保安评估结果进行必要的修订。如对SSP进行重大修订,在实施之前,必须经船旗国主管机关或RSO的审批。

SSO在进行职务交接时,必须按公司的规定进行SSP的交接,并填写SSP交接报告。交班保安员应向接班保安员介绍本船SSP的要点、实施情况、管理与修改情况等。以上活动均应适当记录。

(六)保安培训与演习

ISPS规则A部分第13条(船舶保安培训、操练和演习)要求CSO、相关的岸上人员、SSO、船上承担保安职责的人员等要根据规则B部分第13条(为确保船舶安全而进行的培训、演习和训练)的指导,掌握保安方面的知识并受到相应的培训;为确保SSP的有效实施,应考虑到船舶类型、船上人员的变动、所停靠的港口设施和其他相关情况,按适当的间隔期开展演练。CSO应按适当的间隔期参加演习,由此确保有效协调和实施SSP。

根据ISPS规则B部分第13条,保安演习和训练的目的是确保船上人员熟悉在各保安等级中的职责,以及确保鉴别所有与保安方面有关的缺陷。为确保有效落实SSP的规定,应至少每3个月进行一次演习。此外,如一次有25%以上的船员发生变更,且这些人员在最近的3个月中没有参加过该船的演习,则必须在发生变更的一个星期内进行演习。由CSO、港口设施保安员、有关缔约国当局以及SSO参加的演习在18个月的间隔期内应至少每年进行一次。这些演习应测试通信、协调、资源共享和应答,训练可以是:全方位或现场;桌面模拟或专题讨论会;结合其他训练,例如搜救或应急反应训练。公司参与其他缔约国政府的训练应经主管机关认可。

(七)船舶在不同保安等级时的行动

如前所述,船舶的保安等级分为三级,船舶须按缔约国政府规定的保安等级采取行动。

(1)保安等级1——应通过适当的措施并考虑到ISPS规则B部分(第8、9、13条)的指导,在船上开展以下活动,以便针对保安事件确定并采取防范措施:①确保履行船舶的所有保安职责;②对登船予以控制;③控制人员及物品上船;④监控限制区域,确保只有经过授权的人员才能进入;⑤监控甲板区域和船舶周围区域;⑥监督货物和船舶备品装卸;⑦确保随时可进行保安通信。

保安等级2——应考虑到规则B部分(第8、9、13条)的指导,对上述活动实施船舶保安计划中规定的附加防范性保安措施。

保安等级3——应考虑到规则B部分(第8、9、13条)的指导,对上述活动实施船舶保安计划中规定的进一步的特定防范性保安措施。

(2)如果主管机关规定了保安等级2或3,船舶应确认已收到关于改变保安等级的指令,并迅速提高船舶的保安等级和实施相应的船舶保安措施。

(3)船舶在进入缔约国境内的港口之前,或在缔约国境内的港口期间,如果缔约国政府规定的保安等级高于船舶主管机关为其规定的保安等级时,船舶应符合缔约国政府规定的保安等级要求。

如果缔约国政府规定了保安等级2或3时,船舶应确认已收到指令,并应向港口设施保安员确认已开始实施:

①SSP中所列明的适当措施和程序;

②在保安等级3时缔约国政府发出的指令中所列明的适当措施和程序。

船舶应向缔约国主管机关报告在实施这些措施和程序过程中遇到的任何困难。如有必要,SSO应与PFSO进行联络并协调适当的行动。

(4)如果船舶按其主管机关要求所设定的或已处于的保安等级高于其拟进入或所在港口的保安等级,船舶应立即将此情况通知港口设施所在缔约国的主管机关和PFSO。如有必要,SSO应与PFSO进行联络并协调适当的行动。

(5)在缔约国政府规定保安等级并已确保向在其领海的或意图进入其领海的船舶提供保安等级的信息时,船舶应保持戒备,并立即向其主管机关和附近任何沿岸国报告其所注意到的可能影响该区域海上保安的任何信息。

(6)如果船舶不能符合船舶主管机关或另一缔约国政府规定的适用该船舶的保安等级要求,则该船应在进行任何船/港界面活动之前,或在进港之前(以先者为准)将此通知适当的主管当局。

(八)保安声明

保安声明作为船舶在发生船/港界面活动或船/船活动期间,与港口设施或其他船舶之间达成谅解的书面记录,主要用于协调双方各自保安计划要求的保安措施,明确各自的责任,以求达到共同的保安要求。

1.需要填写保安声明的情况

根据ISPS规则的要求,缔约国政府应通过评估船/港界面活动或船到船活动对人员、财产或环境造成的危险,确定何时要求提交保安声明:

船舶在以下情况下可要求填写保安声明(ISPS规则A部分第5.2条):(1)该船营运所处的保安等级高于作为其界面活动对象的港口设施或其他船舶的保安等级;(2)在缔约国政府之间有涉及某些国际航线或这些航线上的具体船舶的关于保安声明的协议;(3)曾经有过涉及该船或该港口设施的保安威胁或保安事件(按适用情况);(4)该船位于一个不要求具有和实施经批准的港口设施保安计划的港口;(5)该船与另一艘不要求具有和实施经批准的船舶保安计划的船舶进行船到船活动。

如果本船收到了港口设施或他船要求签署保安声明的请求,应及时予以确认并回复,同时应积极采取相关保安措施,维护好保安状况。

如果本船要求签署保安声明的请求没有得到对方回应,船长和船舶保安员应进行保安风险评估,并且根据评估中所发现的薄弱环节,在本船上采取相应附加保安措施以维持本船保安,同时,船舶保安员应在船舶保安记录中记载对方未回应本船要求签署保安声明的事实、当时保安状况和对方采取的保安措施及其有效性以及本船所采取的附加保安措施。

保安声明应由以下各方填写:(1)船方——船长或SSO;(2)港口设施——PFSO,或如果缔约国政府另行决定,由负责岸上保安的任何其他机构。

2. 有关保安声明的其他要求

(1)保安声明应提出港口设施与船舶之间(或船舶与船舶之间)可以共用的保安要求,并应说明各自的责任。

(2)缔约国政府应规定其境内港口设施保存保安声明的最低期限。

(3)主管机关应规定悬挂其国旗的船舶保存保安声明的最低期限。

(4)若在声明的有效期内保安等级发生变化,应改变或重新制定保安声明。

(5)保安声明的语言应是英语、法语、西班牙语或界面活动双方均熟悉的语言。

另外,船舶与港口之间、船舶与船舶之间的保安声明按规定的格式填写。

(九)记录

ISPS 规则 A 部分第 10 条规定,SSP 所涉及的以下活动的记录应按主管机关规定的最低期限保存在船上:(1)培训、训练和演习;(2)保安状况受到的威胁和保安事件;(3)保安状况受到的破坏;(4)保安等级的改变;(5)与船舶直接保安状况(例如对船舶或对船舶所停留或曾经停留的港口设施的具体威胁)有关的通信;(6)保安活动的内部审核和评审;(7)对船舶保安评估的定期评审;(8)对船舶保安计划的定期评审;(9)对保安计划修正的实施;(10)船上保安设备的保养、校准和测试,包括对船舶保安警报系统的测试。

应使用船上的一种或几种工作语言来保持记录。如果所用语言不是英文、法文或西班牙文,还应包括其中一种语言的译文。

记录可以用电子格式保存。在这种情况下,应通过程序对其加以保护,防止其被擅自删除、破坏或修改,还应防止擅自接触或泄露该记录。

三、港口设施保安

作为船/港界面活动的另一方,港口设施保安是海上保安的另一个重要环节。港口设施保安的内容包括港口设施保安评估,港口设施保安计划,港口设施保安组织/保安员,港口设施保安声明,港口设施保安培训、演练和演习,港口设施保安审核和发证等,与船舶保安的内容和流程类似,不再赘述。

第三节 我国对海上保安的相关规定

中国作为 SOLAS 公约的缔约国,为了更好地履行 SOLAS 公约及 ISPS 规则,对 ISPS 规则进行了国内化立法。交通部于 2003 年 11 月 14 日发布了《港口设施保安规则》(交水发〔2003〕500 号,现已废止),于 2004 年 6 月 16 日发布了《船舶保安规则》(交海发〔2004〕315

号,现已废止)。2007年,交通部对这两个规则进行了更新,修改后的规则更名为《中华人民共和国国际船舶保安规则》(2007年7月1日生效)和《中华人民共和国港口设施保安规则》(2008年3月1日生效)。2008年5月14日,中国海事局发布了《中华人民共和国国内船舶保安规则(试行)》。上述规章是中国政府履行保安义务和职责的依据。

一、中国政府关于国际航行船舶保安的职责

(一)主管机关及其职责

根据《国际船舶保安规则》第三条的规定,交通运输部主管全国船舶保安工作;中国海事局负责具体执行SOLAS公约和ISPS规则规定的缔约国政府船舶保安主管机关的职责;交通运输部在沿海设立的海事管理机构按照本规则具体履行下列职责:(1)负责管理船舶保安员和公司保安员的培训,对通过规定的船舶保安培训并经考试合格者,签发相应的培训合格证;(2)接收船舶海上保安信息,并在法定的职责内按照规定的程序采取相应的行动;(3)向已经进入中国领海或者已经报告拟进入中国领海的船舶提供相应的保安信息,向相关部门通报保安信息,并按照法定职责采取相应的行动;(4)实施船舶保安监督管理,检查船舶连续概要记录、国际船舶保安证书、临时国际船舶保安证书、保安报警装置、保安演习以及本规则规定的其他船舶保安事项,检查已经批准的船舶保安计划以及修订内容的有效性;(5)对船舶保安员、公司保安员实施监督管理;(6)中华人民共和国海事局规定的其他船舶保安职责。

该规则第六条规定,中华人民共和国海事局应当根据威胁信息的可信程度、得到佐证的程度、具体或者紧迫程度以及保安事件潜在的后果确定和调整船舶的保安等级。威胁信息包括但不限于以船舶为载体或者工具对下列对象产生威胁的信息:国家安全、公共安全、公共卫生、公共环境、公共资源、海上通信安全、重要设施安全、社会治安等。

船舶保安等级由交通部发布。交通部发布船舶保安等级时,可以视情发出适当的指令,并向可能受到影响的船舶提供保安信息。

(二)《国际船舶保安规则》的适用范围

该规则第二条规定,本规则适用于下列从事国际航行的中国籍船舶和从事国际航运业务的中国公司以及进入中国管辖海域的外国籍船舶:(1)客船;(2)500总吨及以上的货船;(3)500总吨及以上的特种用途船;(4)移动式海上钻井装置。本规则不适用于军用船舶和仅用于政府公务用途的船舶。

二、海上保安报警和处置

中国海上搜救中心总值班室是全国船舶和港口设施保安的总联络点,负责全国船舶和港口设施的保安报警接收和保安信息联络工作。

交通部在沿海设立的各海事管理机构的值班室,负责下列事项的对外联系工作:(1)接收港口保安信息和船舶保安信息,针对接到的保安报警及时按照船舶保安应急反应程序采取通告有关部门等保安行动;(2)对船舶提供保安建议或者援助;(3)为拟进入我国领海和港口的船舶提供保安信息和保安通信联系;(4)按规定程序向中国海上搜救中心总值班室报告保安信息。

当出现威胁船舶、船/港界面活动或者船到船活动安全的任何可疑行为或者情况,船长或

者船舶保安员应当向船舶所在公司进行船舶保安报警。

公司保安员收到船舶保安报警后,应当立即与保安事件发生地的海事管理机构联系,报告船舶的船名、船籍、位置、船舶种类、船上人员和货物情况、受到的保安威胁等情况,同时通报船籍港海事管理机构;如涉及港口设施,还应通报港口设施所在地港口行政管理部门。

船舶应当制定并落实有关措施妥善使用船舶保安警报设备,以防止船舶发生误报警。保安报警的测试应当避免采取直接与海上保安联络点之间测试的方式,以保证海上保安报警线路的畅通。船舶发生误报警,应当采取措施立即消除,并向有关海事管理机构报告;海事管理机构以及其他单位和个人因对误报警采取行动支付的额外费用,由误报警的船舶承担。

中国海事局负责统一对外发布除保安等级以外的船舶保安信息,并发布全国性或者局部重要性的船舶保安指令。各海事管理机构根据中华人民共和国海事局的授权,向相关单位发布船舶保安信息和指令。

海事管理机构在收到港口保安事件和其他港口保安信息后,应当按照应急反应程序,通知相关的公司和船舶,协调港口设施和船舶的保安行动,同时及时通报港口行政管理部门。

海事管理机构收到中国管辖水域内船舶的保安报警后,应当按照规定的程序及时采取应急反应措施。海事管理机构在收到中国管辖水域外船舶的保安报警后,应当立即向中国海事局报告,由中国海事局按照规定的程序采取通知该船舶航行位置附近国家等行动。

《国际船舶保安规则》还规定了对船舶和船公司的要求、审核和发证、监督检查与法律责任、附则等内容,具体详见规则。

三、国内航行船舶和港口设施保安

国内航行船舶和港口设施保安方面的规定,在相关定义、保安管理流程、保安审核和发证等方面与国际船舶保安规则的相关规定类似,在适用范围、负责机构和职责等方面存在差异,具体规定详见《中华人民共和国国内船舶保安规则(试行)》和《中华人民共和国港口设施保安规则》。

第十章 老旧运输船舶及报废船舶管理

老旧船舶由于其本身的特点,发生的事故较多,应及时报废,但由于购买的成本较低,因此吸引了一部分船舶所有人购买。对老旧船舶进行科学管理也是保证安全的一个十分重要的方面。近年来,随着我国拆船业的较快发展,进口废旧船舶的检查检验和交接工作显得愈发重要。

第一节 老旧运输船舶管理概述

一、我国老旧运输船舶的概念

在 2001 年 4 月 9 日发布实施《老旧运输船舶管理规定》以前,称老旧运输船舶为“老旧船”。不同的国家对于老旧船舶有不同的定义,在日本老旧船舶是指船龄在 15 年及以上的船舶,在我国关于老旧船舶还没有定义,交通部于 1993 年 2 月 25 日发布的《老旧船舶管理规定》对老旧船舶进行了规定。该管理规定中定义的老旧船包括:老龄船舶和超龄船舶。在该规定中,根据航行水域不同,分别定义了老旧海船和老旧河船。2017 年 5 月 23 日实施的《老旧运输船舶管理规定》中,也进行了同样的定义。《老旧运输船舶管理规定》的主要内容如下。

1. *老旧海船*

根据船舶的用途不同,老旧海船共分为五类。

一类老旧海船:指船龄在 10 年以上的高速客船;

二类老旧海船:指船龄在 10 年以上的客滚船、客货船、客渡船、客货渡船(包括旅客列车轮渡)、旅游船、客船;

三类老旧海船:指船龄在 12 年以上的油船(包括沥青船)、散装化学品船、液化气船;

四类老旧海船:指船龄在 18 年以上的散货船、矿砂船;

五类老旧海船:指船龄在 20 年以上的货滚船、散装水泥船、冷藏船、杂货船、多用途船、集装箱船、木材船、拖船、推船、驳船等。

2. *老旧河船*

根据内河船舶用途不同,老旧河船共分为五种类型。

一类老旧河船:指船龄在 10 年以上的高速客船;

二类老旧河船:指船龄在 10 年以上的客滚船、客货船、客渡船、客货渡船(包括旅客列车轮渡)、旅游船、客船;

三类老旧河船:指船龄在 16 年以上的油船(包括沥青船)、散装化学品船、液化气船;

四类老旧河船:指船龄在 18 年以上的散货船、矿砂船;

五类老旧河船:指船龄在 20 年以上的货滚船、散装水泥船、冷藏船、杂货船、多用途船、集装箱船、木材船、拖船、推船、驳船(包括油驳)等。

二、老旧运输船管理的目的和意义

根据《老旧运输船舶管理规定》第一条,对老旧运输船舶进行管理的目的主要是:加强老旧船舶管理,优化水路运力结构,提高船舶技术水平,保障水路运输安全,促进水路运输事业健康发展。

1. 加强老旧船舶管理,优化水路运力结构,提高船舶技术水平

2001 年交通部发布了《公路、水路交通结构调整意见》,其中指出了在水运工具方面存在的主要问题是:船舶运力结构不合理,船舶总体技术水平低,船舶老化。国际海运船队中的方便旗船队比重呈上升趋势,国旗船队发展缓慢;船队结构不合理,普通干散货船比重高,液体散货船比重远低于世界平均水平,超大型油船、液化天然气船(LNG)几乎是空白;船舶大型化发展缓慢,船舶平均载重吨位低;内河运输船舶技术状况十分落后,船型、机型、材质杂乱,能耗大,平均吨位低;海事、救助船舶功率小,船速低,功能少,抗风能力弱,船龄老化,难以适应水运事业的发展。

2. 保障水路运输安全及防止水域污染

船舶发生事故与船舶的船龄存在密切关系,有人认为,船龄与事故发生率成正比关系。人们从大量的海事统计资料和具体海事案例中得出的一个普遍结论是:船龄愈大,潜在的安全隐患越多,安全性愈差,发生海上事故的风险或概率也越大。哥德堡海运研究所对 1985—1995 年间全损灭失的散货船的统计表明,总计 115 艘的灭失散货船的平均船龄高达 25 年,表明高龄散货船具有最大的全损事故比率。保险业对 1998 年世界海难事故全损情况的设想报告指出,散货船全损艘数及重大海难的特点是集中发生在高龄船舶,发生海难的 13 艘船舶,有 12 艘船是 20 年以上船龄的船舶。2000 年全球有 24 艘干货船发生海损,其中船龄超过 20 年的老龄船舶 14 艘;过去 10 年有 134 艘干散货船灭失,平均船龄为 20. 3 年,死亡船员 740 人,事故主要原因是船体结构老化;油船也一样,在 1998 年 6 艘全损油船中,3 艘船龄在 25 年以上,其余 3 艘船龄为 20~24 年;在全年 57 艘全损的杂货船中,38 艘船龄在 20 年以上。IMO 也认为:不能认为船龄与发生海难可能性之间毫无关联,尽管船龄不是造成海难的直接原因,但如与其他原因合并起来研究,船龄显然就是主要的海难原因之一。

三、老旧运输船舶管理的制度

1. 运输船舶强制报废制度

《关于实施运输船舶强制报废制度的意见》(以下简称“意见”)已经由国务院批准并于 2001 年 1 月 1 日开始针对客船类运输船舶及其他类运输船舶分期开始实施。在该意见中,首先明确了实施船舶强制报废制度的重要性,指出目前我国运输船舶存在严重老化,老旧船舶数

量多,船舶技术状况差,安全隐患多等突出问题,对我国和人民生命财产构成重大威胁,对航运健康发展产生了负面影响。接着,规定禁止达到报废船龄标准的运输船舶从事水路运输活动,并具体规定了海船各类船舶的报废船龄和河船各类船舶的报废船龄。同时,为了实现船舶报废制度中所规定的内容,“意见”要求各级交通主管部门、海事管理机构、船舶检验等部门要严格把关,加强综合管理。对达到报废船龄的运输船舶,海事管理机构不予签证和运输船舶登记手续,船检机构不予核发船舶检验证书,交通主管部门不予核发船舶营运证件;对报废船舶违反规定擅自从事运输的,视情节轻重,予以扣留封存或者强制拆解,所发生的费用由船舶所有人或经营人承担。

实行运输船舶强制报废制度,是与《内河运输船舶标准化管理规定》相呼应的。一方面在对老旧船舶实行报废的同时,又从政策及法规的层次上引导船舶所有人或经营人建造船舶的种类,因而从整体上调控了内河船舶的构成,提高了内河船舶的技术水平。

2. 对老旧运输船舶实行分类技术监督管理制度

对老旧运输船舶实行分类技术监督管理制度也是《老旧运输船舶管理规定》所确定的一种制度,该制度不仅承袭了《老旧船舶管理规定》所实行的制度,而且更为完善。该制度的总体内容是:第一,界定了老旧船舶的含义;第二,要求船舶所有人或经营人采取有效措施,加强老旧运输船舶的跟踪管理,适当缩短船舶设备检修、养护检查周期和各种电气装置的绝缘电阻测量周期;第三,对于达到老旧船舶船龄的船舶仍然从事货物运输的,除应该进行的检验外,还应当向其认可的检验机构申请特别检验。此后自首次特别定期检验届满一年后,每年申请一次特别定期检验;检验合格的从事运输但不申请该特别定期检验或检验不合格的老旧船舶,给予报废处理。

3. 对老旧船舶进口及光船租赁严格控制制度

《老旧运输船舶管理规定》明确规定不得从购置外国籍或者以光船租赁条件租赁外国籍的老旧船舶从事水路运输。

第二节 《老旧运输船舶管理规定》的主要内容

一、总则

总则部分共七条,规定了该规定制定的目的、适用范围、规则对船龄的计算方法、老旧船舶的含义,以及对达到报废年龄船舶实行强制报废与县级及以上人民政府交通主管部门对老旧船舶的管理等。

二、购置与光船租赁外国籍船与船舶改造

1. 购置与光船租赁外国籍船的管理

任何组织和个人不得购置与以光船租赁条件租赁外国籍废钢船从事水路运输。购置或以光船租赁条件租赁外国籍船舶从事水路运输的,除船龄应该低于规定中定义的老旧船舶外,船

舶的购置人或承租人还应当了解船舶的技术状况，并办理相关手续。

（1）购置或者光租外国籍一、二、三类船舶前，应当按照国家有关规定向设区的市级人民政府水路运输管理部门提出增加运力的申请，并报经具有许可权限的部门批准；购置或者光租外国籍四、五类船舶，应当按有关规定在签订购置或者光租意向后15个工作日内向所在地设区的市级人民政府水路运输管理部门备案。

（2）购置外国籍船舶或者以光船租赁条件租赁外国籍船舶后，应依法向海事管理机构认可的船舶检验机构申请初次检验，取得其签发的船舶检验证书。

（3）购置外国籍船舶或者以光船租赁条件租赁外国籍船舶取得船舶检验证书后，应依法向海事管理机构申请船舶登记、光船租赁登记，取得其签发的船舶所有权登记证书、船舶国籍证书或光船租赁登记证明书及临时船舶国籍证书。

（4）购置外国籍船舶或者以光船租赁条件租赁外国籍船舶取得船舶国籍证书或光船租赁登记证明书及临时船舶国籍证书后，经营国内水路运输的，应当按有关规定向县级以上人民政府交通主管部门提出申请，取得船舶营运证；经营国际运输的，于投入运营前15日向交通运输部备案。交通运输部应当自收到备案材料之日起3日内出具备案证明书。

船舶检验机构应当严格按照有关船舶法定检验技术规则和本规定对购置的外国籍船舶或者以光船租赁条件租赁的外国籍船舶进行检验。船舶登记机关应当严格按照有关船舶登记规定和本规定对购置的外国籍船舶或者以光船租赁条件租赁的外国籍船舶进行登记。交通运输部和水路运输管理部门应当按国家有关水路运输经营管理规定和本规定对经营水路运输的申请进行审核，符合条件的，发给船舶营运证或者国际船舶备案证明书。

2. 船舶改造管理

四类、五类船舶不得改为一类、二类、三类船舶从事水路运输，三类船舶之间不得相互改建并从事水路运输。改建一、二、三类老旧运输船舶，应当按运力变更的规定报原许可机关批准。改建老旧运输船舶，必须向海事管理机构认可的船舶检验机构申请建造检验。

船舶检验机构对改建的老旧运输船舶签发船舶检验证书，应当注明改建日期，但不得改变船舶建造日期。老旧运输船舶经过改建，与改建前不属本规定的同一船舶类型的，其特别定期检验船龄、强制报废船龄适用于改建后老旧运输船舶类型的规定。

三、船舶营运管理

船舶所有人或者经营人应采取有效措施，加强老旧运输船舶的跟踪管理，适当缩短船舶设备检修、养护检查周期和各种电气装置的绝缘电阻测量周期，严禁失修失养。船舶所有人或者经营人改变老旧运输船舶的用途或航区，必须向海事管理机构认可的船舶检验机构申请临时检验，核定载重线和乘客定额、船舶构造及设备的安全性能，必要时重新丈量总吨位和净吨位。海事管理机构在现场监督检查时，发现从事国内运输的老旧运输船舶不能提供有效的船舶营运证件的，应当通知船舶经营人所在地设区的市级人民政府水路运输管理部门依法处理。

海事管理机构应当对从事国际运输的中国籍老旧运输船舶和进出我国港口的达到本规定老旧船舶年限的外国籍运输船舶加强监督检查。对处于不适航状态或者有其他妨碍、可能妨碍水上交通安全的老旧运输船舶，海事管理机构依照有关法律、行政法规的规定禁止其进港、离港，或责令其停航、改航、驶向指定地点。

船舶所有人或者经营人应当按照国家有关规定，向海事管理机构认可的船舶检验机构申请对营运中的老旧运输船舶进行定期检验。经检验不合格的,不得经营水路运输。老旧运输船舶达到本规定附录规定的特别定期检验的船龄,继续经营水路运输的,船舶所有人或经营人应当在达到特别定期检验船龄的前后半年内向海事管理机构认可的船舶检验机构申请特别定期检验,取得相应的船舶检验证书,并报船舶营运证或者国际船舶备案证明书的发证机关备案。

经特别定期检验合格、继续经营水路运输的老旧运输船舶,船舶所有人或者经营人应当自首次特别定期检验届满一年后每年申请一次特别定期检验,取得相应的船舶检验证书,并报船舶营运证或者国际船舶备案证明书的发证机关备案。

交通运输部和水路运输管理部门发现老旧运输船舶的技术状况可能影响航行安全的,应当通知海事管理机构。老旧运输船舶的技术状况可能影响航行安全的,海事管理机构应当责成船舶所有人或经营人向船舶检验机构申请临时检验。

未按规定申请特别定期检验或者经特别定期检验不合格的老旧运输船舶,应予以报废。达到本规定附录规定的强制报废船龄的船舶,应予以报废。

船舶检验证书、船舶营运证的有效期最长不得超过本规定附录规定的船舶强制报废船龄的日期。船舶报废后,其船舶营运证或者国际船舶备案证明书自报废之日起失效,船舶所有人或者经营人应在船舶报废之日起 15 日内将船舶营运证或者国际船舶备案证明书交回原发证机关予以注销。其船舶检验证书由原发证机关加注“不得从事水路运输”字样。禁止使用已经报废的船舶从事水路运输。禁止使用报废船舶的设备及其他零部件拼装运输船舶从事水路运输。

报废船舶改作趸船、水上娱乐设施以及其他非运输设施,应符合国家有关规定。

《老旧运输船舶管理规定》同时还对监督和处罚做出了规定。海船船龄标准如表 10-1 所示,河船船龄标准如表 10-2 所示。

表 10-1 海船船龄标准

船舶类别	购置、光租外国籍船船龄	特别定期检验船龄	强制报废船龄
一类船舶	10 年以下	18 年以上	25 年以上
二类船舶	10 年以下	24 年以上	30 年以上
三类船舶	12 年以下	26 年以上	31 年以上
四类船舶	18 年以下	28 年以上	33 年以上
五类船舶	20 年以下	29 年以上	34 年以上

表 10-2 河船船龄标准

船舶类别	购置、光租外国籍船船龄	特别定期检验船龄	强制报废船龄
一类船舶	10 年以下	18 年以上	25 年以上
二类船舶	10 年以下	24 年以上	30 年以上
三类船舶	16 年以下	26 年以上	31 年以上
四类船舶	18 年以下	28 年以上	33 年以上
其中黑龙江水系船舶	18 年以下	33 年以上	39 年以上
五类船舶	20 年以下	29 年以上	35 年以上
其中黑龙江水系船舶	20 年以下	35 年以上	41 年以上

第三节 进口废旧船舶检查检验与交接

近年来，我国拆船业得到较快发展，为加强进口废旧船舶的检查检验和交接工作，国务院口岸领导小组于1986年制定了《关于废旧船舶检查检验和交接工作的若干规定》。

一、检查检验和交接工作的组织领导

进口废旧船舶检查检验和交接工作，由交船港口所在地的口岸管理机构负责统一组织领导，由港务监督、海关、边防、卫生检疫、动植物检疫等单位按《国际航行船舶进出口联合检查进行程序与注意事项》和其他有关规定，负责联检查和检查检验工作；由买船单位或买船代理部门负责验船、技术交接、接船、冲滩（进坞、靠码头）等工作。

买船部门需外轮代理部门协助接船时，应按有关规定书面委托当地外轮代理部门，并及时提供买船合同副本、船舶规范和有关资料。外轮代理部门根据委托，在口岸管理机构统一领导下，积极配合委托人做好有关接船工作。买船单位和买船代理在交接工作过程中，应及时、妥善地办理好进口废旧船舶的交接手续。

二、检查检验和交接工作程序

1. 申报

买船单位或买船代理应在废旧船舶到港7天前，将合同副本或影印件（如合同未到，可将合同号、船名、船籍、船型、吨位、主尺度、价值，预抵港口时间的订货电传、电报）送交参加检查检验和交接工作的有关单位，并办理报关、申请检查检验等有关手续。合同副本或影印本应同时报当地口岸管理机构。

2. 船舶抵港期预报、确报

在买船合同中，对废旧船舶抵港期的14天、3天、1天的预报、确报应做出明确规定，并要求由卖方或船方委托抵达港的外轮代理部门向买船单位和港方监督及时发出抵达期的具体预报、确报，通告船舶状况（前后吃水、装载量、压舱水量、存油量）资料。

3. 废旧船舶到港备检、备交

接到废旧船舶到港确报后，港务监督负责通知海关、边防、卫生检疫等联检单位；买船单位负责通知接船有关单位，提前到交船地点集合，准备检查检验和交接工作。

4. 检查检验工作

港务监督、海关、边防、卫生检疫人员进行联检的时间，一般应不迟于废旧船舶进入联检锚地后的24小时。

联检后，买船单位即可组织有关人员（买船代理部门、卫生检疫、动植物检疫和接船人员）登轮验船并商定交接工作有关事宜。检疫人员根据我国规定进行检疫；买船单位和买船代理负责按合同检查废旧船的状况，如符合合同条款即签收备交通知书，同时通知付款。

5. 交接工作

在签收《备交通知书》至船东发出交船命令期间，接船代表、船长、轮机长等应抓紧与外轮船长、轮机长等办理业务和技术交接。同时，买船单位与外轮船长商定交接时间。

在外轮船东发出交船命令后，买船单位和买船代理即可与外轮船长办理废旧船舶交接签字手续，举行交付仪式并换挂船旗（买船单位应在交接前向港方监督申请办理好废旧船登记注册手续）。办理登记交接手续后，废旧船舶的产权及其风险即属买船单位。

6. 船体检查验证

外籍船员离船后，在买船单位人员陪同下，海关、边防、卫生检疫和动植物检疫人员立即对船体各部分进行检查检验工作。边防人员负责收缴船上的武器、弹药等；海关人员负责没收船上对我国政治、经济、文化有害的物品和其他受管制的物品；卫生检疫人员负责查收船上的药品并清理旧衣物与卧具等；动植物检疫人员负责没收船上动植物、动植物制品及土壤；港务监督人员负责收管船上的航海资料、船舶证书或其副本。检查完毕，各检查检验单位应分别开列收缴、没收、查收的物品记录和清单，并注明品名和数量，交买船单位收存，并根据清单复核清点并签字确认。最后由海关代表检查检验单位向接船单位宣布船体检查完毕，并经卫生、动植物检疫处理合格后准予放行。

第四节　船舶拆解监督管理

为加强水上交通安全管理，保障人命和财产安全，防止水域污染，促进拆船业的发展，我国港务监督局依据《海上交通安全法》《水污染防治法》《海洋环境保护法》《内河交通安全管理条例》《防止船舶污染海域管理条例》等法规，于 1987 年 2 月制定了关于船舶拆解管理的暂行办法。1988 年 5 月 18 日国务院发布并于同年 6 月 1 日起实施了《防止拆船污染环境管理条例》，依据该条例，交通部于 1990 年 1 月 1 日实施了《中华人民共和国交通部拆解船舶监督管理规则》，同时废止了中华人民共和国港务监督局于 1987 年 2 月 16 日颁布的《关于船舶拆解监督管理的暂行办法》。

一、概述

船舶拆解问题历来受到国际上的高度重视：第一，由于从事船舶拆解作业的职业是高危险职业之一；第二，船舶在拆解前船上经常存有各种对环境有害的物质，如果处理不当极易造成海洋环境污染；第三，废旧船舶拆解促进了船舶废旧物品的重复利用。为此，国际劳工组织制定了《拆船安全和健康导则（草案）》，巴塞尔公约缔约国大会第六次会议通过了《船舶全部和部分拆解环保管理的技术导则》，国际海事组织于 2003 年以 A. 926(23) 号决议通过了《IMO 拆船导则》等，用于指导各相关方面对船舶进行拆解工作。

我国对船舶拆解可能造成的环境污染问题及保障人身健康也高度重视，1988 年国务院发布和实施了《中华人民共和国防止拆解污染环境管理条例》。

二、《IMO 拆船导则》的主要内容

《IMO 拆船导则》是国际海事组织于 2003 年 12 月以 A. 926(23)号决议通过的。刚通过时其为建议性文件,但在 2004 年 10 月国际海事组织环境保护委员会第五十二次会议上,考虑到有制定拆船强制性措施的必要,并同意使《IMO 拆船导则》的某些部分具有强制性。《IMO 拆船导则》共包括十个部分和五个附录。

第一部分:引言。在该部分中,明确指出了对废旧船舶的拆解是可持续发展的基本原则之一,并指出了在当前船舶拆解及其作业中还存在很多的问题。同时,指出了制定导则的目的。

第二部分:适用范围。该导则的制定旨在向船旗国、港口国、拆船国、船舶所有人、造船厂、船舶设备提供者和拆船厂提供一种"最佳做法",该最佳做法是在船舶建造、营运到船舶拆解的全过程中,都要考虑到船舶拆解的做法。

第三部分:定义。在该部分,对导则中所使用的用语进行了定义。主要包括:主管机关、现有船舶、新船、有害物质、拆船厂等。在导则中所指的"现有船舶"是指非新船;而"新船"则定义为:(1)2003 年 12 月 31 日或之后签订建造合同的船舶;或(2)虽未签订建造合同,但在 2004 年 6 月 30 日或之后安放龙骨或处于同一建造期的船舶;或(3)2006 年 12 月 31 日或之后交付的船舶。

第四部分:潜在有害物质的识别。在该部分中,给出了识别潜在有害物质的一些准则,明确指出从对人体健康及环境污染的角度出发,拆船所产生的大量钢、铝等并不是最为引人关注的。最应该注意的是:燃油、润滑油和冷却剂;可漂浮物(例如塑料,绝缘泡沫塑料);可能包含 PCBs 的材料,比如绝缘电线;油渣;压载水中的有害水生物;以及目前(在老船上)作为绝缘材料和舱室面板的石棉。同时指出了包含上述物质的船舶物品,并要求在识别潜在有害物质时,应参照导则中附录一和附录二的要求。

第五部分:绿色通行证。为了推行该导则的实施,《IMO 拆船导则》规定了绿色通行证。通行证上记录了船舶及其设备和系统在建造时使用已知有害物质的信息。在船舶整个营运期间应持有该通行证,在船舶设备变更或维修时,应更新或记录该通行证的相应信息。

绿色通行证上信息至少包括两部分:第一,记录与船舶相关的信息。船舶悬挂的船旗国的国名,船舶在该国的登记日期,船舶在该国注销登记的日期,船舶识别号(IMO 编号)、新交付船舶的序号、船名和船舶类型、船舶登记港、船东名及其地址、船舶入级的所有船级社名称、船舶的主要参数[总长(L_{OA})、(型)宽、(型)深、空船重量]、造船厂名称及地址。第二,船上已知潜在有害物质清单,包括每种物质所在位置及其大概数量或体积,具体分为以下三部分:(1)船舶结构及其设备中的潜在有害物质;(2)操作中生成的废弃物;(3)配件。规定对于新建船舶,第一部分由造船厂在咨询船舶设备制造商后,在船舶建造时期准备好,交船时一起交给船舶所有人;对于旧船由船舶所有人根据船舶图纸、资料等在咨询造船厂及设备制造商后准备好。对于第二和第三部分由船舶所有人在交给拆船厂前的最后航次完成。

第六部分:考虑到船舶拆解,新造船舶应该采取的措施。在该部分对造船厂提出了要求,为了减少船舶在拆解时所产生的有害物质及废弃物,要求造船厂在船舶设计及建造阶段就要考虑这一问题。即在新造船舶时,对船舶及其设备就应最大限度地减少有害物质的使用;船舶的设计便于船舶拆解及移除有害物质;最大限度地减少潜在有害物质的使用及废弃物的生成。

第七部分:考虑到船舶拆解,对现有船舶应采取的措施。除应该准备绿色通行证外,该部

分还要求现有船舶的所有人在船舶经营期间,包括船舶日常维修及重大改建时努力减少在船上的潜在有害物质,并且一直努力寻求在营运期间及拆船时避免产生有害废弃物的有效措施。

第八部分:拆船的准备。主要涉及三方面内容:第一,拆船厂的选择。要求拆船国主管机关应对拆船厂是否具备依照国家法规和相关国际公约规定进行回收的能力进行评估,并公布评价结果。特别要求拆船厂符合国际劳工组织制定的《拆船安全和健康导则》及巴塞尔公约《全部或部分拆船的环境保护技术导则》的规定。船舶所有人所选择的拆船厂应具备上述能力,还要求船舶所有人应在拆船合同中明确具体的拆解方法、保留监督拆船过程的权利及依照导则进行拆船的奖励性条款。第二,船舶交付拆船厂。主要是要求船舶所有人应根据拆船合同移交船舶,同时交付绿色通行证,在可能情况下,还要向拆船厂提供造船厂和设备供应商所给予的拆船技术建议。第三,拆船前的准备工作。主要是要求船舶所有人与拆船厂密切合作,防止环境污染、解决职业安全和健康及确保报废船移交拆船厂的最后航次及之前的船舶安全营运。为实现上述目标,提出了相应的措施。

第九部分:相关各方及相关组织的作用。该部分主要是围绕环保、职业健康与安全,阐述了船旗国、港口国、拆船国、相关国际公约、国际组织等所发挥的作用,为实现上述目,提出了一些建议的做法。

第十部分:技术合作。该部分是为了保证拆船工作及实现"清洁拆船",倡议各方面给予技术与资金上的支持。

该导则还有五个附录,分别是:

附录一:与拆船相关的有害物质和废弃物清单(《全部或部分拆船环保技术导则》附录B);

附录二:可能存在于交付给拆船厂船舶上的潜在有害物质(《2001年8月的拆船业操作规则》附则一);

附录三:船上潜在有害物质清单;

附录四:适用所有类型船舶的热工作业规则一览表;

附录五:对进入船上封闭处所的建议。

三、拆船监督管理规则的主要内容

1. 主管机关

该规则适用于在我国沿海、内河及其港口水域进行交接的拟拆解废钢船,以及从事水上拆解活动和在综合港港区水域从事拆船活动的单位和个人。主管机关是港务(航)监督(现为海事局和港航局)。

2. 拆船场(点)的设置及拆解船舶的安全管理

(1)设置拆船场(点)。在综合港港区水域内和水上设置拆船场(点),拆船人应事先按《防止拆船污染环境管理条例》的要求编制环境影响报告书,并向主管机关提交环境影响报告书和有关部门对设置场(点)的核准意见,经批准后方可设置拆船场(点)和进行拆船作业。

(2)拆解船舶登记方面。拟拆解的外国籍废钢船在交接前,新的船舶所有人应及时向主管机关申请办理船舶登记手续,确认船舶所有权,取得废钢船登记证书后,方可悬挂中华人民共和国国旗。拟拆解的中国籍废钢船在办理交接前,新的船舶所有人应向主管机关申请办理船舶变更登记手续。废钢船拆解完毕时，船舶所有人应向主管机关申请办理船舶注销登记。

(3)拟拆解废钢船的交接。拟拆解的外国籍废钢船须在对外国籍船舶开放的港口或经国家批准的其他地点经联合检查后，方能办理交接船手续。废钢船在交接前，船舶所有人应向主管机关填报废钢船污染物质报告书；拟拆解的废钢船需要进港的，应在进港前按主管机关的规定办理进港申报手续，经主管机关批准后方能进港，并在指定地点停泊。

(4)废钢船舶交接完毕后的工作。废钢船交接完毕后，应尽早地驶往或拖至拆船场点，并及时向主管机关报告船舶动态。船上的有关船舶文书和航海图书、资料由主管机关按有关规定处理。自航废钢船的航行和停泊应遵守我国相关安全规定；非自航废钢船需要拖带的，在申请船舶检验部门检验并出具拖带证明后才能拖带航行。废钢船在到达拆船场点前，未经批准不得拆除或撤走船上的航海仪器、通信设备、消防设备以及必要的安全备品和靠泊用具等。

3. 拆解船舶的防污管理

废钢船在冲滩前，拆船人应将拆船方案和有关安全、防污染措施等情况向主管机关备案；油船在冲滩前，船舶所有人应事先将货油舱(柜)中的存油驳出，并必须进行洗舱、测爆后才能冲滩。

废钢船在拆解前，船舶所有人应清除或委托主管机关认可的单位清除并回收残余油类物质、有毒害物质以及易燃、易爆物质。

废钢船的洗舱水、压舱水和舱底水确需要向水中排放的，须经主管机关批准，并应符合《船舶污染物排放标准》。船舶在拆解过程中，不得任意向水中排放或倾倒油类、油性混合物、废弃物和其他有害物质；也不得在船上焚烧任何可燃物质，如确需使用船上燃烧炉，事先需经批准。同时，还规定在拆解过程中，不得将拆解的船舶部位投弃或存放在水中，未清洗干净的船底和油柜必须拖到岸上拆解。另外，还规定对拆船过程所产生的一些特殊物质的处理。

最后，管理规则还对违反规定的法律责任进行了规定。

第十一章 船员注册、培训、考试与发证

第一节 船员注册

船员注册,是指海事管理机构根据申请人的申请,经依法审查,对符合船员注册条件的予以登记,签发船员服务簿,准许申请人从事船员职业的行为。在我国船员注册分为内河船员注册(成为内河船员)与海船船员注册(成为海船船员)。中国海事局负责统一实施全国船员注册管理工作,负责管理中央管辖水域的海事管理机构和负责管理其他水域的地方海事管理机构(以下统称海事管理机构),依照各自职责具体负责船员注册以及相关管理工作。

一、船员注册的申请和受理

1. 申请

船员注册申请可以由申请人本人提出,也可以由船员服务机构、船员用人单位向海事管理机构代为提出。

申请船员注册,应当具备的条件:(1)年满 18 周岁(在船实习、见习人员年满 16 周岁)但不超过 60 周岁;(2)符合船员健康要求;(3)经过海船船员、内河船舶船员基本安全培训,并经海事管理机构考试合格。申请国际航行船舶船员注册的船员还应当通过海事管理机构组织的船员专业外语考试。

申请船员注册,应当提交的材料包括:(1)船员注册申请;(2)居民身份证、港澳台居民居住证、港澳居民来往内地通行证、台湾居民来往大陆通行证复印件之一;(3)船员体格检查表;(4)近期直边正面 5 厘米免冠白底彩色照片 2 张;(5)海船船员、内河船舶船员基本安全培训合格证明复印件。申请国际航线船舶船员注册的船员还应当提交船员专业外语考试合格证明复印件。

申请人在提交居民身份证、海船船员基本安全培训合格证明、内河船舶船员基本安全培训合格证明以及船员专业外语考试合格证明等复印件时,应当同时向海事管理机构出示原件。

2. 受理

海事管理机构应当自受理船员注册申请之日起 10 日内做出注册或者不予注册的决定。

对符合相关办法规定的，应当给予船员注册，并签发船员服务簿。对不符合相关办法规定的，应当退回申请材料并书面说明理由。

海事管理机构应当对船员赋予唯一的注册编号。业经注册的船员不得重复申请船员注册。

二、船员注册的变更和注销

1. 注册的变更

当船员注册事项发生变化后，包括：船员服务簿中记载的事项发生变化、相貌发生显著变化，船员应在 6 个月内向管理本人注册档案的海事管理机构申请办理船员注册变更的手续。

海事管理机构应当将变更情况在船员服务簿中做相应记载或者换发新船员服务簿。

2. 注销船员注册

当发生下列情形之一时，海事管理机构应当注销船员注册，并予以公告：

（1）死亡或者被宣告失踪的；

（2）丧失民事行为能力的；

（3）依法被吊销船员服务簿的；

（4）本人申请注销注册的。

船员在劳动合同期间发生（1）、（2）情形的，船员服务机构或者船员用人单位应当向海事管理机构报告，并提交相关证明材料，由海事管理机构核实后依法予以注销。海事管理机构吊销船员服务簿的决定，应当向管理该船员注册档案的海事管理机构通报。

申请人被依法吊销船员服务簿的，自被吊销之日起 5 年内不予重新注册。

三、船员服务簿管理

船员服务簿是船员的职业身份证件，任何单位或者个人不得冒用、出租、出借、伪造、变造或者买卖。船员在船工作期间应当携带船员服务簿。

船员服务簿应当载明船员的姓名、性别、国籍、出生日期、住所、联系人、联系方式以及其他有关事项。海事管理机构应当在船员服务簿中记载船员的安全记录、累计记分情况和违法情况。

船员上船任职后和离船解职前，应当主动将船员服务簿提交船长办理船员任职、解职签注。船长应当为本船船员办理船员任职、解职签注，并在船员服务簿中及时、如实记载其服务资历和任职表现。船长的任职签注由离任船长负责签注，船长的解职签注由接任船长负责签注。

因船舶新投入运行、报废等特殊情况无离任或者接任船长时，船长的任职、解职在境内由船舶靠泊地海事管理机构签注；在境外由船长本人签注。

船员服务簿记载页满或者损坏的，应当到管理本人注册档案的海事管理机构办理换发事宜，并提交下列材料：

（1）船员服务簿换发申请；

（2）近期直边正面 5 厘米免冠白底彩色照片 2 张；

（3）记载页满或者损坏的船员服务簿。

船员服务簿遗失的，应当到管理本人注册档案的海事管理机构办理补发事宜，并提交下列材料：

(1)船员服务簿补发申请；

(2)相应证明文件；

(3)近期直边正面5厘米免冠白底彩色照片2张。

第二节 海船船员的分类与分级

一、STCW 78/10 对海船船员的部门划分及分级方法

STCW 78/10 中对甲板部海船船员的分级以500总吨和3 000总吨为分界，而轮机部则以主推进动力装置750千瓦和3 000千瓦为界。船长与甲板部分为3 000总吨或以上船舶的船长、大副，500~3 000总吨船舶的船长、大副，500总吨或以上船舶负责航行值班的高级船员，500总吨或以上海船上组成航行值班部分的普通船员，主推进动力装置为3 000千瓦或以上海船上的轮机长、大管轮，主推进动力装置750~3 000千瓦船舶的轮机长、大管轮，有人看守机舱负责轮机值班的高级船员或定期无人看守机舱指定的值班轮机员，750千瓦或以上海船上的组成值班部分或在定期无人看守机舱指定履行职责的普通船员，对于500总吨以下的船长和负责航行值班的高级船员，根据其是否从事近岸航行又有不同的规定。

二、我国对船员的部门划分及分类与分级

根据STCW公约的要求及我国的实际情况，交通运输部最新修订的《海船船员适任考试和发证规则》，对我国船员的部门划分、分类与分级进行了规定。

(一)适任证书的类别、等级、职务和适用范围

持证人适任的航区分为无限航区和沿海航区，但无线电操作人员适任的航区分为A1、A2、A3和A4海区。

1. 适任证书等级分为：

(1)船长、驾驶员、轮机长和轮机员无限航区适任证书分为两个等级：

一等适任证书：适用于3 000总吨及以上或者主推进动力装置3 000千瓦及以上的船舶；

二等适任证书：适用于500总吨及以上至3 000总吨或者主推进动力装置750千瓦及以上至3 000千瓦的船舶。

(2)沿海航区适任证书分为三个等级：

一等适任证书：适用于3 000总吨及以上或者主推进动力装置3 000千瓦及以上的船舶；

二等适任证书：适用于500总吨及以上至3 000总吨或者主推进动力装置750千瓦及以上至3 000千瓦的船舶；

三等适任证书：适用于未满500总吨或者主推进动力装置未满750千瓦的船舶。

2. 高级值班水手、高级值班机工适任证书适用于500总吨及以上或者主推进动力装置750千瓦及以上的船舶。

3. 值班水手、值班机工适任证书等级分为：

(1)无限航区适任证书适用于500总吨及以上或者主推进动力装置750千瓦及以上的船舶；

(2)沿海航区适任证书分为两个等级：

一等适任证书：适用于500总吨及以上或者主推进动力装置750千瓦及以上的船舶；

二等适任证书：适用于未满500总吨或者主推进动力装置未满750千瓦的船舶。

4. 电子电气员和电子技工适任证书适用于主推进动力装置750千瓦及以上的船舶。

在拖船上任职的船长和甲板部船员所持适任证书等级与该拖轮的主推进动力装置功率的等级相对应。

(二)船员职务分类

船员职务根据服务部门分为：

(1)船长；

(2)甲板部船员：大副、二副、三副、高级值班水手、值班水手，其中大副、二副、三副统称为驾驶员；

(3)轮机部船员：轮机长、大管轮、二管轮、三管轮、电子电气员、高级值班机工、值班机工、电子技工，其中大管轮、二管轮、三管轮统称为轮机员；

(4)无线电操作人员：一级无线电电子员、二级无线电电子员、通用操作员、限用操作员。

(三)功能发证方法

鉴于航海技术的高度发展，船上传统的部门之间的界限不再像过去那样严格，为适应这种情况，在传统分级方法的基础上，又新增加了称为"功能方法"的船员发证方法。该方法打破了船上的部门界限，将船上有关海上人命安全和海上环境保护方面的所有工作划分为不同的功能，并确定每一功能船员所应达到的适任标准，以此为基础颁发证书。功能方法与部门分级方法只是形式上的不同，其对船员的适任要求是完全一致的。

船员职能根据分工分为：①航行；②货物操作和积载；③船舶作业和人员管理；④轮机工程；⑤电气、电子和控制工程；⑥维护和修理；⑦无线电通信。同时，根据在船上所处位置及职责的不同，又分成3个责任级别，即：

1. 管理级

管理级系指与保证正规地履行指定责任范围内的所有功能有关的责任级别，它对应于部门分级方法中的船长、大副、轮机长或大管轮。

2. 操作级

操作级系指在管理级人员的指示下服务，按照正规的程序，对履行指定责任范围内的所有功能保持直接控制的责任级别，它对应于部门分级方法中负责航行或轮机值班的高级船员或被指定为定期无人机舱的值班轮机员或无线电操作员。

3. 支持级

支持级系指在操作级或管理级人员的指示下服务，在海船上履行指定的任务、职责和责任有关的责任等级，它对应于传统分级方法中的普通船员。

根据船员在船上进行的工作及职责的不同，按照功能方法，可要求其具有不同的功能和责任级别。海船船员部门分级方法与功能方法的大致对应关系如表 11-1 所示。

表 11-1 海船船员部门分级方法与功能方法对应表

传统等级	应具有的功能	对应的责任级别
500 总吨或以上船舶船长、大副	1. 航行 2. 货物装卸和积载 3. 控制船舶操作和管理船上人员	管理级
500 总吨或以上船舶负责航行值班的驾驶员	1. 航行 2. 货物装卸和积载 3. 控制船舶操作和管理船上人员	操作级
500 总吨以下从事近岸航行的船舶船长、负责航行值班的驾驶员	1. 航行 2. 货物装卸和积载 3. 控制船舶操作和管理船上人员	操作级
组成航行值班部分的普通船员	航行	支持级
轮机长、大管轮	1. 轮机工程 2. 保养和维修 3. 电气、电子和控制工程 4. 控制船舶操作和管理船上人员	管理级
有人看守机舱负责轮机值班的高级轮机员或定期无人看守机舱指派的值班轮机员	1. 轮机工程 2. 保养和维修 3. 电气、电子和控制工程 4. 控制船舶操作和管理船上人员	操作级
组成机舱值班部分的变通船员	轮机工程	支持级
无线电操作员	无线电通信	操作级

在表 11-1 中，部门分级方法中的各等级海员必须具有相对应的各项功能，但功能方法则不局限于此，例如，某管理级船员可具有航行、货物装卸和积载、控制船舶操作与管理船上人员、无线电通信 4 项功能，即对应于 500 总吨以上海船的船长（或大管轮）及全球海上遇险与安全系统无线电操作员。

第三节 船员培训

一、概述

水上交通运输的实践表明，具有一定数量和水平的船员队伍是安全从事水上交通运输任务的关键。国际上对海事的分析一再说明，船员条件是各类海事中最重要的条件，船员的素质高低直接影响着航运安全和水域环境保护。因此，对船员进行管理一直是航政管理工作中非常重要的一个方面。

水上运输有其鲜明的行业特点,如航程时间较长、运量大、船货价值较高、运输环节多、风险较大等,这就对船员提出了较高的素质要求。因而,世界各海运国家及国际海事组织等与海运有关的组织历来对海员的培训问题十分重视。此外,由于航海科学技术的迅速发展,船舶及其仪器设备日益趋于现代化,船舶尺度和海上通航密度不断增大,船舶载运各类危险货物的不断增加,运输任务越来越复杂化,所有这些情况都要求船员不断更新知识与技能,总结以往的经验教训,从而尽快适应新形势、新情况和新要求。鉴于此,国际海运界对船员素质和船员培训的重视程度越来越高,国际海事组织及世界各国海运主管机构均对船员培训从法律上加以规范,并加强实际执法工作,确保船员培训制度的完善。船员培训已成为保证船舶能始终配有合格船员的根本措施。

船员培训的范围很广,从培训的对象来分,可分为在职船员的培训和预备船员的培训;从其性质来分,可分为强制性培训和非强制性培训;从其内容来看,可包括体能培训、心理素质培训、政治思想教育、专业知识培训、技能训练、实际操作训练等多个方面;从培训的形式来看,可分为船上培训和岸上培训。船员培训的目的也多种多样,如培养船员的集体荣誉感、增强其体质、提高其业务水平等。而我们这里所指的船员培训指为保证船舶、人员及财产安全、保护水域环境而对船员实行的有关专业技能、业务水平、知识更新及特定类型船舶的特殊要求等方面的培训。

二、船员培训的种类和项目

船员培训按照培训内容分为船员基本安全培训、船员适任培训和特殊培训三类。

船员培训按照培训对象分为海船船员培训和内河船舶船员培训两类。

(1)船员基本安全培训,指船员在上船任职前接受的个人求生技能、消防、基本急救以及个人安全和社会责任等方面的培训,包含以下培训项目:①海船船员基本安全;②内河船舶船员基本安全。

(2)船员适任培训,指船员在取得适任证书前接受的使船员适应拟任岗位所需的专业技术知识和专业技能的培训,包括船员岗位适任培训和船员专业技能适任培训。船员岗位适任培训分为海船船员岗位适任培训和内河船舶船员岗位适任培训。

海船船员岗位适任培训包含针对以下岗位的培训项目:①船长;②轮机长;③大副;④大管轮;⑤三副;⑥三管轮;⑦电子电气员;⑧值班机工;⑨值班水手;⑩电子技工;⑪全球海上遇险和安全系统(GMDSS)操作员;⑫引航员;⑬非自航船舶船员;⑭地效翼船船员;⑮游艇操作人员;⑯摩托艇驾驶员。

内河船舶船员岗位适任培训包含针对以下岗位的培训项目:①驾驶岗位;②轮机岗位。

船员专业技能适任培训仅针对海船船员,包含以下培训项目:①精通救生艇筏和救助艇;②精通快速救助艇;③高级消防;④精通急救;⑤船上医护;⑥保安意识;⑦负有指定保安职责船员;⑧船舶保安员。

特殊培训,指针对在危险品船、客船、大型船舶等特殊船舶上工作的船员所进行的培训,分为海船船员特殊培训和内河船舶船员特殊培训。其中,海船船员特殊培训包含以下培训项目:①油船和化学品船货物操作基本培训;②油船货物操作高级培训;③化学品船货物操作高级培训;④液化气船货物操作基本培训;⑤液化气船货物操作高级培训;⑥客船船员特殊培训;⑦大型船舶操纵特殊培训；⑧高速船船员特殊培训；⑨船舶装载散装固体危险和有害物质作业特殊培训；⑩船舶装载包装危险和有害物质作业特殊培训；⑪使用气体或者其他低闪点燃料船舶船员基本培训；⑫使用气体或者其他低闪点燃料船舶船员高级培训；⑬极地水域船舶操作船员基本培训；⑭极地水域船舶操作船员高级培训；⑮水上飞机驾驶员特殊培训。

内河船舶船员特殊培训包含以下船舶类型所进行的培训项目：①油船；②散装化学品船；③液化气船；④客船；⑤高速船；⑥滚装船；⑦载运包装危险货物船舶；⑧液化气燃料动力装置船；⑨水上飞机驾驶员特殊培训。

三、培训机构资质及管理

为了履行 STCW 公约，我国交通运输部新修改的《船员培训管理规则》，该规则对船员培训机构的资质、质量管理、培训的实施等相关内容做出了规定。

经我国主管机构的批准、从事各类各项船员培训的企事业单位、社会团体或有关的航海院校称为培训机构，它们负责船员培训的具体实施，如招收学员、制订教学计划、组织教学和培训等。

《船员培训管理规则》要求船员培训机构必须符合规定的许可条件。

（一）培训许可条件

1. 有符合交通运输部按照国际公约规定的与培训类别和项目相匹配的具体技术要求的场地、设施和设备。

2. 有符合交通运输部按照国际公约规定的与培训类别和项目相匹配的具体技术要求的教学人员，80%的教学人员应当通过中华人民共和国海事局组织的考试，并取得相应证明。

3. 有与船员培训项目相适应的管理人员：(1)配备专职教学管理人员、教学设施设备管理人员、培训发证管理人员和档案管理人员；(2)教学管理人员至少 2 人，具有航海类中专以上学历或者其他专业大专以上学历，熟悉相关法规，熟悉所管理的培训项目；(3)教学设施设备管理人员至少 1 人，具有中专以上学历，能够熟练操作所管理的设施、设备。

4. 有健全的船员培训管理制度，具体包括学员管理制度、教学人员管理制度、培训课程设置制度、培训证明发放制度、教学设施设备管理制度和档案管理制度。

5. 有健全的安全防护制度，具体包括人身安全防护制度和突发事件应急制度等。

6. 有符合交通运输部规定的船员培训质量控制体系。

（二）获得培训许可程序

1. 申请提出

培训机构申请从事船员培训业务，应当向中华人民共和国海事局提出申请，并提交下列申请材料：

(1)开展船员培训申请；

(2)统一社会信用代码证书；

(3)培训场地、设施、设备的情况说明；

(4)教学人员的情况说明及证明材料；

(5)管理人员的情况说明及证明材料；

(6)法规、技术资料的配备情况说明；

(7)船员培训管理制度和安全防护制度文本;

(8)船员培训质量控制体系文件。

培训机构申请从事海船船员培训业务的,还应当同时将申请材料抄送注册地交通运输部直属海事管理机构。

培训机构申请从事内河船舶船员培训业务的,还应当同时将申请材料抄送注册地交通运输部直属海事管理机构或者省级地方海事管理机构。

2. 管理与许可

船员培训申请的受理工作应当按照《交通行政许可实施程序规定》的有关要求办理。部国海事局应当自受理申请之日起 30 日内,做出批准或者不予批准的决定。予以批准的,发给船员培训许可证;不予批准的,书面通知申请人并说明理由。

海事局在受理船员培训申请之后,可以委托交通运输部直属海事管理机构或者省级地方海事管理机构对培训机构进行现场核验。现场核验是对培训机构是否具备许可条件所进行的全面、客观评价。现场核验的工作时间应当计入许可期限。

3. 船员培训许可证的内容

船员培训许可证应当载明培训机构的名称、地址、法定代表人、准予开展的船员培训项目、地点、有效期及其他有关事项。船员培训许可证的有效期为 5 年。

船员培训许可证记载事项发生变更的,培训机构应当向中华人民共和国海事局申请办理变更手续。

增加培训项目的船员培训应当按照本规则的规定重新提出申请。

4. 中期核查

船员培训许可证实施中期核查制度。部国海事局应当自船员培训许可证发证之日起第二周年至第三周年之间对船员培训机构开展中期核查。部国海事局在中期核查过程中,可以要求船员培训机构提交下列材料:(1)船员培训机构符合培训许可条件的说明材料;(2)开展船员培训活动的情况说明;(3)其他相关材料。

中期核查合格的,部国海事局应当在船员培训许可证上进行签注;中期核查不合格的,部海事局应当责令限期改正。培训机构在规定期限内未能改正的,部海事局应当依法撤销相应的船员培训许可证。

5. 培训许可证到期

船员培训机构应当在船员培训许可证有效期届满之日 30 日以前,向部海事局申请办理船员培训许可证的延续手续。部海事局应当自受理延续申请之日起 30 日内,做出批准或者不予批准的决定。

申请办理船员培训许可证的延续手续,应当提交下列材料:(1)船员培训许可证延续申请;(2)统一社会信用代码证;(3)培训场地、设施、设备的情况说明;(4)教学人员的情况说明及证明材料;(5)管理人员的情况说明及证明材料;(6)法规、技术资料的配备情况说明;(7)船员培训管理制度和安全防护制度文本;(8)船员培训质量控制体系文件。

6. 培训许可证注销

有下列情形之一的,中华人民共和国海事局应当办理船员培训许可证注销手续:(1)培训机构自行申请注销的;(2)法人依法终止的;(3)船员培训许可证被依法撤销或者吊销的。

四、船员培训的实施

(一)课程培训

1. 培训准备

(1)培训机构应当将船员培训许可证悬挂在经营场所的醒目位置,公示其培训项目、收费项目、收费标准以及师资等情况。(2)培训机构所有的培训场地、设施、设备应当处于良好的使用状态,并应当具备足够的备用品,培训的易耗品应当得到及时补充,以保障培训的正常进行。(3)培训机构应当按照船员培训许可证载明的培训项目、地点和海事管理机构确定的培训规模开展船员培训。(4)培训机构应当按照交通运输部规定的船员培训大纲和水上交通安全、防治船舶污染等要求设置培训课程、制订培训计划并开展培训。培训机构开展培训的课程应当经过海事管理机构确认。

培训机构在招生时应当向学员告知中华人民共和国海事局规定的有关培训项目中对船员年龄、持证情况、船上服务资历、见习资历、安全任职记录、身体健康状况等方面的要求。

培训机构应当在每期培训班开班 3 日前以书面或者电子方式将培训计划报海事管理机构备案,备案内容应当包括培训规模、教学计划和日程安排、承担本期培训教学的教员情况及培训设施、设备、教材等准备情况;在每期培训班开班之日起 3 日内将学员名册向海事管理机构备案。

2. 培训的实施

培训机构应按经海事管理机构批准的教学大纲中的安排进行培训。按照中华人民共和国海事局的规定对培训活动如实做好记录,保持船员培训质量控制体系的有效运行。

3. 发放培训证明

在培训结束后向参加培训的学员出具相应的船员培训证明。对培训出勤率低于规定培训课时 90%的学员,培训机构不得出具培训证明。在本机构参加培训的学员建立培训档案。

对已按照规定完成培训并且考试、评估合格的学员,由海事管理机构依据相关规定签发相应的考试、评估合格证明。

(二)模拟器培训

培训机构使用模拟器进行培训的,所使用的模拟器应当符合经修正的《1978 年海员培训、发证和值班标准国际公约》以及模拟器功能和性能标准的要求。模拟器模拟功能和性能标准由部海事局制定。

使用模拟器培训前,培训机构应当充分进行测试以确保其与培训目标相适应。

(三)船上培训

开展船上培训的航运公司和相关机构,应当将船上培训计划、学员名单,负责指导和训练学员的船长及高级船员的名单、资历等信息报送海事管理机构。

开展船上培训的航运公司和船舶,在保证船舶正常操作以及航行、作业安全的情况下,应当按照船上培训记录簿所载培训项目的目标和要求开展培训,并保证承担教学和指导任务的船长、高级船员有适当的时间和精力从事相应的船上培训工作。

（四）采用远程教学和电子教学方式培训

采用远程教学和电子教学方式对船员进行培训的培训机构，应当保证提供安全的学习环境并且使学员有充足的时间进行学习，远程教学和电子教学课程适合于选定的目标和训练任务。

五、监督检查

海事管理机构应当建立健全船员培训监督检查制度，督促培训机构落实船员培训管理制度和安全防护制度；应当配备部海事局规定的符合培训管理、考试、评估、发证要求的设备、资料，建立辖区内培训机构档案，对培训机构实施日常监督管理和业务指导；应当对培训机构的船员培训情况开展随机抽查，但对经评估确认质量体系运行、培训质量和社会声誉良好的培训机构，可以降低随机抽查比例。抽查应当包括以下重点内容：(1)教学计划的执行情况；(2)承担本期培训教学任务的教员情况和授课情况；(3)培训设施、设备、教材的使用、补充情况；(4)培训规模与师资配备要求的符合情况；(5)学员的出勤情况。

海事管理机构在实施监督检查时，应当有2名以上执法人员参加，并出示有效的执法证件；实施监督检查，可以询问当事人，向有关培训机构或者个人了解情况，查阅、复制有关资料，并保守被调查培训机构的商业秘密或者个人隐私，实施监督检查应当做好相关记录并予以保存。

接受海事管理机构监督检查的培训机构或者个人，应当如实反映情况和提供资料。

海事管理机构实施监督检查发现培训机构不再具备许可条件的，由海事管理机构责令限期改正，培训机构在规定期限内未能改正的，部海事局应当依法撤销相应的船员培训许可证。

海事管理机构应当公开船员培训的管理事项、办事程序、举报电话、通信地址、电子邮件信箱等信息，自觉接受社会监督。

六、对海上服务资历的要求

1.“船员服务簿”表中“海上服务资历”一列中规定的海上服务资历须在参加岗位适任培训前取得，其中申请无限航区适任证书职务晋升所要求的海上服务资历至少有6个月是在无限航区的船舶上任职，其余时间可以在沿海航区的船舶上任职；船长和高级船员船上见习需在适任考试所有科目和项目全部通过后进行，并在船上见习记录簿中记载；申请适任证书的航区扩大、吨位或者功率提高的，可以免于船上见习。但申请总吨或者功率提高至3 000总吨或者功率3 000千瓦及以上适任证书的船长和管理级高级船员在适任考试所有科目和项目全部通过后，应当在相应航区的3 000总吨或者功率3 000千瓦及以上见习相应的船长或者管理级高级船员职务3个月，并在船上见习记录簿中记载。

2.已持有适用于货物运输船舶适任证书的船员在各类非运输船舶上的海上服务资历可以视为在货物运输船舶的海上服务资历；在两港间航程50海里及以上的客船上服务的船长和高级船员的海上服务资历按照所持适任证书适用的航区、船舶等级确定。

3.申请适任证书航区扩大者，应当持有有效的沿海航区相同船舶等级和职务的适任证书，并实际担任其职务不少于12个月，并完成相应的岗位适任培训；申请适任证书吨位或者功率提高者，应当持有有效的比所申请的吨位或者功率低一级但航区和职务相同的适任证书，并实际担任其职务满12个月，并完成相应的岗位适任培训。

4. 接受航海类教育和岗位适任培训的学员，可以按照以下情形参加适任考试：

（1）接受不少于 2 年的全日制航海类中职/中专及以上教育的学生或者接受不少于 2 年三副、三管轮、电子电气员岗位适任培训的学员，完成全部理论和实践教学内容后，可以相应地申请沿海航区三副、三管轮、电子电气员的适任考试；或者具有不少于 12 个月的海上服务资历后，可以相应地申请无限航区三副、三管轮、电子电气员适任考试。

（2）接受全日制航海类高职/高专及以上教育的学生，或者完成全日制非航海类大专及以上教育并接受不少于 18 个月三副、三管轮、电子电气员岗位适任培训的学员，完成全部理论和实践教学内容后，可以相应地申请无限航区三副、三管轮、电子电气员的适任考试。

（3）经国家海事管理机构认可、教育培训质量良好的航海院校的全日制航海类本科教育学生，完成全部理论和实践教学内容后，可以相应地申请无限航区二副、二管轮的适任考试。

（4）正在接受航海类教育的学生和三副、三管轮、电子电气员岗位适任培训的学员，可以在毕业或者结业前 6 个月内相应地申请参加值班水手、值班机工、电子技工适任考试，免于参加相应的值班水手、值班机工、电子技工岗位适任培训。

接受航海类教育或者岗位适任培训的学员通过三副、二副、三管轮、二管轮适任考试后，应当在 500 总吨或者 750 千瓦及以上的船舶上完成不少于 12 个月的船上见习，其中至少应当有 6 个月是在船长或者高级船员的指导下履行了驾驶台或者机舱值班职责；接受电子电气员航海类教育和适任培训的学员通过适任考试后，应当在相应航区 750 千瓦及以上的船舶上完成不少于 12 个月的船上见习。

（5）经国家海事管理机构确认课程、培训质量体系运行及培训质量和社会声誉良好的培训机构，学员培训期间在船培训、见习的资历可以计入支持级和操作级职务的见习资历。

5. 国家海事管理机构可以认可教育质量管理体系运行良好的航海类教育机构按照本规则开展海船船员适任考试。

第四节　海船船员适任考试

一、用语定义

下列用语的含义：

（1）海船，是指航行于海上以及江海直达的各类船舶，但不包括军事船舶、渔业船舶、体育运动船舶和非营业性游艇；

（2）无限航区，是指海上任何通航水域，包括世界各国的开放港口和国际通航运河及河流；

（3）沿海航区，是指我国沿海的港口、内水和领海以及国家管辖的一切其他通航海域；

（4）A1 海区，是指至少由一个具有连续数字选择呼叫（即 DSC）报警能力的甚高频（VHF）岸台的无线电话所覆盖的区域；

（5）A2 海区，是指除 A1 海区以外，至少由一个具有连续呼叫报警能力的中频（MF）岸台的无线电话所覆盖的区域；

(6)A3 海区,是指除 A1 和 A2 海区以外,由具有连续报警能力的国际海事卫星组织(INMARSAT)静止卫星所覆盖的区域;

(7)A4 海区,是指除 A1、A2 和 A3 海区以外的海区;

(8)非运输船,是指工程船舶、拖船等不从事货物(或者旅客)运输的机动船舶;

(9)安全记录良好,是指自申请之日起向前计算 5 年内未发生负有主要责任的大事故及以上等级事故;

(10)实践教学,是指航海类院校或者培训机构组织实施的实验教学、工厂实习教学和船上实习;

(11)航运公司,是指船舶所有人、经营人、管理人或者光船承租人;

(12)相关机构,是指海船船员服务机构和海员外派机构。

二、适任考试

海船船员的适任考试包括理论考试和评估。理论考试以理论知识为主要考试内容,重点对海船船员专业知识的掌握和理解程度进行测试。评估通过对相应船舶、模拟器或者其他设备的操作,国际通用语言听力测验与口试等方式,重点对海船船员专业知识综合运用、操作及应急等能力进行技能测评。

适任考试科目、大纲由国家海事管理机构统一制定并公布。相关海事管理机构应当在职责范围内制订并公布适任考试具体计划,明确适任考试的时间、地点、申请程序等相关信息。

申请参加适任考试的,应当按照公布的申请程序向有相应权限的海事管理机构提供下列信息:(1)身份证件;(2)所申请考试的适任证书航区、等级、职务;(3)符合海事管理机构要求的照片。

海事管理机构应当于适任考试开始 5 日前向申请人发放准考证,并告知申请人查询适任考试成绩的途径等事项。

适任考试有科目或者项目不及格的,可以在初次适任考试准考证签发之日起 3 年内申请 5 次补考。逾期不能通过全部适任考试的,所有适任考试成绩失效。

海事管理机构应当在考试结束后 30 日内公布成绩。适任考试成绩自全部理论考试和评估成绩均合格之日起 5 年内有效。

三、特免证明

中国籍船舶在境外遇有不可抗力或者其他导致持证船员不能履行职务的特殊情况,无法满足船舶最低安全配员要求,需要由本船下一级船员临时担任上一级职务时,应当向签发该船员适任证书的海事管理机构申请出具特免证明。

申请船长、驾驶员、轮机长、轮机员特免证明的,应当符合下列条件:

(1)申请船长、轮机长特免证明的,应当持有大副或者大管轮适任证书,并在自申请之日起前 5 年内,具有不少于 12 个月的不低于其适任证书所记载船舶、航区、职务的任职资历,任职表现和安全记录良好,且船长、轮机长不能履行职务的情况是因不可抗力原因造成;

(2)申请大副、大管轮特免证明的,应当持有二副、二管轮适任证书,并在自申请之日起前 5 年内,具有不少于 12 个月的不低于其适任证书所记载船舶、航区、职务的任职资历,且任职表现和安全记录良好;

(3)申请二副、二管轮特免证明的,应当持有三副、三管轮适任证书,并在自申请之日起前5年内,具有不少于12个月的不低于其适任证书所记载船舶、航区、职务的任职资历,且任职表现和安全记录良好;

(4)申请三副、三管轮特免证明的,应当持有高级值班水手、值班水手或者高级值班机工、值班机工适任证书,并在自申请之日起前5年内,具有不少于12个月的不低于其适任证书所记载船舶、航区、职务的任职资历,任职表现和安全记录良好。

除申请三副、三管轮特免证明的船员以外的其他船员,不予出具特免证明。

申请特免证明的,应当向海事管理机构提交包含下列内容的申请报告:

①申请理由;

②船舶名称、航行区域、停泊港口;

③拟申请签发对象的资历情况;

④相关证明材料。

收到申请的海事管理机构应当核实有关情况,对符合申请船长、驾驶员、轮机长、轮机员特免证明的规定条件的,应当在3日内出具有效期不超过6个月的特免证明,但船长或者轮机长特免证明的有效期不超过3个月。不符合条件的,应当在3日内告知申请人不予出具特免证明的理由。

一艘船舶上同时持特免证明的船长和高级船员总共不得超过3名。当事船舶抵达中国第一个港口后,特免证明自动失效。失效的特免证明应当及时缴回原出具的海事管理机构。航运公司应当及时为当事船舶安排持相应适任证书的人员补充空缺职位。

四、承认签证

持有经修正的STCW公约缔约国签发的外国适任证书的船员在中国籍船舶上任职的,应当取得由国家海事管理机构签发的外国适任证书的承认签证。

申请承认签证的,应当向国家海事管理机构提交下列材料:①所属缔约国签发的适任证书原件;②表明申请人符合STCW公约和所属缔约国有关船员管理规定的证明文件;③申请人的海船船员身份证件。

国家海事管理机构应当按照STCW公约和本规则规定的标准、条件等内容,对申请承认签证船员所属缔约国的有关船员管理制度从下列方面进行评价:①有关船员适任培训、考试及发证制度是否符合STCW公约要求;②是否按照STCW公约要求建立了有效的船员质量标准控制体系;③船员适任条件等相关要求是否低于本规则规定的相关标准。

按照本条第一款进行评价的结果应当作为签发承认签证的依据,对于评价结果表明该缔约国的有关船员管理制度不低于STCW公约及本规则相关要求,且申请人按照第三十七条提供的材料应是真实、全面的,国家海事管理机构应当签发相应的承认签证。其中,签发船长、大副、轮机长、大管轮适任证书承认签证前,申请人还应当参加与申请职务相应的海上交通安全、环境保护等方面的培训,并经海事管理机构考核合格。承认签证的有效期不得超过被承认适任证书的有效期,且最长不得超过5年。当被承认适任证书失效时,相应的承认签证自动失效。

五、航运公司及相关机构的责任

航运公司及相关机构应当保证被指派任职的船员满足下列要求:

(1)持有适当、有效的适任证书,熟悉自身岗位职责;

(2)熟悉船舶的布置、装置、设备、工作程序、特性和局限性等相关情况;

(3)具有良好工作语言运用及沟通能力,确保在紧急情况下和执行安全、防污染和保安职能时,能够有效履行职责。

航运公司及相关机构应当建立并完善船员培训制度,按照以下要求加强对本公司、机构船员的培训:①按照国家海事管理机构的规定制订并执行有关培训、见习等方面的培训计划,并在培训、见习记录簿内如实填写或者记载;②采取有效措施,确保应当由本公司、机构负责的其他各类船员培训有效实施。航运公司及相关机构应当备有完整、最新的船员管理法规和相关国际公约。

航运公司及相关机构应当建立船员档案,对船员录用、培训、资历、健康状况以及有关船员考试、证书持有情况等信息进行连续有效的记录和管理,并确保可以随时查询。

六、监督管理

海事管理机构应当对船员履行职责、安全记录等情况进行监督检查,加强对船员适任能力的监管。有下列情形之一的,海事管理机构可以组织对船员适任能力进行考核:①船舶发生碰撞、搁浅或者触礁的;②在航行、锚泊或者靠泊时,从船上非法排放物质的;③违反航行规则的;④以其他危及海上人命、财产安全和海洋环境的方式操作船舶的。

对船员进行适任能力考核的,应当根据本规则规定的船员适任要求以抽考、现场考核等方式进行。对于考核结果表明船员不再符合适任条件的,海事管理机构应当注销其适任证书或者承认签证。被注销适任证书的船员,可以按照海事管理机构的要求参加低等级、职务或者航区的评估,海事管理机构签发与其考核结果相适应的适任证书。

负责船员适任考试和发证的海事管理机构应当配备满足适任考试、发证要求的人员、设备、场地和资料,建立相关的质量管理体系并通过国家海事管理机构的审核。海事管理机构应当加强对从事船员适任考试、发证工作人员的岗位培训和考核。不符合上岗条件的,不得从事船员适任考试、发证工作;应当建立船员信息数据库、船员证书电子登记系统等船员档案,并按照国家海事管理机构的规定具备相应信息的查询功能;应当公开海船船员适任考试和发证管理的事项、办事程序、举报电话等信息,自觉接受社会的监督。

除海事管理机构依法实施外,任何机构和个人不得以任何理由扣留或者吊销船员适任证书。

第五节　内河适任证书申请、签发

参加航行和轮机值班的船长和高级船员应当取得与任职船舶吨位、主机功率、航区(线)和职务要求相对应的适任证书。持证人任职不得高于适任证书所记载的类别和职务资格,也不得超出适任证书所记载的航区(线)。

相关定义如下:

(1)“内河船舶”,是指符合内河船舶建造规范,仅在内河通航水域航行的各类船舶,但不包括军事船舶、渔业船舶和体育运动船舶;

(2)“考试机构”,是指具体负责内河船舶船员适任考试的各级海事管理机构;

(3)“发证机构”,是指具体负责内河船舶船员适任证书签发的各级海事管理机构;

(4)“驾驶员”,是指《中华人民共和国船员条例》第四条第三款规定的驾驶部高级船员;

(5)“轮机员”,是指《中华人民共和国船员条例》第四条第三款规定的轮机部高级船员;

(6)“任职表现和安全记录良好”,是指自申请之日起向前计算5年内未发生负有主要责任的较大及以上等级事故。

一、适任证书包含的基本内容

(1)持证人姓名、性别、出生日期;

(2)证书类别、编号;

(3)持证人职务资格、适任的航区(线);

(4)证书签发日期和有效期截止日期;

(5)发证机构;

(6)其他需要规定的内容。

适任证书由国家海事管理机构统一印制。

二、内河船舶适任证书的分类

(一)船长和驾驶部适任证书的分类

在内河船舶担任船长和驾驶部职务船员的适任证书类别按照船舶总吨位确定,其中在拖船担任船长和驾驶部职务船员的适任证书类别按照拖船的主推进动力装置总功率确定,分为以下类别:

一类适任证书:1 000 总吨及以上的内河船舶以及500千瓦及以上的内河拖船;

二类适任证书:300总吨及以上至1 000总吨的内河船舶以及150千瓦及以上至500千瓦的内河拖船;

三类适任证书:300总吨以下的内河船舶以及150千瓦以下的内河拖船。

(二)轮机部适任证书的分类

担任轮机部职务船员的适任证书按照船舶主推进动力装置总功率确定,分为以下类别:

一类适任证书:适用于500千瓦及以上的内河船舶;

二类适任证书:适用于150千瓦及以上至500千瓦的内河船舶;

三类适任证书:适用于150千瓦以下的内河船舶。

(三)适任证书按照船员职务资格

划分为以下类别:一类适任证书:船长、大副、二副、三副;轮机长、大管轮、二管轮、三管轮;二类和三类适任证书:船长、驾驶员;轮机长、轮机员。

取得适任证书,应当具备下列条件:(1)已经取得船员服务簿;(2)符合国家海事管理机构规定的内河船舶船员适任岗位健康标准；(3)经过与所申请适任证书类别、职务资格相对应的内河船舶船员适任培训；(4)通过国家海事管理机构规定科目的内河船舶船员适任考试；(5)具备本规则附件规定的内河船舶船员有效水上服务资历，并且任职表现和安全记录良好。

曾经在海船、军事船舶或者渔业船舶上任职的人员具备下列条件的，可以申请相应的适任证书：(1)符合国家海事管理机构规定的内河船舶船员适任岗位健康标准；(2)在海船、军事船舶或者渔业船舶上的水上服务资历能够与本规则规定的水上服务资历相对应，且任职表现和安全记录良好；(3)通过国家海事管理机构规定科目的内河船舶船员适任考试。

在内河危险品船、客船等特殊船舶上任职的船员，除具备上述规定的条件外，还应当完成相应的特殊培训并取得培训合格证明。

在 1 000 总吨及以上至 3 000 总吨内河船舶任职的船长、驾驶部职务船员，满足以下条件后，才能在 3 000 总吨及以上内河船舶上任职：

(1)在 1 000 总吨及以上至 3 000 总吨内河船舶实际担任相应职务不少于 12 个月；

(2)通过相应的实际操作考试。

已经取得适任证书，申请延伸航区(线)的，应当通过所申请航区(线)的适任考试。

适任证书的有效期不超过 5 年。持证人在适任证书有效期届满前 1 年内向具有原适任证书发证权限的发证机构申请适任证书重新签发的，除应当符合内河船舶船员适任岗位健康标准且任职表现和安全记录良好外，在适任证书有效期内的水上服务资历还应当符合下列情形之一：

(1)任职与其适任证书所载类别、职务资格相对应，累计不少于 12 个月；

(2)任职与其适任证书所载类别、职务资格相对应，自申请之日起向前计算 6 个月内累计不少于 3 个月；

(3)适任证书持证人的任职与其适任证书所载类别相对应，但职务低一级，或者与其适任证书所载职务资格相对应，但类别低一级，累计不少于 12 个月。

有下列情形之一，持证人向具有原适任证书发证权限的发证机构申请适任证书重新签发的，除应当符合内河船舶船员适任岗位健康标准外，还应当通过国家海事管理机构规定的同类别同职务资格的内河船舶船员实际操作考试：

(1)持证人在适任证书有效期届满后 5 年内申请重新签发；

(2)持证人在适任证书有效期届满前 1 年内申请重新签发，但不具有规定的水上服务资历。

持证人在适任证书有效期届满 5 年后向具有原适任证书发证权限的发证机构申请适任证书重新签发，除应当符合内河船舶船员适任岗位健康标准外，还应当通过国家海事管理机构规定的同类别同职务资格的内河船舶船员适任考试。

适任证书损坏、遗失需补发的，持证人应当向原发证机构申请。适任证书被依法扣留期间，持证人不得申请补发适任证书。

初次申请适任证书或者申请改变适任证书所载类别、职务资格的，可以向具有相应发证权限的发证机构提出申请，并提交下列材料：

(1)内河船舶船员适任证书申请表；

(2)申请人身份证明；

(3)船员服务簿；

(4)最近2年内的符合内河船舶船员适任岗位健康标准的体检证明；

(5)符合要求规格和数量的照片；

(6)内河船舶船员适任培训证明；

(7)内河船舶船员适任考试成绩证明。

曾经在海船、军事船舶或者渔业船舶上任职的人员申请适任证书的，可以向任何有相应类别适任证书发证权限的发证机构提交上述(1)~(5)及(7)项规定的材料，以及其在海船、军事船舶或者渔业船舶上的服务资历、任职表现和安全记录证明。

申请适任航区(线)扩大或者延伸的，应当向负责相应航区(线)发证工作的发证机构提交第(1)、(2)、(7)项规定的材料；申请适任证书重新签发的，应当提交上述第(1)、(2)、(3)、(4)、(5)项规定的材料；需要通过内河船舶船员适任考试的，还应当提交相应的考试成绩证明。

申请适任证书补发的，应当向原发证机构提交下列材料：(1)内河船舶船员适任证书申请表；(2)申请人身份证明；(3)适任证书遗失申请补发的，应提交适任证书遗失情况说明；(4)适任证书损坏申请补发的，应提交适任证书原件。

隐瞒有关情况或者提供虚假材料申请适任证书的，发证机构不予受理或者不予签发适任证书，并给予警告，申请人在1年内不得再次申请与前次申请类别、职务资格相同的适任证书。被海事管理机构依法吊销适任证书的，自被吊销之日起2年内，不得申请适任证书。

考试机构、发证机构有下列情形之一的，由国家海事管理机构责令改正；情节严重的，限制或者取消其开展适任考试、发证工作的权限：(1)违反规定程序开展适任考试、发证工作的；(2)超越权限开展适任考试或者签发适任证书的；(3)对不具备条件的申请人签发适任证书的。

三、适任考试

内河船舶船员的适任考试分为理论考试和实际操作考试。理论考试应当以理论知识为主要考试内容，重点对内河船舶船员专业知识的掌握和理解程度进行测试。实际操作考试应当通过对相应船舶、模拟器或者其他设备的操作等方式，对内河船舶船员专业知识综合运用、操作及应急等能力进行技能测评。

适任考试大纲、考试科目和考场规则由国家海事管理机构组织制定并公布。申请参加适任考试的人员应当向具有相应考试权限的考试机构提交下列材料：

(1)适任考试报名表：主要包括考生基本情况、报考适任证书类别、职务资格、航区(线)、任职资历等内容；

(2)申请人身份证明；

(3)船员服务簿；

(4)符合要求规格和数量的照片。

考试机构应当于适任考试开始5日前向报名参加适任考试的人员发放考试通知书，告知考试的时间、地点以及查询考试成绩的途径等事项。

适任考试任一科目不合格的，可以自初次适任考试通知书签发之日起3年内申请补考；逾期不能通过全部科目理论考试和实际操作考试的，所有科目理论考试和实际操作考试成绩失效。

考试机构应当在理论考试或者实际操作考试结束后30日内公布考试成绩。合格的适任考试成绩自初次适任考试通知书签发之日起5年内有效。

第十二章 海员证、船员服务簿与档案管理

第一节 海员证

一、概述

各国法律大都规定外国公民及本国公民进出本国国境时,均须持有有效的身份证件,一般情况下,这种有效的身份证件即为护照。国际航行船舶上的船员由于其经常性地进出国外港口,因此,他们必须持有正当身份证件,而由于其职业的长期性、进出国境的经常性及不定期性,以及访问国外港口的随意性等多方面的原因,就使得这些国际航行船舶上的海员应持有一种更为方便有效的身份证件,这就是通常所说的海员证。

世界各海运国家为加强对本国船员的管理和适应国际形势的需要,大都指定主管机关对船员的身份进行检查,对符合要求的船员核发身份证件,准予从事海上航行和在船上从事适当的工作。另一方面,各国的港口主管机关在对进出本国港口的外国籍船舶实施监督管理时,一项很重要的任务就是查验船员的身份证件,如果发现有人未持有有效的身份证件,就可能被视为偷渡,将按照有关法律进行处理。在正常的航海活动中,海员证被认为是具有护照性质的正式文件,在一般情况下,持有海员证的船员可在世界各港口之间通行。

我国人民代表大会常委会于 1985 年通过的《中华人民共和国公民出境入境管理法》第七条规定:"海员因执行任务出境,由港务监督局或港务监督局授权的港务监督办理出境证件。"在该法的第十二条,明确指出了"这种出境证件"为"海员证"。

海员证的名称在各国有所不同,在希腊、荷兰、比利时、瑞典、泰国、罗马尼亚、德国、刚果民主共和国等国称为"海员证";日本则签发"船员手册";挪威、丹麦为"海员身份证"; 芬兰、保加利亚称为"海员护照";巴西、阿根廷签发"船员登记证";法国为"船员职业证书";而美国则称为"商船船员证"。海员证的英文名称可为: Seaman's Book, Seaman Book, Seaman's Certificate, Seafarer's Certificate, Seafarer's Identity Certificate。

我国航行国际航线的船员必须持有中华人民共和国海员证。《海商法》第三十三条规定:"从事国际航行的中国籍船员,必须持有中华人民共和国港务监督机构颁发的海员证和有关证书。"为了加强对海员证的依法管理,我国交通部、外交部、公安部根据《公民出境入境管理

法》的有关规定于1989年颁布实施了《海员证管理办法》，该办法对我国海员证的签发、使用和管理做出了一系列的规定。此后，中华人民共和国港务监督局又签发了《关于规范海员出境证件管理工作的规定》《关于简化海员出境手续有关问题的通知》等规章和文件；外经贸联合颁发了《关于规范外派海员办证、出境管理工作的通知》及其《补充通知》等法规。

中华人民共和国海员证（以下简称海员证）是所有在国际航线船舶上的中国海员出入中国国境和在境外通行时所使用的有效身份证件，具有护照的性质，证明合法持有人具有中华人民共和国国籍和当时的职业身份为国际航行船舶上的船员。因此，海员证的适用范围包括两部分，即：

（1）在航行国际航线上的中国籍船舶上工作的中国海员，其中船舶包括运输船、工程船、海洋科研船、从事远洋捕捞及需要停靠外国港口的渔船等，而海员也包括一些经交通运输部批准的需持海员证在船上临时工作的其他人员；

（2）由国内有关部门派往外国籍船舶上工作的中国海员。

凡出境在船上从事工作并编入船员名单的中华人民共和国公民，均应依法持有海员证。中国海员在出境后，不得有危害祖国安全、有损祖国荣誉和利益的行为，不得从事海员身份以外的活动。

二、海员证的颁发机关

海员证的颁发机关是中华人民共和国海事局或授权的海事管理机构。目前办理海员证的海事机构、编码及受理范围一览表见表12-1。

表12-1　办理海员证的海事机构、编码及受理范围一览表

单　位	编　码	受理范围
辽宁海事局	BA	吉林省、辽宁省
河北海事局	CA	河北省
天津海事局	DA	天津市、北京市、河南省
山东海事局	EA	山东省（烟台市除外）
烟台海事局	EB	烟台市
连云港海事局	FA	连云港、盐城市
江苏海事局	FG	江苏省（连云港、盐城市除外）
上海海事局	GA	上海市
宁波海事局	HA	宁波市
浙江海事局	HE	浙江省（宁波市除外）
厦门海事局	JC	厦门、漳州
福建海事局	JD	福建省（厦门、漳州除外）
广东海事局	KA	广东省（深圳市、汕头市除外）
深圳海事局	KB	深圳市

（续表）

单 位	编 码	受理范围
湛江海事局	KC	湛江市
汕头海事局	KD	汕头市
广西海事局	LE	广西壮族自治区
海南海事局	MA	海南省
黑龙江海事局	NA	黑龙江省、内蒙古自治区
长江海事局	PC	安徽省、江西省、湖北省、湖南省、四川省、重庆市

如果海员证在国外丢失或到期，则必须在当地补发海员证或进行延期，这时，就由我国驻当地的外交代表机关、领事机关或者外交部授权的其他驻外机关办理。

三、海员证的申请

（一）申请办理海员证的基本条件

根据我国相关规定，申请海员证的船员应符合下列要求：

1. 申请海员证的船员应符合的基本要求

（1）年满 18 岁。

（2）是拥有中华人民共和国国籍的公民。

（3）没有下列情形之一：①刑事案件的被告人和公安机关、人民检察院和人民法院认定的犯罪嫌疑人；②人民法院通知有未了结民事案件不能离境的；③被判处刑罚正在服刑的；④正在被劳动教养的；⑤国务院有关主管机关认为出境后将对国家安全造成危害或对国家造成重大损失的；⑥持用无效出境证件的；⑦持用他人出境证件的；⑧持用伪造或者涂改的出境证件的。

（4）没有下述情形或行为之一：①船舶处于险情时，擅自逃离船舶；②在航行肇事后逃逸并负有肇事责任；③不履行救助义务或拒不执行搜救指挥当局的命令；④因重大海上交通事故受到处罚且仍在处罚期内；⑤通过隐瞒事实、弄虚作假等不正当手段，申请或取得船员证件；⑥伪造、变造、涂改、转让、出借、出租、买卖或冒用船员证件；⑦未按规定向港务监督交回有关船员证件；⑧在境外不履行船员职务或拒绝遣返安排，且无合理理由；⑨在航次中擅自离弃正在服务的船舶，且无合理理由；⑩严重违反外事纪律。

（5）持有海事管理机构签发的船员服务簿；渔船船员（包括渔工，下同）持有渔港监督签发的渔业船员服务簿。

（6）持有海员基本安全培训合格证；渔船船员持有渔港监督签发的相应的培训合格证。

2. 申请海员证的普通船员应符合的职业技术要求

（1）担任水手或机工者应满足下列要求之一：①具有在国内航线船舶担任水手、机工不少于 12 个月的服务资历；②完成海事局规定的海员职业培训并取得海事管理机构签发或签证的培训合格证；③具有海事管理机构认可的航海类院校相应专业的学历。

（2）参加航行值班和轮机值班的普通船员应持有海事管理机构签发的国际航行船舶值班

适任证书或签证。

(3)担任服务员或船上其他普通船员职务者，应持有认可的岗位培训证书并具有6个月以上相应岗位的服务资历；或毕业于相应的专业院校。

(4)渔船普通船员应具有不少于6个月的渔船服务资历；或者完成不少于3个月(渔工不少于1个月)相应的“渔业船员专业培训”，并取得海事管理机构或渔港监督签发或签证的培训合格证；或毕业于渔业院校的相应专业。

3. 申请海员证的高级船员应符合的职业技术要求

(1)持有海事管理机构颁发的相应船舶种类、等级、航区、职务的中华人民共和国海船船员适任证书。

(2)渔船高级船员应持有渔港监督签发的相应职务证书。

(3)船上非驾驶、轮机部门的高级船员不适用上述两项要求，但应具有相应的知识和经历。

4. 附加要求

在特殊船舶(如油船、液化气船、散装化学品船、滚装客船、高速船等)的甲板部、轮机部服务的高级和普通船员，应按规定持有海事管理机构颁发的相应的特殊培训合格证。

5. 外派船员申请海员证

(1)申请海员证的外派船员，应符合申请海员证船员基本要求的全部要求。

(2)申办单位为外派船员初次或再次申请海员证时，除应符合相应要求外，还应向办理海员证的海事管理机构提交外派船员劳务合同的副本和签约单位的经营许可证副本。

(3)外派船员劳务合同应由签约单位的法定代表人或其正式授权者签署。如系后者，外派船员劳务合同应附授权书。

(4)外派劳务合同应合法、有效，并符合我国参加的有关国际公约的规定。如有必要，海事管理机构可要求申办单位对其外派海员劳务合同提供有效的公证或签证。外派劳务合同应对下述内容明确表述：合同的签订日期和有效期，海员的技术要求与实际需要，船旗国及船舶的种类、等级与航区，执行外派任务的时间等。如果合同内容不能完全满足要求，申办单位应提供境外雇主或其代理发来的有关电传或传真作为补充或确认件。

6. 临时随船工作人员申请海员证

为了规范临时随船工作人员海员证的申请与签发工作，根据交通部交海发〔1999〕704号《因公临时随船人员申办海员证管理规定》，提出以下要求：

(1)临时随船申请海员证必须符合的原则：①执行任务的地点必须在船上；②任务的内容与船上的生产、安全、环保、科技、教育与培训、生活与健康、维修、管理等直接有关；③不影响船舶的正常生产与安全。

(2)可以申请海员证的人员：按照上述原则，从事下列临时随船任务的有关人员，可以申请海员证并持海员证临时随船执行指定的任务：①船公司负责船舶生产、安全、环保、海监、机务、通信与导航的管理和技术人员，以及公司党务和行政管理人员随船执行与其前述职责相关的任务或随船检查工作、培训、实习(或指导实习)、见习；②科技及其管理人员随船执行船用设备或仪器的科研、测试、维修，或者随船进行航海、航天、海洋等方面的科学考察、监控、检测等任务；③海事院校的学员、毕业生实习，海事院校和船员培训机构教员指导实习或见习；

④海事机构负责船舶管理、船员管理、通航管理、船检管理、海事调查等工作专业技术人员，海事法院或海事仲裁机构负责海事审判、海事仲裁的专业人员以及与航海有关的专业技术人员随船培训（或任教）、实习（或指导实习）、见习；⑤船厂的工程师执行船舶建造（或修造）合同中规定的随船保证任务；⑥有关立法机构和行政管理机构以及与航海有关的社会团体为制定有关政策、法规，了解船舶生产和船员工作、生活特点派人随船调研。

（3）因公临时随船工作人员申办海员证的审批程序：①由组团单位以正式文件向交通部申请，并按规定附材料。②交通部海事局按照本规定和海员证管理的有关规定，对随船任务、随船人员的资格进行审核。审核合格的，出具交通部办理海员证批件；审核不合格的，复函通知申办单位。③组团单位凭交通部办理海员证批件到该批件中指定的海事机构申请办理海员证。

申请文件的内容应当包括：随船的具体任务、执行任务的时间和期限、航线、拟随船舶所属的公司、随船人数及带队人的姓名（如分数艘船舶，则应明确相应的几名带队人）。

申请文件应当附以下材料：①申办海员证人员名单；②拟随船船舶公司同意接受随船任务的正式文件（船公司组团以及由学校统一安排的在校学员、毕业生的随船培训和实习，可免附此件）；③如随船人员分别隶属于不同的单位，则非组团单位的人员应有其本单位同意其随船出境的文件；如随船人员系所在单位的党政正、副职，则应有其上级单位同意其随船出境的文件；如随船人员中有交通部机关的人员，则应有其所在司（厅、局）报经领导批准的签报。

因公临时随船工作人员，均应按规定进行“熟悉培训”，即在上船前或在船上接受海上安全、救生、求生、应急、急救等基本知识和技能方面的培训。一次随船执行任务的时间达到或超过1年的，应在岸上指定的船员教育与培训机构接受海员基本安全的专业培训并取得相应的培训合格证。

因公临时随船人员的海员证的有效期由交通部海事局确定，一般为6个月至1年，特殊需要时可放宽至2年。

因公临时随船人员的海员证采用专用编号，这类海员证不得用于海员劳务输出，不得在境外办理延期。

因公临时随船人员的海员证仅限于当次随船执行任务有效。任务完成后，有关人员应当将海员证交给组团单位。组团单位应当负责将全部临时随船人员的海员证交回签发海员证的海事机构。

2006年4月1日实施了《中华人民共和国海事行政许可条件规定》，该规定将中华人民共和国海员证签发的条件归纳为：①年满18周岁并拥有中华人民共和国国籍的公民；②已依法取得中华人民共和国船员服务簿；③经体检符合交通部公布的船员体检标准；④已取得国际航行船舶的船员适任资格；⑤有确定的海员出境任务；⑥无海员证管理规定中禁止或者限制办理海员证的情形；⑦无法律、行政法规规定的禁止公民出境的情形。

（二）申请办理海员证的手续

1. 初次申请办理海员证的手续

申办单位在为初次申请海员证的人员办理有关手续时，应按规定向海事管理机构提交以下材料：（1）办理海员证批件和海员出境审查批件；（2）办理船员证件工作单、申请人的照片；（3）按规定填写的海员证申请表；（4）表明符合办理海员证相应要求的证明材料；（5）交验船员服务簿（再次申请时，可用影印件或船员所在单位提供的等效证明），但临时随船工作人员可免；（6）必要时，海事管理机构要求出示的其他合理的证明文件。

海员出境批件又称海员证批件，指批准海员在中国籍国际航行船舶上工作或派往外国籍船舶上工作的文件，由交通部或交通部授权的单位以及其他有权办理海员出境批件的单位签发，是海事管理机构办理海员证的必要文件之一。海事管理机构有权对海员出境批件的内容进行审查。办理海员证的海员出境批件自批准之日起6个月内有效。

航海类院校的学员、毕业生上国际航线船舶培训、实习或见习，申办单位还应提交相应的学籍或毕业证明。

2. 再次申请海员证

再次申请海员证系指持有2年、3年或5年有效期海员证的职业船员在其现持海员证的有效期届满前申请换证或在其原海员证的有效期过期后申请海员证。

从事国际航运（不含港澳航线）的船舶达10艘或以上的申办单位，或者所属或管理的持有效期为2年、3年和5年的海员证的人数达300人或以上的申办单位，其内部船员管理工作符合下列条件的，由申办单位向海事管理机构申请，经海事管理机构批准，可适用再次申请海员证的简便手续：

（1）按有关规定取得申请办理海员证的资格；

（2）通过海事管理机构对其内部船员管理的质量评估（每两年一次）；

（3）实行计算机管理船员，并采用主管机关统一规定的计算机船员管理系统的相应软件（特别是海员证管理子系统）或其船员名册及船员任职情况、适任情况等管理数据可按要求进入海事管理机构的计算机船员管理系统。

再次申请海员证的简便手续：符合上述规定的申办单位为其船员再次申请办理海员证时，可免于向海事管理机构提交初次办理海员证手续中前3项及第5项规定的文件和证明材料。

下述情形不能适用再次申请海员证的简便手续：（1）不符合上述有关简化手续申办条件的申办单位；（2）为临时随船工作人员申办短期海员证的单位；（3）海员证的有效期过期已达2年。

持有效期为2年、3年或5年海员证的职业船员，如需继续在国际航线船舶上服务，可视情况在海员证的有效期届满前1年之日起，由申办单位为其再次办理或重新申请海员证。

3. 申请补发海员证的手续

持证人确实遗失或损坏海员证的，可由原申办单位向原签发机关申请补发，其手续和要求如下：

（1）持证人应书面向海事管理机构提交申请补发海员证的请求并陈述理由。

（2）原申办单位应书面向海事管理机构提交申请补发海员证的报告，该报告中应确认海员证遗失的情况；损坏海员证的，申办单位还应向海事管理机构交回被损坏的海员证。

（3）海事管理机构收到上述请求补发海员证的报告后，应向当地边防检查机关和有关海事管理机构发出该海员证作废的通报，并抄报海事管理机构和公安部边防局。

（4）作废通报发出60天后，海事管理机构方可为其补发海员证，并按规定给予相应的处罚。

（5）对于遗失海员证又确因航运生产急需补发的，申办单位必须书面提出充分理由，并由其法定代表人签字，表明愿意承担可能因此造成不良后果的责任，经主管局长批准，可视实际需要给予提前办理。

(6)特殊情况下，申办单位可向当时就近的、有权签发海员证的海事管理机构申请补发海员证。

补发海员证的海事管理机构应向原签发海员证的海事管理机构核实有关情况后，方可予以补发。

海员如果在国外遗失海员证，应由所在船船长持书面报告，向中国驻外国的外交代表机关、领事机关或者外交部授权的其他驻外机关申请补发海员证。所补发的海员证的有效期以返回国内所需时间来确定，但最长不得超过6个月，海员进入中国国境后，在国外补发的海员证立即作废。办理补发海员证的机关还应及时地将补发的海员证的编号、有效期和海员姓名通告中华人民共和国海事局。

船长在为海员申请补发海员证的同时，应将海员证遗失的情况电告海员所在单位或派出单位，由所在单位或派出单位将船舶名称、船员姓名、海员证号码报告原颁发机关和公安部边防局，原颁发机关应立即宣布该遗失海员证作废。

四、海员证的签发

颁发机构在接到办理海员证的申请后，必须在15个工作日内完成审核及发证工作，如果申请者有不符合有关法律规定或者申请手续不全的情况，则不给予办理海员证。

长期海员证的有效期为5年，中期海员证的有效期为2年和3年2种，短期海员证的有效期为18个月、12个月、6个月和3个月4种。全部经营国际航线船舶(不含港澳航线)的国有大型海运企业，经港务监督批准，可申请办理长期海员证；经营国际航线(含港澳航线)的海运企业、所属或管理持有海员证的职业船员总数达到300人或以上的单位以及合同(包括外派船员劳务合同)确定船员出境执行任务达2年或以上的单位，经港务监督批准，可申请办理中期海员证；船员出境执行任务，或航海类院校海上专业毕业生上国际航线船舶培训或见习，时间超过1年但少于2年以上的，可申请办理有效期不超过2年的海员证；其他上国际航线上船舶工作、实习或培训的人员，包括经交通部批准的临时随船工作人员，可根据任务需要申请办理不超过18个月有效期的海员证；年满60岁者，只能申请办理有效期不超过18个月的海员证，并且有效期不得超过其年满65周岁之日；补发海员证的有效期不得超过原海员证有效期的截止日期，短期海员证不予补发。

有效期为2年、3年、5年的海员证如在境外到期，持证人可凭所在船舶的船长出具的证明，向就近的我国驻外使、领馆申请海员证有效期的延期，所延期限最长不得超过3个月。每本海员证只允许办理一次有效期的延期。

持有海员证的船员更换服务单位，应由原劳动或人事关系所在单位或派出单位在办理其离职手续时收回海员证并在3个月内送交签发海员证的港监。所有到期的或被港务监督宣布为注销或作废的海员证，申办单位负责收回并在3个月内送交签发海员证的港务监督。

五、海员证的使用

海员证必须保持整洁，不得涂改或书写其他内容。对于遗失或损坏海员证的海员，颁发机关可视情节对其处以人民币100元以下的罚款。

中国海员持海员证出入中国国境时，无须办理签证；如果海员需乘坐服务船舶以外的其他交通工具，如飞机、火车或渡轮等出境，必须在出境前办妥所要前往国家和地区的入境及过境签证，如果前往的国家和地区不需要办理签证，则应由海员所属单位或派出单位向边防检查机关出具证明，证明内容包括：海员姓名、证件号码、前往国家和地区。海员证及其签证或证明经边防检查站查验后，可对持证人员放行。

海员证仅限持证人在为其办理海员证的单位工作时使用，海员在脱离原所在单位或派出单位时，应将海员证交回，由所在单位或派出单位送交原颁发机关注销。如果海员脱离原工作单位时不按有关规定交回海员证，颁发机关有权处以人民币500~3 000元的罚款。

申请办理海员证的单位应对所申请办理的海员证负责，有权向脱离本单位的海员收回为其办理的海员证，必要时，还可申请原颁发机关吊销该海员证或宣布该海员证作废。

如果发现有伪造、涂改或转让海员证的，颁发机关应吊销该海员证，同时，边防检查机关和颁发机关有权处以人民币3 000~10 000元的罚款，对于情节严重，已经构成犯罪的，将由司法机关追究其刑事责任。

第二节　船员服务簿

船员服务簿（Seaman's Record Book）是记录船员本人的水上服务资历，参加有关专业培训、特殊培训、体格检查和换发适任证书及任解职情况的证件，它是船员申请考试、办理职务晋升签证和换领船员职务证书的证明文件之一，同时还能记录持证人受到违章处罚的情况。船员服务簿对船员的技术管理、考核等工作有着重要的作用。

为了加强对船员服务簿的统一管理，中华人民共和国海事局于1985年9月颁发了《船员服务簿签发实施办法》，随后又就船员服务簿签发工作中的一些具体问题，以水监字〔1986〕8号下发了《关于船员服务簿签发工作若干问题的通知》，1990年，分别以港监字〔1990〕53号、62号和222号下发了《关于在内河船员中进一步开展船员服务簿签发工作的通知》《重申参加航行值班和机舱值班的一般船员办理值班签证的通知》《关于船员服务簿定期签证问题的复函》，成为有关船员服务簿管理工作的主要依据。

一、船员服务簿的签发范围及签发机关

交通运输部颁布的海、河船员考试发证规则所适用的船舶上的所有中国籍船员均应办理船员服务簿，因此，它不适用于军事舰船、渔船、体育运动船以及非机动船上的船员。此外，60总吨或150千瓦（等于204马力）以下的机动船上的船员除外。其中，货船、客（货）船、科学考察船、勘探船、测量船均以船舶总吨计算，而拖船、自航区工程船（包括自航区钻井平台）均以主机马力计算。

对临时上船工作的非现职船员，凡符合下列情况之一的，均可申请办理船员服务簿：

（1）持有船员适任证书（包括已过有效期的证书），并且实际担任船上驾驶、轮机、报务、电机等技术部门的见习或实习职务，并参加值班；

（2）未持有船员适任证书，但在船上实际担任驾驶、轮机、报务、电机等技术部门普通船

员，并参加值班。

对于年龄超过60周岁的船员，不论是否为现职船员，均不予办理船员服务簿。

船员服务簿由船籍港的海事管理机构或科级以上的海事管理机构签发。如果在港口或地区存在两个或两个以上海事管理机构，则签发船员服务簿的分工一般尊重习惯或协商解决，但现有的、在远洋航区船舶上工作的持有职务证书的船员，均应向其所持证书的考试发证机关办理船员服务簿。

二、申请船员服务簿的手续

（一）船员申请船员服务簿的条件

根据《中华人民共和国海事行政许可条件规定》，船员申请船员服务簿应该满足：①满足规定的年龄要求；②经体检符合交通运输部公布的船员体检标准；③已完成规定的船员基本安全培训，并通过海事管理机构的考试或者考核。

（二）申请人应递交的材料

申请船员服务簿的人员，应：①办理船员证件工作单；②填妥的《船员服务簿登记表》；③有效身份证件及其影印件；④两张近期直边5 cm免冠白底彩色照片；⑤海船船员熟悉和基本安全培训合格证或其影印件（必要时）；⑥其他有关材料（培训证明、学历证明、遗失公告等）；⑦申请船员服务簿损坏补发者应交回被损证书。

曾在军队舰艇、渔船从事工作的船员，其在军队舰艇或渔船的资历不载入船员服务簿，但可在“船员服务簿登记表”的资历栏内注明。

三、签发机关的审核及签发船员服务簿

签发机关接受申请后，应对“船员服务簿登记表”认真审核，对不符合要求或有疑问之处，应向申报单位或个人核实后方予办理船员服务簿。签发机关应核对其担任船舶各级技术职务的资历，必要时可请申报单位和申请者出示有关证明文件进行验证。

船员服务簿中除“持证人签名”栏由持证者本人签名、“任解职记载”栏由船长、船公司填写外，其余栏目均由签发机关填写，新签发的船员服务簿的首次各项记载由签发机关填写。

各项内容填写完毕并经核实无误后，签发机关需在“签发机关”栏盖章，在持证人相片处，加盖同一单位的骑缝章。

船员服务簿应由签发机关统一编号，编号全部为10位阿拉伯数字，其中第1、2位数字代表地区编号，第3、4位数字代表该地区某一签发机关的编号，各省行政区划内的中央直属和地方的船员服务簿签发机关的地区编号，均由所在省的交通厅统一编号，交通运输部长江航政局下属各分局所签发的船员服务簿的地区编号由长江航政局负责统一编号，第5位数字代表船员在船上的工作部门编号，余下的5位数字，由签发机关根据其所签船员服务簿的顺序先后统一编号。

各地区的编号如下：02 河北；03 内蒙古；04 山西；05 辽宁；06 吉林；07 黑龙江；08 上海；09 江苏；10 浙江；11 安徽；12 江西；13 福建；14 山东；15 广东；16 广西；17 湖北；18 湖南；19 河南；20 四川；21 云南；22 贵州；24 陕西；25 甘肃；26 青海；27 新疆；28 宁夏；29 天津；30 海南；99 交通部长江航政局。

船员在职工作部门编号(第5位数字)为:1-驾驶;2-轮机;3-报务(或话务);4-电机;5-政工;6-业务(或服务);7-其他。

因丢失船员服务簿而重新办理的船员服务簿,应重新编号。除此之外,重新办理的船员服务簿均沿用原船员服务簿的编号。

船员服务簿各栏内容的填写要求为:

1. 家庭住址

家庭住址应填持证者现在的家庭住址。

2. 居民身份证号码

在航行国际航线(含港澳航线)船舶上工作的船员,应在此栏内填写其《海员证》的编号;航行国内航线船舶上工作的船员,此栏不用填。

3. 任解职记载

该项共有6格,每一格的记载内容为:

(1)第1格:该格应由船长盖章,印章的内容包括船名、船舶总吨、主机马力、船舶所有人等,尺寸为长32 mm、宽18 mm;该印章由船长保管和使用。在未配备印章以前,该格由船长填写上述内容。

(2)第2格:上船任职日期指持证人实际上船接受工作之日;上船任职地点指持证人上船任职时船舶所在的港口。该格的内容由船长填写。

(3)第3格:解职离船日期:指持证人实际移交船上工作之日;解职离船地点:指持证人解职离船时船舶所在的港口。该格的内容同样由船长填写。

(4)第4格:由船长填写持证人实际接任的职务,如持证人在同一船上晋升或降职,仍由船长填写(应另起一行)其晋升或降职的日期、地点、职务。

(5)第5格:由船长在持证人解职离船之日签名。

(6)第6格:由船舶所在单位的船员调配部门核实并盖章。船员每次回其船公司所在地,应在公司的船员调配部门办理其船员服务簿的核签。

(7)船长的任解职记载:上船任职日期和地点由该船即将离任的船长或船公司船员调配部门填写;解职离船的日期和地点由该船的接任船长填写并签名。

(8)个体、联户经营的船舶,技术干部船员的任解职记载,由船员本人在上船任职或解职离船之日,去船员服务簿的签发机关办理其任解职记载。

4. 职务证书记载

该栏内应逐项登记干部船员以往的、现持的职务证书。

签发机关在签发船员服务簿时,应将船员现持的并在有效期之内的职务证书记载在此栏内。对船员所持已过有效期的职务证书,由签发机关按此栏的填写项目,将该船员以往所任各级船舶技术职务时的第一本职务证书记载在船员服务簿的“主管机关签注(一)”栏内。

签发机关在此栏填写内河船员职务证书时,“航区”这一格按职务证书内所载的填写。

如有必要另加说明航线或航段时,可填写在船员服务簿的“主管机关签注(一)”栏内。

5. 专业训练记载

船员接受一项或几项由海事局认可的专业训练并取得合格证后,应由签发机关将其训练项目、合格证编号及签发日期记载在该栏内。

中、高等航海、河运院校的船舶驾驶、轮机管理、船舶无线电通信、船舶电机管理等专业毕业的船员，其所修的专业及毕业证书和毕业日期，也可记载在该栏内。院校名称及其所修专业名称可合并填写在第一格内。

6. 体格检查记载

船员考试发证规则及有关规定所要求的各次体格检查均应由签发机关记载在该栏内，但申请船员服务簿以前的体格检查不必填入。体检医院的名称可填在该栏“备注”格。

7. 主管机关签注(一)栏记载事项

(1)船员因发生海损、机损责任事故而受到港务(航)监督按有关规定给予的扣留或吊销证书等处分；

(2)船员在“船员服务簿登记表”中所填写的以往的海(河)资历；

(3)持证船员以往所任各级船员技术职务时的第一本职务证书的情况以及内河船员职务证书填写时“航区”一格有关航线或航段的附加说明；

(4)签发机关认为需要载明的其他事项。

上述每项记载，均应载明记载日期，并加盖签发机关的签证章。

8. 主管机关签注(二)栏记载事项

(1)船员服务簿内记载的任何项目的变更；

(2)船员丢失船员服务簿等资历证明文件；

(3)船员涂改船员服务簿或谎报海、河服务资历及其他证明文件。

该栏各项内容的记载，同样应注明记载日期，并加盖签发机关的签证章。

9. 主管机关签证

每个持有船员服务簿的船员，应在上一次签证后的第 24 个月至 36 个月的期限内办理一次签证。签证原则上在原签发机关办理，但如果各远洋公司的船员在上述期限内去原签发机关所在港确有困难，则可在大连、秦皇岛、天津、青岛、烟台、连云港、上海、宁波、温州、福州、厦门、黄埔、广州、港江、海口、南京等港口的港监办理签证。

在签发船员服务簿时，签发机关应对已记载的各项内容进行认真的审核，确认无误后，作为第一次签证，在签证栏盖签证章并注明签证日期。以后的每次签证亦均应如此。

签证章由签发机关按 38 mm 长、10 mm 宽的规格自制。

四、其他相关规定

对于谎报或涂改船员服务簿各项内容者，签发机关可将其船员服务簿收回，并责令其写出检查报告后，方允许申请新的船员服务簿，并且加倍核收手续费及工本费。

在规定的船员服务簿签证期限内，无故不去海事机构办理签证者，加倍核收签证费。各船员服务簿签发机关应为管辖范围内的每个船员建立船员技术资历档案。

在办理船员服务簿签证时，应将每个船员在两次签证期间的海(河)资历登记在他们各自的档案内，对持职务证书的船员，应登记：①两次签证期间总的实际在船服务资历；②两次签证期间实际担任船舶各级技术职务的资历(各级技术职务应分别登记)。对其他一般船员，应登记：①两次签证期间总的实际在船服务资历；②两次签证期间实际担任一级水手(或水手长、小船舵工）、船舶一级机工、船舶电工、见习（或助理）报务员的资历。

各签发机关之间遇有业务联系时，均应将有关资料及时准确地提供给对方。

第三节　海员健康证书与船员档案

一、海员健康证书

根据《中华人民共和国船员条例》以及 STCW 78/95 公约、《2006 年海事劳工公约》的有关规定，海船船员在船工作期间应持有有效的健康证明。

海船船员满足下列要求的，由主检医师在健康证明上签名，并加盖体检机构公章：（1）年满 18 周岁（在船实习、见习人员年满 16 周岁）；（2）持有有效的身份证件；（3）符合《船员健康检查要求》（GB 30035—2013）的标准；（4）完成海船船员信息采集。

健康证明的有效期不超过 2 年；对年龄小于 18 周岁的海船船员，健康证明有效期不超过 1 年。健康证明在航行途中有效期期满的，在到达下一个有 1978 年 STCW 公约缔约国认可的主检医师的停靠港之前，该健康证明仍然有效，但为期不得超过 3 个月。

在紧急情况下，海事管理机构可允许持有近日过期的健康证明的海船船员工作至下一个具有《1978 年海员培训、发证和值班标准国际公约》缔约国认可的主检医师的港口，但为期不得超过 3 个月。

二、船员档案

档案是机关、团体、企事业单位和某些个人在政治、经济、科学、文化等实践活动中形成的，具有参考利用价值的，应当归档保存的文件、图表、声像等材料。档案工作是各级各类管理机关实施管理的基础工作之一。

船员档案是指船员考试发证机关在组织各类考试和核发各类证件和其他一系列活动中形成的、有关船员考试发证等的技术资料，是船员考试发证机关活动的原始依据，它不同于船员所在单位人事组织部门所整理的船员人事档案，因此又被称为船员技术档案（technical file of seafarers）。

为建立、健全船员档案的管理工作，进一步掌握船员技术状况，实现船员档案管理的统一化、规范化、科学化，交通部水上安全监督局于 1988 年制定了《船员档案管理暂行规定》，要求各考试发证机关要配备专职档案管理人员并保持相对稳定，并且有专门的储存场所来存放船员档案，船员档案必须实行统一管理，由专人负责档案积累和整理工作，确保档案的完整、准确和系统。同时，还要认真做好档案的统计工作，数据以原始记录为依据，做到准确、可靠，有关内容应按要求填写“船员培训考试发证年报表”，一式两份，一份留底，一份于次年 1 月 31 日前报船员考试发证主管机关。

船员有关材料归档的基本要求是：①归档要及时；②归档的文件材料必须完整；③归档的文件材料必须准确地反映各项工作的真实内容和历史过程。

船员档案分三个层次管理：

(1)船员技术档案卡片:记载一个船员的基本情况及其所持各类别证件的主要技术资历资料。用于检索和统计。

(2)注册登记簿:记载所签发证件的有关技术细节,用于查阅、核实和统计。

(3)档案:船员档案的有关表格和内容。

上述内容全国均统一。

船员档案管理层次示意图如图 12-1 所示。船员有关材料的归档范围主要有以下几个方面:

(1)海员证方面:包括出国任务批件、出国政审批件、海员证申请表、海员证缴销登记表等有关材料。

(2)专业训练方面:主管机关的关于培训单位开展培训工作的批准文件、验收报告、专业训练申请表、成绩单、签发合格证情况记载等有关材料。

(3)船员服务簿方面:船员服务簿申请表等有关材料。

(4)适任证书方面:有关考试发证申请、鉴定、登记表、体格检查表和有关证明材料。

(5)考试方面:考卷记录、考场记录、考试成绩登记表等材料。

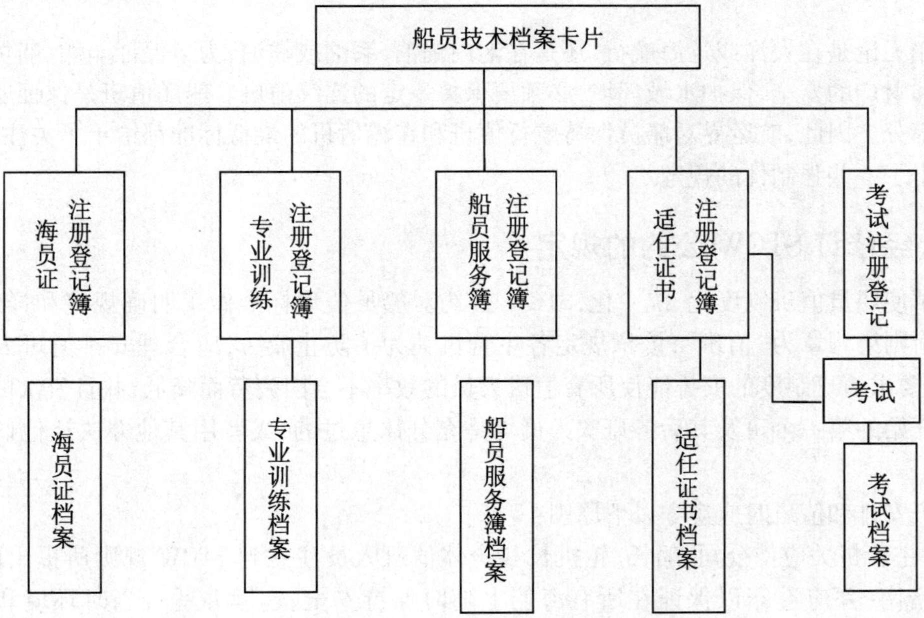

图 12-1 船员技术档案管理层次示意图

第十三章 船员值班标准及船舶安全配员

第一节 船员值班标准

船舶无论是在大洋或近海航行，还是在港内锚泊、系泊或靠泊，为了保证船舶、船员以及船上旅客和财产的安全，保护水域环境，必须要保持一定的连续值班。船舶值班是保证船舶安全的核心部分。因此，航运界对船员保持航行值班和在港值班的最低标准都给予了关注，并在此方面做出了一些强制性的规定。

一、经修订 STCW 公约的规定

为了使船员值班制度化、统一化，STCW 公约对船员值班标准做了明确规定和详细指导。该公约附则第Ⅷ章为“值班”，该章规定各主管机关为了防止疲劳，应合理安排值班人员的休息时间，要求值班制度的安排能使所有值班人员的效率不会因疲劳而降低，并且班次的组织能使航次开始的第一个班及其后各班次人员均是充分休息过的，或者用其他办法让他们适合于值班。

值班安排和值班时应遵守以下原则：

(1)主管机关应使公司、船长、轮机长和全体值班人员注意到 STCW 规则所提出的要求、原则和指南，并应遵守以保证在所有海船上随时保持安全、连续并适合当时环境和条件的值班。

(2)主管机关应要求每一船船长保证在考虑船舶当时环境和条件下，其值班安排是足以保持安全值班的，并且在船长总的领导下：①负责航行值班的高级船员在值班时间内始终身在驾驶台或与之直接相连的场所，如海图室或驾驶台控制室，对船舶航行安全负责；②值班报务员在值班时间内，在适当的频率上负责保持连续值守；③负责轮机值班的高级船员，根据 STCW 78/95 公约的规定和在轮机长的领导下，一旦听到呼叫应能立即到达机舱，在需要时应在其负责任时间内一直身在机舱；④当船舶锚泊或系泊时，为保证安全，应保持适当和有效的值班；如果船上载有有害货物，值班安排应充分考虑有害货物的性质、数量、包装、积载以及当时船上、水上或岸上的任何特殊情况；如适用，为保安起见，保持适当和有效的值班。

STCW 规则 A 及 STCW 规则 B 中分别就船员值班给出了具体的要求和指南，由于这些内

容与《海船船员值班规则》的规定基本一致,因而在此不做介绍。

二、中华人民共和国海船船员值班规则

为了加强海船船员值班管理,防止船员疲劳操作,保障海上人命与财产安全,保护海洋环境,根据有关国内法律、法规的规定以及 STCW 公约和国际电信联盟《无线电规则》的要求,交通运输部于 2013 年 2 月 1 日实施了《中华人民共和国海船船员值班规则》(以下简称《规则》)。

《规则》适用于在 100 总吨及以上中国籍海船的船员值班,但在军用船舶、渔业船舶、非营业的游艇以及构造简单的木质船上服务的船员除外。海船船员值班的主管机关是国家海事管理机构。

航运公司应当根据本规则以及有关国际公约的要求编制《驾驶台规则》《机舱值班规则》等船舶值班规则,张贴在船舶各部门的易见之处,要求全体船员遵守执行,以保证船舶航行安全;应当确保指派到船上任职的值班船员熟悉船上相关设备、船舶特性、本人职责和值班要求,能有效履行安全、防污染和保安等职责。

船长及全体船员在值班时,应当遵守法律、行政法规、相关国际公约以及当地有关防治船舶造成海洋污染的要求,采取一切可能采取的预防措施,防止因操作不当或者发生事故等原因造成船舶对海洋环境的污染。

(一)航次计划

船长应当根据航次任务,组织驾驶员研究有关资料,制订航次计划,及时通知各部门做好开航准备工作,保证船舶和船员处于适航、适任状态。

(1)制订航次计划应当满足以下要求:

①与大副、轮机长协商后,预先确定并落实本航次所需各种燃润料、物料、淡水以及备品的数量;

②保证各种船舶证书和船员证件齐全、有效;

③保证本航次涉及的航海图书资料和其他航海出版物准确、完整、及时更新;

④保证运输单证及港口文件齐全。

(2)航次计划包括以下内容:

①航线的总里程和预计航行的总时间;

②计划航线上的气象情况和海况;

③各转向点的经纬度;

④各段航线的航程和预计到达各转向点的时间;

⑤复杂航段的航法以及航线附近的危险物的避险手段;

⑥特殊航区的注意事项。

开航前,船长应当恰当地使用航海图书资料和其他航海出版物,计划好从出发港到下一停靠港的预定航线,清楚标绘在海图上,并对预定航线进行核实。

驾驶员在航行期间应当认真核实预定航线上每一个拟采取的航向。

船舶航行中,计划航线的下一停靠港发生改变或者船舶需要大幅度偏离计划航线的,船长应当及早计划好修正航线,并在海图上重新标绘。

(二)值班要求

航运公司和船长应当为船舶配备足够的适任船员，以保持安全值班。船长应当安排合格的船员值班，明确值班船员职责。值班的安排应当符合保证船舶、货物安全及保护海洋环境的要求，并保证值班船员得到充分休息，防止疲劳值班。

在船长统一指挥下，值班的驾驶员对船舶安全负责。

轮机长应当经船长同意，合理安排轮机值班，保证机舱运行安全。船长应当根据保安等级的要求，安排并保持适当和有效的保安值班。

值班应当遵守下列驾驶台和机舱资源管理要求：①根据情况合理地安排值班船员；②考虑值班船员资格和适任的局限性；③值班船员应当熟悉其岗位职责和部门职责；④值班船员对值班时所接收到的与航行有关的信息应当能够正确领会、正确处置，并与其他部门适当共享；⑤值班船员应当保持各部门之间的适当沟通；⑥对为保证安全所采取的行动，值班船员如果产生任何怀疑，应当立即告知船长、轮机长、负责值班的高级船员。

值班的高级船员认为接班的高级船员明显不能有效履行值班职责时，不得交班，并立即向船长或者轮机长报告。值班的高级船员在交班前正在进行重要操作的，应当在确认操作完成后再交班，船长或者轮机长另有指令的除外。

接班的高级船员应当在确认本班人员完全能有效地履行各自职责后，方可接班。不得安排船员在值班期间承担影响值班的工作。值班船员应当将值班期间发生的重要事件按照要求做好记录。

(三)值班安排

确定驾驶台值班人员组成时，应当考虑下列因素，保证安全航行需要：

(1)保证驾驶台 24 小时值守；

(2)天气及能见度情况、白天及夜间的驾驶要求差异；

(3)临近航行危险时需要值班驾驶员额外执行的航行职责；

(4)电子海图显示与信息系统(ECDIS)、雷达或者电子定位仪等助航仪器及任何其他影响船舶安全航行的设备的使用和工作状态；

(5)船上是否装有自动操舵装置；

(6)是否需要履行无线电职责；

(7)驾驶台上的无人机舱控制装置、警报和指示器及其使用程序和局限性；

(8)特殊的操作环境对航行值班的特别要求。

(四)瞭望

船长应当合理安排航行值班船员，以保持连续正规的瞭望。船长安排值班时应当考虑的因素包括：(1)能见度、天气和海况；(2)航行所在区域的通航密度和所发生的其他活动；(3)在分道通航区域内及其附近水域时所必须注意的情况；(4)由船舶特性、即时操纵要求和预期操纵可能引起的额外工作量；(5)指定的值班船员适于值班的状况；(6)值班船员的专业适任能力及经验；(7)值班驾驶员对船舶设备、装置和程序的熟悉程度及操船能力；(8)必要时召唤待命人员立即到驾驶台协助的可能性；(9)驾驶台仪器和操纵装置(包括报警系统)的工作状况；(10)舵和推进器的控制以及船舶操纵特性；(11)船舶尺度和指挥位置的视野；(12)驾驶台的结构对值班人员瞭望的影响；(13)其他涉及值班安排、适于值班的标准、程序和指南。

值班驾驶员应当始终保持正规瞭望,并应当符合下列要求:

(1)利用视觉、听觉等一切可用的方法和手段对当时环境和情况保持连续观察、观测;

(2)充分估计到碰撞、搁浅和其他可能危害航行安全的局面和危险;

(3)及时发现遇难的船舶和飞机、船舶遇难人员,及时发现沉船残骸等危害航行安全的物体。

在驾驶台和海图室分设的船上,值班驾驶员为了履行其必要的职责,在确信航行安全情况下,可以短时间进入海图室。

瞭望人员和舵工的职责应当分开,舵工在操舵时不应当同时履行瞭望人员职责。在操舵位置四周的视野未被遮挡且没有夜视障碍,不妨碍保持正规瞭望的情况下,舵工可同时履行瞭望人员职责。

在满足下列所有要求的情况下,值班驾驶员可以是唯一的瞭望人员:

(1)白天;

(2)能在需要时立即召唤其他合适人员到驾驶台协助;

(3)下列因素条件能够确保安全:①天气及能见度情况;②通航密度;③邻近的航行危险物;④在分道通航制或者其附近水域内航行时所必须注意的情况;⑤其他影响航行安全的因素。

夜间航行时应当至少有一名值班水手协助驾驶员瞭望。

(五)值班交接

接班驾驶员在接班前,应当对本船的推算船位或者实际船位进行核实,确认计划航线、航向和航速以及无人机舱控制装置的工作状况,并应当考虑值班期间可能遇到的任何航行危险。接班驾驶员在视力未完全调节到适应环境条件以前,不应当接班。

交、接班驾驶员应当清楚地交接下列情况:

(1)船长对船舶航行有关的常规命令和其他特别指示;

(2)船位、航向、航速和吃水;

(3)当时的和预报的潮汐、海流、气象、能见度等因素及其对航向和航速的影响;

(4)在驾驶台控制主机时的主机操作程序和方法;

(5)航行环境。航行环境应当至少包括:①正在使用或者在值班期间可能使用的所有航行设备和安全设备的工作状况;②电罗经和磁罗经的误差;③附近船舶的位置及动态;④在值班期间可能遇到的情况和危险;⑤船舶的横倾、纵倾、水的密度变化及船体下沉对富余水深可能造成的影响。

(六)值班职责

负责航行的值班驾驶员负责船舶的安全航行,并按照经过修正的《1972年国际海上避碰规则》和其他安全航行规定进行操纵和避让。值班驾驶员应当做到:(1)在驾驶台保持值班,不得离开驾驶台;(2)船长在驾驶台时,值班驾驶员仍然应当对船舶安全航行负责,除非被明确告知船长已承担责任;(3)给予全体值班人员一切适当的指示和信息,以保持安全值班。

值班驾驶员应当使用安全航速。需要时,应当立即采取转舵、主机变速和使用声响信号等措施。在情况允许时,应当及时通知机舱拟进行主机变速,或者按照适用的程序有效地使用驾驶台的无人机舱主机控制装置。

值班驾驶员必须充分掌握在任何吃水情况下本船的冲程等操纵特性，并应当考虑船舶可能具有的其他不同操纵特性。值班驾驶员应当充分了解本船所有安全和航行设备的放置地点和操作方法，熟练掌握电子助航仪器的使用方法，了解这些设备性能及操作上的局限性。

值班驾驶员在值班期间，应当有效使用船上的助航仪器，以恰当的时间间隔对所驶的航向、船位和航速进行核对，确保本船沿着计划航线行驶，并注意在适当的时候使用测深仪；应当经常和精确地测定驶近船舶的罗经方位和距离，及早判断有无碰撞危险。必要时使用甚高频无线电话，与他船协调避让措施。

在下列情况下，值班驾驶员应当对航行设备进行操作性测试：

(1) 到港前和出港前；

(2) 可预见的影响航行安全的危险情况发生之前。

情况允许时，在海上航行期间值班驾驶员应当尽可能地对航行设备进行操作性测试，应当做好测试记录。

值班驾驶员应当定期检查下列内容：(1) 确保手动操舵或者自动舵使船舶保持在正确的航向上。(2) 每班应当至少测定一次标准罗经的误差，如可能，在大幅度改变航向后也应当测定；应当经常进行标准罗经和陀螺罗经核对；复示仪与主罗经应当同步；如发现误差变化较大，应当及时报告船长。(3) 每班至少测试一次自动舵的手动操作。(4) 确保航行灯和信号灯及其他航行设备正常工作。(5) 确保无线电设备正常工作并且按照要求值守。(6) 确保在驾驶台的无人机舱控制装置、警报和指示器工作正常。

在使用自动舵时，值班驾驶员应当考虑：(1) 为了应对随时可能出现的潜在危险局面，及时使舵工就位并改为手动操舵的可能性；(2) 在无人协助的情况下因采取紧急措施而中断瞭望的危险性。

手动操舵和自动操舵的转换应当由值班驾驶员决定。

值班驾驶员应当能熟练地使用雷达，并应当做到：(1) 遇到或者预料到能见度不良或者在通航密集水域航行时，应当使用雷达，并注意其局限性。使用雷达时应当遵守经过修正的《1972 年国际海上避碰规则》中使用雷达的规定。(2) 应当确保所使用的雷达量程以足够频繁的时间间隔进行转换，以便能及早地发现物标。应当考虑微弱或者反射力差的物标可能被漏掉。(3) 使用雷达时，应当选择合适的量程，仔细观察显示器，并确保及早进行雷达标绘或者系统的分析。(4) 天气良好时，如可能，值班驾驶员应当进行雷达使用方面的操练。

发生下列情况时，值班驾驶员应当立即报告船长，船长接到报告后应当尽快上驾驶台，必要时由船长直接指挥：(1) 遇到或者预料到能见度不良；(2) 对通航条件或者他船的动态产生疑虑；(3) 对保持航向感到困难；(4) 在预计的时间未能看到陆地、航行标志或测量不到水深；(5) 意外地看到陆地、航行标志或者水深突然发生变化；(6) 主机、推进装置遥控系统、舵机等主要的航行设备、警报或者指示仪发生故障；(7) 无线电设备发生故障；(8) 恶劣天气怀疑可能有气象危害；(9) 发现遇险人员或船舶以及他船求救；(10) 遇到其他紧急情况或者感到疑虑的情况。

当情况紧急时，为了船舶的安全，值班驾驶员除立即报告船长外，还应当果断采取行动。

（七）特殊情况下的驾驶值班

遇到或者预料能见度不良时，值班驾驶员应当做到：(1) 鸣放雾号；(2) 以安全航速行驶；(3) 使主机处于立即可操纵的准备状态；(4) 通知船长；(5) 安排正规的瞭望；(6) 显示航行灯；

(7)操作和使用雷达。

在夜航期间航行值班时,船长和值班驾驶员安排瞭望应当特别考虑驾驶台设备和助航仪器及其局限性、当时航区的环境和情况以及所实施的程序和安全措施。船长应当将航行指示和注意事项或者其他重要安排明确记入船长夜航命令簿,值班驾驶员应当遵照执行。

在沿岸和通航密集水域航行时,应当使用船上适合于该水域并依照最新资料改正过的最大比例尺的海图。在确认没有碰撞危险的情况下,应当勤测船位,环境许可时还应当使用多种方法定位。使用电子海图显示与信息系统(ECDIS)的,应选择适当显示比例的电子海图,并以适当的时间间隔通过其他的定位方法对船位进行核查。值班驾驶员应当确切地辨认沿岸陆标及所有有关的航行标志。

船舶由引航员引航时并不解除船长管理和驾驶船舶的责任。船长和引航员应当交换有关航行方法、当地情况和船舶性能等方面的信息。船长、值班驾驶员应当与引航员紧密合作,保持对船位和船舶动态进行核对。船长对引航员的错误操作应当及时指出,必要时即行纠正。船长在非危险航段暂离驾驶台时应当告知引航员,并指定驾驶员负责。值班驾驶员对引航员的行动或意图有所怀疑时,应当要求引航员予以澄清,如仍有怀疑,应当立即报告船长,并可在船长到达之前采取必要的行动。

船舶在锚泊时,值班驾驶员应当:

(1)锚抛下时应当立即测定船位,并在海图上标出锚位和回旋范围,将锚地的潮汐、流向、水深、底质、周围情况及当地气象记入航海日志。

(2)情况许可时,应当经常利用固定航标或者岸上容易辨认的物标,校核船舶是否保持在锚位上。

(3)保持正规的瞭望,注意以下情形,并做到:①周围锚泊船的情况,尤其是位于上风或者上流方向锚泊船的动态,以防他船走锚危及本船安全;②来泊船的锚位是否与本船有足够的安全距离,如过近,应当设法通知对方,并报告船长;③过往船舶或者邻近锚泊船起锚离泊时距本船过近,应当密切关注其动态,若判断对本船有威胁时,应当以各种信号警告对方。

(4)以适当的时间间隔巡视全船,注意吃水、龙骨下富余水深以及船舶的状态。

(5)注意观测气象、潮汐和海况变化,注意锚位、锚链受力和船首偏荡;在转流时,还应当注意船身回转及周围船舶动向,必要时采取紧急措施,防止因本船或者他船走锚造成紧迫局面或者发生事故;

(6)本船或者他船走锚,或者过往船舶距离过近造成危险局面时,应当果断地采取一切有效措施,以避免或者减少损失,并立即通知船长。

(7)在急流区锚泊或者遇大风浪天气,除执行船长指示外,还应当勤测锚位,定时巡视甲板,检查锚链和制链器是否正常,并且应当认真督促值班水手每小时检查锚链、锚链掣和锚设备一次。

(8)督促值班水手按时升降旗及锚球,开关锚灯、甲板照明,按照规定显示或者悬挂相应的号灯号型,鸣放相应的声号。

(9)能见度不良时,应当认真执行经过修正的《1972 年国际海上避碰规则》的有关规定,加强瞭望,鸣放雾号,打开锚灯和各层甲板的照明灯,并通知船长。

(10)锚泊中进行装卸作业,除应当执行停泊值班中有关装卸业务方面的职责外,还应当注意旁靠船、驳船的系缆、碰垫和绳梯以及其他各种安全措施。

(11)根据锚地情况及相关规定,用甚高频无线电话在规定的频道上保持守听。

(12)严格遵守防污染规定,采取有效措施,防止船舶对水域环境造成污染。

船长认为必要时,船舶在锚泊情况下可保持连续的航行值班。

(八)轮机值班安排

轮机值班的组成应当适合当时的环境和条件,以确保影响船舶安全操作的所有机械设备在自动操作方式、手动操作方式模式下均能安全运行。确定轮机值班组成时,应当考虑下列因素:(1)保持船舶的正常运行;(2)船舶类型、机械设备类型和状况;(3)对船舶安全运行关系重大的机械设备进行重点监控的值班需求;(4)由于天气、冰区、污染水域、浅水水域、各种紧急情况、船损控制或者污染处置等情况的变化而采用的特殊操作方式;(5)值班人员的资格和经验;(6)人命、船舶、货物和港口的安全及环境保护的要求;(7)有关国际公约、国家法规和当地规定。

(九)轮机值班交接

轮机值班交、接班轮机员应当清楚下列交接事项:

(1)轮机长关于船舶系统和机械设备运行的常规命令和特别指示;

(2)对机械设备及系统进行的所有操作及目的、参与人员以及潜在的危险;

(3)污水舱、压载舱、污油舱、备用舱、淡水柜、粪便柜、滑油柜等使用状况和液位以及对其中贮存物的使用或者处理的特殊要求;

(4)备用燃油舱、沉淀柜、日用油柜和其他燃油贮存设备中的燃油液位和使用状况;

(5)有关卫生系统处理的特殊要求;

(6)主机、辅机系统(包括配电系统)的操作方式和运行状况;

(7)监控设备和手动操作设备的状况;

(8)自动锅炉控制装置和其他与蒸汽锅炉操作有关设备的状况和操作模式;

(9)恶劣天气、冰冻、被污染的水域或者浅水引起的潜在威胁;

(10)在设备故障或危及船舶安全的情况下而采取的特殊操作方式和应急措施;

(11)机舱普通船员的任务分派;

(12)消防设备的可用性;

(13)轮机日志的填写情况。

接班轮机员对接班事项不满意或者观察到的情况与轮机日志记录不相符时,不得接班。

(十)轮机值班职责

值班轮机员是轮机长的代表,主要负责对与船舶安全有关的机械设备进行安全有效的操作和保养,并根据要求,负责轮机值班责任范围内的一切机械设备的检查、操作和测试,保证安全值班。值班轮机员应当维持既定的正常值班安排。机舱值班的普通船员应当协助值班轮机员,使主机、辅机系统安全和有效运行。轮机长在机舱时,值班轮机员仍应当继续对机舱工作全权负责,除非被明确告知轮机长已承担责任。轮机值班的所有成员都应当熟悉被指派的值班职责,并掌握本船下列情况:(1)内部通信系统的适当使用;(2)机舱逃生途径;(3)机舱报警系统和辨别各种警报的能力;(4)机舱的消防设备和破损控制装置的数量、位置和种类,以及它们的使用方法和应当遵守的各种安全预防措施。

轮机值班开始时,应当对所有机械设备的工作情况、工况参数加以验证、分析,以保持在正常范围值。在值班期间值班轮机员应当定期巡回检查机舱和舵机房,及时发现机械设备的故障和损坏情况,并采取相应措施。值班轮机员应当对运转失常、可能发生故障或者需要特殊处理的机械设备,以及已经采取的措施做详细记录。需要时,应当对拟采取的措施做出安排。在机舱值守的值班轮机员应当能够随时操纵推进装置,以应对换向和变速的需要。

机舱无人值守的,值班轮机员在获知报警、呼叫时,应当立即到达机舱。

值班轮机员应当执行驾驶台的命令。对主推进动力装置进行换向和变速操作的,应当做好记录。当人工操作时,值班轮机员应当确保主推进动力装置的操纵装置有人不间断地值守,并使之随时处于准备和操作状态。

值班轮机员应当掌握正在维护保养的机械设备(包括机械、电气、电子、液压和空气系统)及其控制装置和与此相关的安全设备、所有舱室服务系统设备的维护保养情况,并注意其物料和备品的使用记录。

轮机长应当将值班时拟进行的预防性保养、破损控制或者修理工作等情况通知值班轮机员。值班轮机员应当负责值班责任内的拟处理的所有机械设备的隔离、旁通和调整,并将已进行的全部工作做好记录。

机舱处于备车状态时,值班轮机员应当保证一切在操纵时可能用到的机械设备处于随时可用状态,并使电力有充足的储备,以满足舵机和其他设备的需要。值班轮机员应当指导本班值班人员,告知其可能对机械设备造成不利影响或者危及人命、船舶安全的潜在危险情况。

值班轮机员应当对机舱保持不间断监控。在值班人员丧失值班能力时,应当安排替代人员;应当采取必要的措施,以减轻因设备损坏、失火、进水、破裂、碰撞、搁浅和其他原因所造成损害。

进行预防性保养、破损控制或者维修工作时,值班轮机员应当与负责维修工作的轮机员配合,做好下列工作:(1)对要进行处理的机械设备加以隔离,并保留值班所需的通道;(2)在维修期间,将其他的设备调节至充分和安全地发挥功能的状态;(3)在轮机日志或者其他适当的文件上详细记录维修保养过的设备、参加人员以及采取的安全措施;(4)必要时将已修理过的机器和设备进行测试、调整,投入使用。

值班轮机员应当确保,在自动设备失灵时履行维修职责的轮机部普通船员能够立即协助其对机器进行手动操作;应当了解失去舵效或者因机械故障导致失速会危及船舶和海上人命的安全,当发生机舱失火或者机舱中即将采取的行动会导致船速下降、瞬间失去舵效、船舶推进系统停止运转或者电站发生故障或者类似威胁安全的情况,应当立即通知驾驶台。如可能,应当在采取行动之前通知,以便驾驶台有最充分的时间采取一切可能的措施来避免发生海上事故。

出现下列情况,值班轮机员应当立即通知轮机长,并根据情况采取措施:(1)机器发生故障或者损坏,可能危及船舶的安全运行;(2)发生可能引起推进机械、辅机、监视系统、调节系统损坏失常的现象;(3)遇到其他紧急情况或感到疑虑时。

值班轮机员应当给予其他机舱值班人员适当的指示和信息,以保持安全值班。常规的机械设备保养应当纳入值班工作。全船的机械、电子与电气、液压、气动等设备的维修工作,应当在轮机长和值班轮机员知情下进行,并做好记录。

(十一)特殊环境下的轮机值班

值班轮机员应当保证提供鸣放声号用的空气或蒸汽压力,并随时执行驾驶台变速、换向的命令,还应当备妥用于操纵的一切辅助机械。值班轮机员接到船舶进入通航密集水域航行的通知时,应当确保涉及船舶操纵的机械设备能够随时置于手动操作模式、舵和其他设备的操作有足够备用动力、应急舵和其他辅助设备处于随时可用状态。

船舶在开敞的港外锚地或者开敞的海域锚泊时,值班轮机员应当做到下列内容:

(1)保持有效的轮机值班;

(2)定时检查所有正在运行和处于准备状态的机械设备是否正常;

(3)执行驾驶台发布的使主机和辅机保持准备状态的命令;

(4)遵守适用的防治污染规则,防治船舶污染海洋环境;

(5)保持破损控制和消防系统处于准备状态。

在开敞锚地,轮机长应当与船长商定是否仍保持与在航时同样的轮机值班。

(十二)无线电操作员和值班安排

船舶无线电设备由持有相应适任证书的无线电操作员管理和操作。遇险报警应当经过船长批准后发送。

船长在安排无线电值班时,应当注意下列内容:

(1)保证无线电值班符合《无线电规则》和经过修正的《1974 年国际海上人命安全公约》的规定;

(2)避免与船舶安全航行无关的无线电通信影响无线电值班;

(3)船上安装的无线电设备及其工作状态。

(十三)无线电值班职责

无线电操作员在值班时应当做到下列内容:

(1)在《无线电规则》和经过修正的《1974 年国际海上人命安全公约》指定的频率上保持值班;

(2)定时检查无线电设备的电源及工作状态,发现设备故障时及时报告船长;

(3)每天用标准时间信号校对无线电时钟不少于一次;

(4)当港口国规定不能在港界内开启发信机,或者装卸、清洗易挥发的易燃易爆货物时,根据船长或者值班驾驶员的指示不得开启和修理一切发信设备。

离港前,被指定为在遇险时负有无线电通信职责的无线电操作员应当确保符合下列要求:

(1)所有遇险和安全通信的无线电设备、备用电源均处于有效工作状态,并记入无线电台日志;

(2)备妥所有国际公约规定的文件、航行通告和国家海事管理机构要求的附加文件,并根据最新收到的资料进行修改,有不符之处立即报告船长;

(3)按照标准时间信号正确设定无线电时钟;

(4)天线无损坏,并连接正确;

(5)尽可能地更新船舶将要航行的区域及船长要求的其他区域的最新气象报告和航行警告,并将这些信息送交船长。

在离港并启用无线电设备时,值班的无线电操作员应当在适当的遇险频率上值守,并根据船长指示向船舶报告系统发送报告。

在海上时,被指定为在遇险事件中负有无线电通信主要责任的无线电操作员应当按照要求定期对无线电设备进行检查、测试,以保证设备工作正常。检查、测试结果应当记入无线电台日志。被指定为进行一般通信业务的无线电操作员,应当考虑本船船位与可能要进行通信业务的海岸电台和海岸地球站的相互位置,并在可能通信的频率上保持有效值守。在通信时,无线电操作员应当遵守国际电信联盟的有关规定。

到达港口关闭无线电设备时,值班的无线电操作员应当确保天线接地,并检查备用电源是否安全、电量是否充满。

遇险报警或者遇险呼叫优先于其他通信。当无线电设备收到遇险报警时,应当立即停止干扰遇险通信的任何发射。值班的无线电操作员收到遇险报警时,应当立即报告船长。本船遇险或者收到遇险报警时,被指定为在遇险事件中负有无线电通信主要责任的无线电操作员,应当根据《无线电规则》的程序规定采取相应措施。

值班的无线电操作员应当按照《无线电规则》及经过修正的《1974 年国际海上人命安全公约》有关无线电台日志的要求做好下列事项的记录:(1)遇险、紧急和安全的无线电通信摘要;(2)与无线电服务有关的重要事件;(3)无线电设备的状况,包括电源状况的摘要。

在条件允许时,可以每天记录一次船位。

无线电台日志存放应当满足下列要求:(1)便于遇险通信操作记录;(2)便于船长查阅;(3)便于国家海事管理机构或缔约国授权官员检查时查阅。

(十四)港内值班应当遵守的一般要求

船舶在港内停泊时,船长应当安排适当而有效的值班。对于具有特种形式的推进系统或者辅助设备,以及装载有危害、危险、有毒、易燃物品或者其他特殊货物的船舶,还应当按照有关规定的特殊要求值班。船长应当根据停泊情况、船舶类型和值班特点,配备足够具有熟练操作能力的值班船员,并安排好必要的设备。

船舶在港内停泊期间的值班安排应当满足下列要求:(1)确保人命、船舶、货物、港口和环境的安全;(2)确保与货物作业相关机械的安全操作;(3)遵守有关国际公约、国家法规和当地规定;(4)保持船舶工作正常。

停泊时,甲板值班人员应当至少包括一名值班驾驶员和一名值班水手。

轮机长应当与船长协商确定轮机值班安排。决定轮机值班人员组成时,应当考虑下列内容:(1)至少有一名值班轮机员;(2)推进功率 750 千瓦及以上的船舶,至少安排一名值班机工协助值班轮机员。

轮机员在值班期间,不应当承担妨碍其监控船上机械系统的其他任务。

1. 驾驶值班

在港内值班时,值班驾驶员应当做到下列内容:(1)掌握全船人员动态,经常巡查船的四周、装卸现场及工作场所,关注从事高空、舷外及封闭舱室内工作的人员安全,督促值班人员坚守岗位,保持部门间联系畅通。(2)督促值班水手按时升降国旗、开关灯,显示或者悬挂有关号灯、号型。(3)经常检查舷梯、锚链、跳板及安全网,及时调整系泊缆绳,在有较大潮差的泊位上,应当加强巡查,必要时应当采取措施以确保系泊设备处于安全工作状态。(4)注意吃水、龙骨下的富余水深和船舶的总体状态。(5)根据船舶种类特点,按照积载计划的要求,负责船港联系和协作,监督装卸操作安全和质量,掌握装卸进度,解决装卸中发生的问题,制止违章作业,注意天气变化及海况,及时开关舱;装卸一级危险品、重大件、贵重货时到现场监督指导。（6）注意及时收听天气预报，当收到恶劣气象警报时，采取必要的措施以保护人员、船舶和货物的安全。（7）按照船长、大副的指示或者根据情况需要，通知机舱注入、排出或者调整压舱水，并注意船体平衡；注意检查污水井、压载舱及淡水舱的测量记录；监收加装淡水和物料，加油船来时通知机舱并且注意防火安全。（8）发生危及船舶安全的紧急情况时，鸣放警报，通知船长，采取措施以防止对船上人员、船舶和货物造成损害；必要时，请求附近船舶或者岸上给予援助。（9）掌握船舶稳性情况，如能够在失火时向消防部门提供可喷洒在船上且不致危及本船的水的大致数量。（10）在船上进行明火作业及修理工作时，采取必要的预防措施。（11）不得在系泊区域内排放污油水、垃圾及杂物，并采取措施，防止本船对周围环境造成其他形式的污染。（12）注意过往船舶，有他船系靠本船或者前后泊位时应当在现场守望，并采取相应安全措施；发生事故时，应当立即记下该船船名、国籍、船籍港及事故经过，并向船长报告。（13）对遇难船舶和人员提供援助。（14）主机试车应当在确认推进器附近无障碍物，不致碍及他船，不损坏舷梯、跳板、缆绳、装卸属具及港口设施等情况后方可进行，并采取必要的预防措施。

驾驶值班的交、接班的驾驶员应当在交接前巡视检查全船和周围，认真做好交接工作。交班驾驶员应当告知接班驾驶员下列事项：

（1）航海日志和停泊值班记录簿所记载的有关内容、航运公司指示和船长命令，有关人员来船联系及对外联系事项；

（2）气象、潮汐、泊位水深、船舶吃水、系缆情况、锚位和所出锚链的情况，转流时船舶回转，主机状态和其应急使用的可能性，以及与船舶安全停泊有关的其他情况；

（3）船上拟进行的所有工作，包括积载计划、大副的要求、装卸进度、开工舱口及工班数、货物的分隔衬垫、装卸质量、装卸属具情况、危险品和重大件及应采取的预防及应急措施、贵重货、水手值班情况及与港方联系事项等；

（4）舱底水、压舱水、淡水的水位情况及加装燃油、淡水情况；

（5）消防设备的情况；

（6）港口及本船悬挂的信号、显示的号灯、号型和鸣放的声号，港口特殊规定，发生紧急情况或需要援助时船方与港方的联系方式；

（7）要求在船船员的人数和全船人员的动态情况；

（8）检修工作的项目、质量、进度和采取的安全措施；

（9）旁靠船、驳船情况，周围锚泊船的动态；

（10）港口的特殊要求；

（11）有关船员、船舶、货物的安全和防治水域污染的其他重要情况，以及由于船舶行为造成环境污染时向相关机关报告的程序。

接班驾驶员在负责甲板值班之前应当核实下列内容：

（1）系泊缆绳或者锚链是否恰当；

（2）正在装卸的有害或者危险货物的性质，以及发生溢漏或者失火后应当采取的相应措施；

（3）本船悬挂的信号、显示的号灯、号型以及鸣放的声号是否正确；

（4）各项安全措施和防火规定是否有效遵守；

（5）是否存在危及本船的情况，以及本船是否危及其他船舶。

交接班人员对交接事项产生疑问时,应当及时向大副或者船长报告。

2. 轮机值班

在港内值班时,值班轮机员应当做到下列内容:

(1)遵守有关防范危险情况的特殊操作命令、程序和规定;

(2)监测运行中的所有机械设备及系统的仪表和控制系统;

(3)遵守当地有关防污染规定,按照规定采用必要的技术、方法和程序,防止船舶对周围环境造成污染;

(4)查看污水井中污水的变化情况;

(5)出现紧急情况并且需要时,发出警报并且采取一切可能的措施避免船上人员、船舶及其货物遭受损害;

(6)了解驾驶员对装卸货物时所需设备的要求,以及对压载和船舶稳性控制系统的附加要求;

(7)经常巡查以判断可能发生的设备故障或者损坏情况,发现设备故障或者损坏情况的,应当采取补救措施以确保船舶、货物作业、港口及其周围环境的安全;

(8)在职责范围内采取必要措施,避免船上电气、电子、液压、气动以及机械系统发生事故或者损坏;

(9)对影响船上机械运转、调节或修理的重要事项做好记录。

轮机值班的交、接班轮机员应当清楚交接下列事项:

(1)当日的常规命令,有关船舶操作、保养工作、船舶机械或者控制设备修理的特殊命令;

(2)所有机械和系统进行检修工作的性质、涉及的人员以及潜在的危险;

(3)舱底、残渣柜、压载水舱、污油舱、粪便柜、备用柜的液位及状态,以及对其中贮存物的使用或者处理的特殊要求;

(4)有关卫生系统处理的特殊要求;

(5)灭火设备以及烟火探测系统的状况和备用情况;

(6)获准从事或者协助机器修理的人员及其工作地点和修理项目,以及其他获准上船的人员;

(7)港口有关船舶排出物、消防要求及船舶防备工作等方面的特殊规定;

(8)发生紧急情况或者需要援助时,船上与岸上人员、相关机关可使用的通信方式;

(9)其他有关船员、船舶、货物的安全以及防治环境污染等重要情况;

(10)轮机部的活动造成环境污染时,向相关机关报告的程序。

接班轮机员在承担值班任务前还应当做到以下内容:

(1)熟悉现有的和可用的电、热、水源和照明来源及其分配情况;

(2)了解船上的燃油、润滑油及淡水供给的可用程度;

(3)备妥机器以应对紧急状况。

(十五)货物作业值班

航运公司应当制定保证货物作业安全的规定。负责计划和实施货物作业的高级船员应当通过对特定风险的控制,确保作业的安全实施。

船舶载运危险货物、污染危害性货物时,船长应当做出保持货物安全的值班安排。载运散装危险货物的船舶,安全值班应当由甲板部和轮机部各至少一名高级船员和普通船员组成。载运非散装危险货物的船舶,船长在做出值班安排时应当考虑危险品的性质、数量、包装和积载以及船上、水上和岸上的所有特殊情况。

(十六)开航前

船长应当提前24小时将预计开航时间通知轮机长,如停港不足24小时,应当在抵港后立即将预计离港时间通知轮机长;轮机长应当向船长报告主要机电设备情况、燃油、润滑油和炉水存量;如开航时间变更,应当及时更正。

开航前1小时,值班驾驶员应当会同值班轮机员核对船钟、车钟、试舵等,并分别将情况记入航海日志、轮机日志及车钟记录簿内。主机试车前,值班轮机员应当征得值班驾驶员同意。待主机备妥后,机舱应当通知驾驶台。

(十七)航行中

每班交班前,值班轮机员应当将主机平均转数和海水温度等参数告知值班驾驶员,值班驾驶员应当回告本班平均航速和风向风力,双方分别记入航海日志和轮机日志;每天中午,驾驶台和机舱校对时钟并互换正午报告。船舶进出港口,通过狭水道、浅滩、危险水域或抛锚等情况下需备车航行时,驾驶台应当提前通知机舱准备。如遇雾或暴雨等突发情况,值班轮机员接到通知后应当尽快备妥主机。判断将有恶劣天气来临时,船长应当及时通知轮机长做好各种准备。因等引航员、候潮、等泊等原因须短时间抛锚时,值班驾驶员应当将情况及时通知值班轮机员。因机械故障不能执行航行命令时,轮机长应当组织抢修,通知驾驶台报告船长,并将故障发生和排除时间及情况记入航海日志和轮机日志。

停车应当先征得船长同意。但情况危急,不立即停车会威胁人身安全或者主机安全时,轮机长应立即停车并及时通知驾驶台。因调换发电机、并车等需要暂时停电时,值班轮机员应当事先通知驾驶台。在应变情况下,值班轮机员应当立即执行驾驶台发出的信号,及时提供所要求的水、气、电等。

值班驾驶员和值班轮机员应当执行船长和轮机长共同商定的主机各种车速,另有指示的除外。船舶在到港前,应当对主机进行停、倒车试验,当无人值守的机舱因情况需要改为有人值守时,驾驶台应当及时通知轮机员。抵港前,轮机长应当将本船存油情况告知船长。

(十八)停泊中

抵港后,船长应当告知轮机长本船的预计动态,以便安排工作,动态如有变化应当及时更正;机舱若需检修影响动车的设备,轮机长应当事先将工作内容和所需时间报告船长,取得同意后方可进行。

值班驾驶员应当将装卸货情况随时通知值班轮机员,以保证安全供电。在装卸重大件、特种危险品或者使用重吊之前,大副应当通知轮机长派人检查起货机,必要时应当派人值守。因装卸作业造成船舶过度倾斜,影响机舱正常工作的,轮机长应当通知大副或者值班驾驶员采取有效措施予以纠正。驾驶和轮机部门应当对船舶压载的调整,以及可能涉及海洋污染的各种操作,建立起有效的联系制度,包括书面通知和相应的记录。

添装燃油前,轮机长应当将本船的存油情况和计划添装的油舱以及各舱添装数量告知大副,以便计算稳性、水尺和调整吃水差。

(十九)值班保障

航运公司及船长应当采取有效措施防止船员疲劳操作。除紧急或者超常工作情况外,负责值班的船员以及被指定承担安全、防污染和保安职责的船员休息时间应当满足以下要求:(1)任何24小时内不少于10小时;(2)任何7天内不少于77小时;(3)任何24小时内的休息时间可以分为不超过2个时间段,其中一个时间段至少要有6小时,连续休息时间段之间的间隔不应当超过14小时。

船长按照规定安排休息时间时可以有例外,但是任何7天内的休息时间不得少于70小时。对规定的每周休息时间的例外,不应当超过连续2周。在船上连续2次例外时间的间隔不应当少于该例外持续时间的2倍。对规定的例外,可以分为不超过3个时间段,其中1个时间段至少要有6个小时,另外2个时间段不应当少于1个小时。连续休息时间间隔不得超过14个小时。例外在任何7天时间内不得超过2个24小时时间段。

紧急集合演习、消防和救生演习,以及国内法律、法规、国际公约规定的其他演习,应当以对休息时间的干扰最小且不导致船员疲劳的形式进行。船员处于待命情况下,因被派去工作而中断了正常休息时间的,应当给予补休。

因船舶、船上人员或者货物出现紧急安全需要,或者为了帮助海上遇险的其他船舶或者人员,船长可以暂停执行休息时间制度,直至情况恢复正常。情况恢复正常后,船长应当根据实际情况尽快安排船员获得充足的补休时间。船舶应当将船上工作安排表张贴在易见之处。应当对船员每天休息时间进行记录,并制作由船长或者船长授权的人员和船员本人签注的休息时间记录表发放给船员本人。船上工作安排表和休息时间记录表应当参照《国际劳工组织(ILO)和国际海事组织(IMO)编制船员船上工作安排表和船员工作时间或休息时间记录格式指南》,并使用船上工作语言和英语制定。船长在安排船员值班时,应当充分考虑女性船员的生理特点和国家的有关规定。

船员不得酗酒。值班人员在值班前4小时内禁止饮酒,且值班期间血液酒精浓度(BAC)不高于0.05%或呼吸中酒精浓度不高于0.25 mg/L。船员不得服用可能导致不能安全值班的药物。航运公司应当制定相应的措施防止船员酗酒和滥用药物。船员履行值班职责或者有关安全、防污染和保安值班职责的能力受到药物或酒精的影响时,不得安排其值班。

第二节　船舶配员及最低安全配员规则

一、船舶安全配员的立法

(一)船舶最低安全配员的国际立法

早在1981年11月19日,IMO通过了A.481号决议《关于船舶安全配员的原则》。该决议指出了船舶安全配员的目的、总原则、准则及对主管机关的要求等。

SOLAS 1974年公约第五章《航行安全》第十三条规定:"从海上人命安全观点出发,各缔约国政府承担义务,对其本国的每艘船舶应经常保持,或在必要时采取措施来保证所有船舶配备足够数量和胜任的船员。”

SOLAS 公约 1989 年修正案第五章第十三条,明确要求所有船舶应持有主管机关签发的最低安全配员证书。

1993 年 11 月 4 日,IMO 又通过了 A. 772(18)号决议《配员的疲劳因素和安全》。在其附件“配员的疲劳因素和安全”中鼓励主管机关在考虑与船舶有关作业时,考虑与疲劳相关的因素,提出了疲劳的一般概念,列出了与船舶作业相关方面的作业可能导致疲劳的因素,并对这些因素进行了分类。

IMO 在修正 STCW 公约时,对船员疲劳问题进行了特别考虑。另外,《1972 年国际海上避碰规则》第五条要求每艘船在任何时候均应保持正规瞭望。这一规则除了包括对瞭望所采取的方法等相关要求外,也包括了对瞭望人员数量的要求。

(二)船舶最低安全配员的国内立法

我国《海上交通安全法》第六条规定:“船舶应当按照标准定额配备足以保证船舶安全的合格船员”。《内河交通安全管理条例》第六条及第七条均规定:“船舶及浮动设施除具满足其他条件外,必须配备符合国务院交通主管部门规定的掌握水上交通安全技能的船员,方可从事有关活动。”

为确保船舶在航行和停泊时配有足以保证船舶安全的船员,保障水上人命、财产的安全,防止水域环境污染,依据《海上交通安全法》《内河交通安全管理条例》以及我国已加入的有关国际公约,交通部于 1997 年通过并颁发了《船舶最低安全配员规则》,该规则于 1998 年 5 月 1 日起施行。交通部于 2004 年 6 月 30 日以相同的规章名称发布了《船舶最低安全配员规则》,新的规则分别又于 2014 年和 2018 年进行了修改,于 2004 年 8 月 1 日起实施。

二、船舶安全配员的原则及准则

船舶安全配员是指为保证船舶、船员、乘客、货物和财产安全以及保护海洋环境,船舶必须配备一定数量合格的或有经验的船员。船上如果不配备足够数目的合格船员,船舶的安全就没有保证。因此,国际公约及国内立法均明确规定船舶必须要安全配员。

(一)安全配员的原则

各主管机关在确定每一艘船的最低安全配员时,遵循下列一般原则,即能够做到:①按照 STCW 公约规定,保持安全航行值班以及对船舶进行一般性监护;②使船舶安全有效地系泊和解泊;③操纵所有水密装置,使其处于有效状态,并组成一个能胜任工作的控损小组;④操纵所有船上灭火设备和救生设备,按照要求在海上对其进行保养,集中乘客、非关键人员和其他船员或使他们离船;⑤当船舶在海上处于静止状态或近乎静止状态时,保持安全状态;⑥按照 STCW 公约规定,在海上保持安全机舱值班,并对主机与辅机所在处所保持一般性监护;⑦操作主机与辅机,使其处于安全状态,以使船舶避免航行中可预见的危险;⑧维护好安全设施并保持所有可进入区域的清洁,以减少火灾的危险;⑨在船上提供医疗护理。

IMO 大会决议还建议各主管机关在应用上述原则时,应适当考虑有关国际组织有关海员培训、发证、值班、工作与休息时间、职业健康与卫生、船员起居条件方面现行有效的文件要求。此外,还应考虑对船上所有人员就灭火设备、应急和救生设备、水密关闭设备的操纵和使用继续提出训练要求,对特殊船舶如油船、化学品船和液化气船提出专业训练要求,鼓励船上带实习生以及船舶必须承担的紧急任务等因素。

(二)安全配员的准则

为实施船舶安全配员的基本原则,IMO 第 481(12)号大会决议中提出了实施安全配员原则的具体准则,以确保船舶的安全营运。实施这些准则时,可视船舶的航次类别(包括所涉及业务、航程距离、航行性质和水域等),船舶主辅机的台数、功率和类型,船舶尺度,船舶构造和技术设备等因素,分别做切合实际的考虑。所提出的准则仅适用于船长、甲板部和轮机部的高级船员及普通船员。

在实施这些准则时,主管机关应考虑到,船上应有足够数目的合格人员以适应最大工作负担的情况和要求,并对船员在船上值班工作时间和休息时间给予应有的注意。

主管机关可以保留或采取与这些准则不同的其他做法,也可以采取特别适应于技术发展和特种船舶或不同业务要求的其他做法。但是,主管机关在任何时候都应彻底查明船上配员安排情况能否确保至少达到这些准则所规定的安全程度。

(三)实施安全配员的具体准则

1. 驾驶台值班

原则:按照 STCW 公约规则Ⅱ/1 的规定保持安全航行值班和对船舶进行一般性监护的能力。

(1)实际控制船舶的负责航行值班的驾驶员,除承担航行和避碰职责外,应对全船进行一般性监护,还应采取一切可能的预防措施,防止污染海洋环境。这种监护包括对火灾迹象和反常声响的调查、货物安全、在露天区域工作船员的总体安全情况、总的船舶水密完整以及有人落水时应采取的行动等。

(2)驾驶台值班人员应至少包括一名符合负责航行值班条件的驾驶员和一名合格或有经验的水手。但是,还应注意:①此种值班应符合 STCW 公约规则Ⅱ/1 的要求,尤其要符合第 4 款和第 9 款的要求;②使用自动舵时,舵手在不违反 SOLAS 1974 年公约第五章第十九条规定的情况下,可以承担其他工作;③除尺度有限的船舶外,所配备的合格甲板驾驶员应无须船长定时值守;④除尺度有限的船舶外,应采用三班值班制度。

(3)当驾驶台是由一名驾驶员和一名水手值班时,如驾驶员需要额外协助,应能随时提供此种协助。这种协助应随时可得而且完全胜任。

2. 系泊和解泊

原则:具有使船舶有效而安全地系泊和解泊的能力。

(1)船舶系泊时,所需人数有所不同。装有先进锚泊设备的船,用人很少;需要人力处理缆绳的船,用人很多。

(2)船舶两端应有足够船员,以便有效地接送拖船、拉缆、系牢和回收缆绳。任何必要的操作,都应能在船舶首尾同时进行。

(3)如船舶定期开往一个或数个港口,应对这些港口系泊所需人力有准确、具体的了解,以提供适当数量的额外人员。

(4)如船舶需采用涉及锚具的先进系泊方式,则应明确制定每一操作的细节,这样就能确定同时进行作业时最大作业量所需提供的人力。

(5)如两船均在进行系泊,其中一船需靠向另一船系泊,则应分析这种作业的工作量,并以最大工作量为依据提供人力。

(6)如需要进行多次不同的系泊程序,或计划进行任何不寻常或繁重作业时,应按完全完成作业的需要来估计所需的人力。

3. 水密完整

原则:具有操作所有水密装置使其处于有效状态,以及能组成一个有效的控损小组的能力。

(1)评定应以检查船图开始,找出船上那些水密完整受关闭装置直接影响的区域。

(2)应按照在紧急状态或恶劣气候条件下进行操作所需实际工作量来确定每一关闭装置或系统所需的人力。

(3)一个由具有必要技术的人员组成的控损小组应能对水密完整的损坏或损失的紧急状况随时做出反应。

4. 安全设备、人员的集中和离船

原则:具有操作船上所有灭火设备和救生设备,并要求在海上对这些设备进行保养,以及集合乘客、非关键人员和其他海员并组织他们离船的能力。

(1)这一原则的执行,随设备的差异及其距离的不同而有所变化;所需人力仅在对各具体船舶所涉及工作量进行研究之后方可做出规定。

(2)每一艘船都必须有应急部署,其中包括灭火组、备艇组及有人落水时的应急处理组的人员调配;船上应张贴职责表,并按 SOLAS 1974 年公约的要求对海员进行应急演习训练。

(3)在船舶载有按船员的比例来说是大量乘客的情况下,人力的需求一般按照在紧急状态下有秩序地集中乘客并组织乘客离船时的需要来确定。这取决于船舶的内部设置、所装设备以及有关人员的最大数目。人员需求量最大的阶段,一般是在紧急状态的起始阶段或是在弃船阶段,这两个阶段均应予以认真的考虑。

(4)船长和全体船员在出现影响船舶安全的任何紧急状态时有应急救援的责任,并负有对其他遇难船舶上的人员给予协助的责任。

5. 静止或近乎静止的船舶

原则:在海上处于静止或近乎静止状态的船舶应有保持其安全运转的能力。

(1)目前,这种船舶主要与海上勘探和开发活动有关,据其工作性质,这种船舶可能载有大量对海洋环境知识了解有限的专业人员。这种船舶应配备一些受过充分训练的海员作为核心,以指导专业人员使用安全设备和撤离程序,并在发生意外事故时给予协助,这一点是很重要的。

(2)为专业人员及其特殊需要提供的服务工作应予适当安排,以避免海员担负任何与安全无关的工作。

(3)应组织船上所有人员演练在典型的紧急状态下所要采取的行动,熟悉某些紧急状态涉及他们的专业工作。

6. 机舱值班

原则:按照 STCW 公约规则Ⅲ/1 规定,具备在海上保持安全机舱值班,并对主辅机所在地点保持一般性监护的能力。

(1)指定的值班轮机员是机舱值班的实际负责人,应对主推进机械、船舶关键设备以及船舶主发电机和辅机安全运行所必需的系统进行总监护,并避免对海洋环境的污染。

(2)机舱值班人员应由不少于一名完全合格的轮机员组成,可包括适当的机工,并应符合STCW公约规则Ⅲ/1规定中的要求。在确定机舱值班人数时,应考虑下述几点:①需要予以监督的主机和辅机组的数目、功率(kW)和类型,以及装设这些机组的处所数目;②内部通信系统的完善性;③除推进功率有限的船舶之外,合格轮机员的排班应做到无须轮机长参加定时值班;④除推进功率有限的船舶之外,应采用三班制。

对于那些由于自动化而获准减少配员或获准实行定时无人操作的船舶来说,值班安排应符合许可这种操作批准书的要求。

(3)不应要求指定的值班轮机员或其他机舱人员独自在机舱值班或单独进入主要的机舱处所,但驾驶台通过监控系统或主管机关可接受的其他等效办法,能不断地证实这些地方确属安全者除外。

7. 机器的操作与维护

原则:具有操作主、辅机并使其处于安全状态,使船舶能够克服航程中可预见危险的能力。应有足够的合格人员,以便:

(1)操作主推进机械、船舶关键设备以及主发电机和辅机安全运行所必需的系统,并对这些机组、设备和系统进行日常保养;

(2)在出现自动化故障或设备故障时,有可能以手动操作来维持在一定限度时间内船舶继续安全运行。

8. 机舱处所的安全布置

原则:具有保持机舱处所的安全布置和清洁以减少失火危险的能力。

(1)应有足够数目的指定人员以确保机舱处所完全清洁;

(2)有些配员制度规定要对不是固定分配在轮机部工作的船员进行某些机舱职责的训练,并让他们在机舱工作一段时间,如需要,这些配员制度可以继续存在;

(3)按要求应在海上进行的对机舱灭火、探火和防火设备的保养应予实施。

三、船舶最低安全配员规则

《最低安全配员规则》所要求的船舶安全配员标准是船舶配备船员的最低要求,即使船舶所有人(或者船舶经营人、船舶管理人)满足了《安全配员规则》规定的配员标准,也有义务为保证船舶安全航行和作业增加必要的船舶配员。然而,由于船上救生设备的限制,船舶配员的总数量不得超过经中华人民共和国海事局认可的船舶检验机构核定的救生设备定员标准。

(一)《最低安全配员规则》的适用范围及主管机关

《最低安全配员规则》适用于中华人民共和国国籍的机动船舶的船员配备和管理,对外国籍船舶做出规定的,从其规定。但军事船舶、渔船、体育运动船艇及非营业的游艇不适用该规则。

船舶最低安全配员管理的主管机关是中华人民共和国海事局,各级海事管理机构依照职责负责本辖区内的船舶安全配员的监督管理工作。

船舶所有人(或者其船舶经营人、船舶管理人,下同)应当按照要求,为所属船舶配备合格的船员,但是并不免除船舶所有人为保证船舶安全航行和作业增加必要船员的责任。

（二）最低安全配员原则

确定船舶最低安全配员应综合考虑船舶的种类、吨位、技术状况、主推进动力装置功率、航区、航程、航行时间、通航环境和船员值班、休息制度等因素。

船舶在航行期间，船员构成及数量的确定不应低于表 13-1、表 13-2 和表 13-3 的要求。高速客船的船员最低安全配备，应符合交通运输部《高速客船安全管理规则》的要求。

表中所列明的减免规定是根据各类船舶在一般情况下的状况制定的，海事管理机构在核定具体船舶的最低安全配员数额时，如认为配员减免后无法保证船舶安全，则可不予减免或不予足额减免。

船舶所有人可以根据需要增配船员，但船上总人数不得超过经中华人民共和国海事局认可的船舶检验机构核定的救生设备定员标准。

（三）最低安全配员的管理

中国籍船舶配备外国籍船员应当符合以下规定：(1)在中国籍船舶上工作的外国籍船员，应当依照法律、行政法规和国家其他有关规定取得就业许可；(2)外国籍船员持有合格的船员证书，且所持船员证书的签发国与我国签订了船员证书认可协议；(3)雇佣外国籍船员的航运公司已承诺承担船员权益维护的责任。

中国籍船舶应当按照《安全配员规则》的规定，持有海事管理机构颁发的船舶最低安全配员证书。在中华人民共和国内水、领海及管理海域的外国籍船舶，应当按照中华人民共和国缔结或者参加的有关国际条约的规定，持有其船旗国政府主管机构签发的船舶最低安全配员证书或者等效文件。

1.《船舶最低安全配员》的申请

船舶所有人应当在申请船舶国籍证书登记时，根据《最低安全配员规则》规定，对其船舶的最低安全配员如何适用规则附录相应标准进行陈述，并可对减免配员进行特别说明。

海事管理机构在依法对船舶国籍登记进行审核时，核定船舶的最低安全配员。在核定船舶最低配员时，除查验有关船舶证书、文书外，还可以根据确定配员的因素，对船舶的实际状况进行现场核查。

在向船舶核发船舶国籍证书时，向当事船配发船舶最低安全配员证书。

在境外建造或者购买并交接的船舶，船舶所有人应持船舶买卖合同或者建造合同及交接文件、船舶技术和其他相关资料的副本（复印件）到所辖的海事管理机构办理船舶最低安全配员证书。

2. 船舶最低安全证书的管理

船舶最低安全配员证书由中华人民共和国海事局统一印制。海船甲板部、轮机部和客运部最低安全配员如表 13-1 所示，海船无线电人员最低安全配员如表 13-2 所示，内河船舶甲板部、轮机部和客运部最低安全配员如表 13-3 所示。

船舶最低安全配员证书的编号应与船舶国籍证书的编号一致。船舶最低安全配员证书有效期的截止日期与船舶国籍证书有效期的截止日期相同。

换发或者补发的船舶最低安全配员证书的有效期，不超过原发的船舶最低安全配员证书的有效期。

根据安全配员规则要求，船舶在航行、停泊、作业时，必须将船舶最低安全配员证书妥善存放在船备查。船舶不得使用涂改、伪造以及采用非法途径或者舞弊手段取得的证书。

船舶所有人应当在船舶最低安全配员证书有效期截止前 1 年以内,或者在船舶国籍证书重新核发或者相关内容发生变化时,凭原证书向船籍港的海事管理机构办理换发证书手续。

证书污损不能辨认的,视为无效,船舶所有人应当向所辖的海事管理机构申请换发。证书遗失的,船舶所有人应当书面说明理由,附具有关证明文件,到船籍港的海事管理机构办理补发证书手续。

换发或者补发的船舶最低安全配员证书的有效期不超过原发的船舶最低安全配员证书的有效期。

船舶状况发生变化需改变证书所载内容时,船舶所有人应当向船籍港的海事管理机构重新办理船舶最低安全配员证书。在特殊情况下,船舶需要在船籍港以外换发或者补发船舶最低安全配员证书,经船籍港海事管理机构同意,船舶当时所在港口的海事管理机构可以按照本规定予以办理并通报船籍港海事管理机构。

(四)监督检查

中国籍、外国籍船舶在办理进、出港口或者口岸手续时,应当交验船舶最低安全配员证书。船舶在停泊期间,均应配备足够的掌握相应安全知识并具有熟练操作能力能够保持对船舶及设备进行安全操纵的船员。

无论何时,500 总吨及以上(或者 750 千瓦及以上)海船、600 总吨及以上(或者 441 千瓦及以上)内河船舶的船长和大副,轮机长和大管轮不得同时离船。

船舶未持有船舶最低安全配员证书或者实际配员低于船舶最低安全配员证书要求的,对中国籍船舶,海事管理机构应当禁止其离港直至船舶满足本规则要求;对外国籍船舶,海事管理机构应当禁止其离港,直至船舶按照船舶最低安全配员证书的要求配齐人员,或者向海事管理机构提交由其船旗国主管当局对其实际配员做出的书面认可。

对违反本规则的船舶和人员,依法应当给予行政处罚的,由海事管理机构依据有关法律、行政法规和规章的规定给予相应的处罚。

海事管理机构的工作人员滥用职权、徇私舞弊、玩忽职守的,由所在单位或者上级机关给予行政处分;构成犯罪的,依法追究刑事责任。

四、高速客船安全配员

1996 年 12 月 24 日交通部以第 13 号令发布了《高速客船安全管理规则》。根据该规则要求,高速客船应向办理船舶登记手续的海事管理机构申领最低安全配员证书。高速客船的最低配员标准应满足该规则附录的要求。

在高速客船上工作的船员除应满足有关适任的相关要求外,还要求:高速客船的驾驶人员连续驾驶值班时间不得超过 2 小时,并且两次驾驶值班之间应有足够的间隔休息时间,具体由当地海事管理机构确定。高速客船根据其航线不同,具体分为沿海及国际航线高速客船、内河航线高速客船两种情况,具体如表 13-4 及表 13-5 所示。

表 13-1　海船甲板部、轮机部和客运部最低安全配员表

船舶种类	航区	吨位或总功率	一般规定	附加规定
甲板部				
一般船舶		3 000 总吨及以上	船长、大副、二副、三副各 1 人，值班水手 3 人	连续航行时间不超过 36 小时,可减免三副和值班水手各 1 小时
一般船舶		500 总吨及以上至未满 3 000 总吨	船长、大副、三副各 1 人，值班水手 3 人	连续航行时间不超过 36 小时,可减免值班水手 1 人；连续航行时间不超过 8 小时，可再减免三副 1 小时
一般船舶		200 总吨及以上至未满 500 总吨	船长、三副各 1 人，值班水手 2 人	连续航行时间超过 24 小时，须增加二副 1 人；连续航行时间不超过 4 小时，可减免三副 1 人及值班水手 1 人
一般船舶		100 总吨及以上至未满 200 总吨	船长、三副各 1 人，值班水手 1 人	连续航行时间超过 36 小时，须增加二副 1 人；连续航行时间不超过 8 小时，可减免三副 1 人
一般船舶		未满 100 总吨	驾驶员(国际航行船舶为船长;机驾合一为驾机员）1 人，值班水手 1 人	连续航行时间超过 8 小时，须增加驾驶员（机驾合一为驾机员）1 人；连续航行时间不超过 4 小时，可减免值班水手 1 人
客船		500 总吨及以上	（1）船长、大副、二副各 1 人，值班水手 3 人；（2）配有与救生艇数量相等的持有精通救生艇筏及救助艇操纵证书的人员(不包括船长和大副)	连续航行时间超过 24 小时，须增加二副 1 人；连续航行时间不超过 8 小时，可减免二副和值班水手各 1 人
客船		200 总吨及以上至未满 500 总吨	（1）船长、二副 1 人，值班水手 2 人；（2）同上	连续航行时间超过 8 小时，须增加二副 1 人
客船		100 总吨及以上至未满 200 总吨	（1）船长、二副 1 人，值班水手 1 人；（2）同上	连续航行时间超过 16 小时，须增加二副 1 人；连续航行时间不超过 4 小时，可减免二副 1 人
客船		未满 100 总吨	（1）船长（机驾合一为驾机员）1 人，值班水手 1 人；（2）同上	限白天航行；连续航行时间超过 4 小时，须增加二副（机驾合一为驾机员）1 人
拖船	海上	3 000 千瓦及以上	船长、大副、二副、三副各 1 人，值班水手 3 人	连续航行时间不超过 36 小时,可减免二副、值班水手各 1 人；连续航行时间不超过 8 小时，可再减免三副 1 人
拖船	海上	3 000 千瓦以下	船长、三副各 1 人，值班水手 2 人	连续航行时间超过 8 小时,须增加二副 1 人
拖船	港内	750 千瓦及以上	二副 1 人，值班水手 2 人	
拖船	港内	未满 750 千瓦	三副 1 人，值班水手 1 人	
轮机部				
	航区和总功率		一般规定	附加规定
所有船舶	海上	3 000 千瓦及以上	轮机长、大管轮、二管轮、三管轮各 1 人，值班机工 3 人	（1）连续航行时间不超过 36 小时,可减免三管轮和值班机工各 1 人；（2）AUT-0 自动化机舱可减免二管轮、三管轮和值班机工 2 人；（3）AUT-1 自动化机舱可减免三管轮和值班机工 2 人；（4）BRC 半自动化机舱可减免值班机工 2 人
所有船舶	海上	750 千瓦及以上至未满 3 000 千瓦	轮机长、大管轮各 1 人，值班机工 2 人	连续航行时间超过 16 小时，须增加三管轮 1 人和值班机工 1 人(自动化机舱及 BRC 半自动化机舱除外)
所有船舶	海上	220 千瓦及以上至未满 750 千瓦	轮机长、三管轮各 1 人，值班机工 2 人	连续航行时间超过 24 小时,须增加二管轮 1 人(自动化机舱及 BRC 半自动化机舱除外) 连续航行时间不超过 8 小时，可减免值班机工 1 人；连续航行时间不超过 4 小时，可再减免三管轮 1 人

续表

轮机部				
	航区和总功率		一般规定	附加规定
所有船舶	海上	75 千瓦及以上至未满 220 千瓦	轮机员 1 人，值班机工（自动化机舱、BRC 半自动化机舱及机驾合一可减免）1 人	连续航行时间不超过 8 小时,可减免值班机工 1 人
		未满 75 千瓦	值班机工 1 人（机驾合一的免）	
	港 内		二管轮、三管轮（或轮机员）各 1 人,值班机工 1 人(机驾合一的免)	未满 750 千瓦，可减免二管轮 1 人；未满 75 千瓦，可再减免三管轮（或轮机员）1 人；机驾合一，可再减免值班机工 1 人
客运部				
客 船	按船舶载客定额，每 50 名乘客配客运部人员 1 名；航程不超过 40 海里或航行时间不超过 4 小时的,可按每 100 名乘客配客运部人员 1 名；航程不超过 10 海里或航行时间不超过 1 小时的，可按每 150 名乘客配客运部人员 1 名；航程不超过 5 海里或航行时间不超过 0.5 小时的，可按每 200 名乘客配客运部人员 1 名；航程不超过 5 海里或航行时间不超过 0.5 小时，且载客定额不足 50 名的，可不配客运部人员			

注:①值班水手、值班机工均为持有值班水手、值班机工适任证书者；②客运部人员包括乘警、船医、厨工及旅客服务员；③国际航行船舶的机舱自动化程度以其轮机入级证书载明情况为准；国内航行船舶的机舱自动化程度以船舶检验证书簿载明情况为准，主推进装置驾驶室遥控的可按半自动化机舱进行减免；④轮机部可按航行时间减免，或按机舱自动化程度减免，但不应按航行时间和机舱自动化程度同时减免；⑤废钢船需航行时按其检验时的船舶种类及相关参数核定配员，不适用减免规定；⑥船舶在中途港或海上作业点停留时间不超过 4 小时的，计入连续航行时间；⑦机驾合一指在驾驶室能直接操纵主机；⑧低级岗位可由持有相应等级适任证书的较高级岗位船员担任，也可由持有较高等级适任证书的同级岗位船员担任；⑨未满 50 总吨且主机功率未满 75 千瓦的载客不超过 12 人的船艇（包括游艇、舷外挂机船舶、摩托艇、快艇、乡镇自用船舶、农用船舶），可只配驾驶员或驾机员 1 名。

表 13-2　海船无线电人员最低安全配员表

海区	GMDSS 设备	
A1	兼职 GMDSS 限用操作员 1 人	
A2	专职 GMDSS 通用操作员 1 人或兼职 GMDSS 通用操作员 2 人	
A3 和 A4	双套	专职 GMDSS 通用操作员 1 人或兼职 GMDSS 通用操作员 2 人
	单套	专职 GMDSS 无线电电子员 1 人

注:①A1、A2、A3 和 A4 海区是指《1974 年国际海上人命安全公约》1988 年修正案所界定的区域；②经船舶检验部门批准(应在相关证书中标明或出具相应证明)暂未配备 GMDSS 设备的，可暂不配备 GMDSS 操作员；③船舶在未设有 GMDSS 岸上设施的水域航行，经该水域辖区的海事管理机构报主管机关批准后，可暂免予配备 GMDSS 操作员；④500 总吨以下船舶(仅航行在 A1＋A2 海区)可配兼职 GMDSS 通用操作员 1 人；300 总吨及以下国内航行船舶免配 GMDSS 操作员。

表 13-3　内河船舶甲板部、轮机部和客运部最低安全配员表

甲　板　部

船舶等级		1 600 总吨及以上	600 总吨及以上至未满 1 600 总吨	200 总吨及以上至未满 600 总吨	50 总吨及以上至未满 200 总吨	未满 50 总吨
一般船舶	一般规定	船长 1 人，大副、二副、三副各 1 人，水手 3 人	船长、大副、三副各 1 人，水手 2 人	船长 1 人、驾驶员 1 人、水手 1 人	驾驶员 1 人	驾机员 1 人
一般船舶	附加规定	（1）连续航行时间不超过 16 小时的可减免三副和水手各 1 人； （2）连续航行时间不超过 8 小时，可再减免二副 1 人	连续航行时间不超过 16 小时的可减免三副 1 人	连续航行时间不超过 8 小时的，可减免驾驶员 1 人	连续航行时间超过 8 小时的，须增加驾驶员 1 人	连续航行时间超过 8 小时的，须增加驾机员 1 人
客船	一般规定	船长、大副各 1 人，二副 2 人，水手 3 人	船长、大副、二副各 1 人，水手 2 人	船长 1 人、驾驶员 2 人、水手 1 人	船长 1 人、水手 1 人	驾机员 1 人
客船	附加规定	（1）连续航行时间不超过 8 小时的可减免二副和水手各 1 人； （2）连续航行时间不超过 4 小时，可再减免二副 1 人	连续航行时间不超过 8 小时的可减免二副 1 人；连续航行时间超过 16 小时，须增加二副、值班水手各 1 人	连续航行时间不超过 8 小时的可减免驾驶员 1 人	连续航行时间超过 4 小时的，须增加驾驶员 1 人	连续航行时间超过 4 小时的，须增加驾机员 1 人

轮　机　部

船舶等级	1 500 千瓦及以上	441 千瓦及以上至未满 1 500 千瓦	147 千瓦及以上至未满 441 千瓦	未满 147 千瓦	未满 50 总吨
一般规定	轮机长、大管轮、二管轮、三管轮各 1 人，机工 3 人	轮机长 1 人，二管轮、三管轮各 1 人，机工 2 人	轮机长 1 人、轮机员 1 人、机工 1 人	轮机员（机驾合一的，为机工）1 人	驾机员 1 人（机驾合一的可免）
附加规定	（1）连续航行时间不超过 16 小时的可减免三管轮和机工各 1 人； （2）连续航行时间不超过 8 小时的可再减免二管轮 1 人； （3）自动化机舱可减免二管轮、三管轮各 1 人，机工 3 人	（1）连续航行时间不超过 16 小时的可减免三管轮和机工各 1 人； （2）自动化机舱可减免三管轮 1 人，机工 2 人	（1）连续航行时间不超过 8 小时的可减免轮机员 1 人； （2）连续航行时间不超过 4 小时的可再减免机工 1 人； （3）机驾合一的可减免轮机员 1 人	连续航行时间超过 4 小时的，须增加轮机员 1 人（机驾合一的免）	

客　运　部

客船	按船舶载客定额,每 50 名乘客配客运部人员 1 名；航程不超过 80 千米或航行时间不超过 4 小时的,可按每 100 名乘客配客运部人员 1 名；航程不超过 20 千米或航行时间不超过 1 小时的,可按每 150 名乘客配客运部人员 1 名；航程不超过 10 千米或航行时间不超过 0.5 小时的,可按每 200 名乘客配客运部人员 1 名；航程不超过 5 千米或航行时间不超过 0.5 小时，且载客定额不足 50 名的，可不配客运部人员

注：①客运部人员包括乘警、船医、厨工及旅客服务员；②200 总吨及以上至未满 600 总吨或 147 千瓦及以上至未满 441 千瓦的港内作业船舶或航行时间不超过 30 分钟的对江渡船，可配备驾驶员、轮机员各 1 人，水手 2 人，机工 1 人；③轮机部可按航行时间减免，或按机舱自动化程度减免，但不应按航行时间和机舱自动化程度同时减免；④拖船等没有核定总吨的船舶，按主推进动力装置功率确定等级；⑤废钢船需航行时按其报废前最后一次检验时所核定的船舶种类及相关参数核定配员，不适用减免规定；⑥低级岗位可由持有相应等级适任证书的较高级岗位船员担任，也可由持有较高等级适任证书的同级岗位船员担任；⑦船舶在中途港或水上作业点停留时间不超过 2 小时的，计入连续航行时间；⑧未满 50 总吨且主机功率未满 75 千瓦的载客不超过 12 人的船艇（包括游艇、摩托艇、快艇、交通艇、舷外挂机船舶、乡镇自用船舶、农用船舶），可只配驾驶员或驾机员 1 名；⑨机驾合一指在驾驶室能直接操纵主机。

表 13-4 沿海及国际航线高速客船最低安全配员表

安全配员	$P<200$ 人	$P\geq200$ 人
$T<2H$	船长 1 人 轮机长 1 人 驾驶员 1 人 轮机员 1 人 普通船员 1 人	船长 1 人 轮机长 1 人 驾驶员 1 人 轮机员 1 人 普通船员 2 人
$2H\leq T<4H$	船长 1 人 轮机长 1 人 驾驶员 1 人 轮机员 1 人 普通船员 2 人	船长 1 人 轮机长 1 人 驾驶员 1 人 轮机员 1 人 普通船员 3 人
$T\geq4H$	船长 1 人 轮机长 1 人 驾驶员 2 人 轮机员 1 人 普通船员 2 人	船长 1 人 轮机长 1 人 驾驶员 2 人 轮机员 1 人 普通船员 3 人

注:①普通船员中应至少有 1 人为水手。②客运部和无线电人员的配员参照《中华人民共和国船舶最低安全配员规则》的海船最低安全配员表进行核定。③T—单航次航行时间;P—载客定额;H—h。

表 13-5 内河航线高速客船最低安全配员表

安全配员	$P<100$ 人	$P\geq100$ 人
$T<2H$	船长 1 人 轮机员 1 人 驾驶员 1 人	船长 1 人 轮机长 1 人 驾驶员 1 人 普通船员 1 人
$2H\leq T<4H$	船长 1 人 轮机长 1 人 驾驶员 1 人 普通船员 1 人	船长 1 人 轮机长 1 人 驾驶员 1 人 普通船员 2 人
$T\geq4H$	船长 1 人 轮机长 1 人 驾驶员 1 人 轮机员 1 人 普通船员 2 人	船长 1 人 轮机长 1 人 驾驶员 2 人 轮机员 1 人 普通船员 2 人

注:①普通船员中应至少有 1 人为水手。②客运部人员的配员参照《中华人民共和国船舶最低安全配员规则》的内河船舶最低安全配员表进行核定。③T—单航次航行时间;P—载客定额;H—h。

参考文献

[1] 郑中义,杨丹. 水上安全监督管理:上册. 大连:大连海事大学出版社,1999.
[2] 袁林新,梁善庆. 国际海事条约汇编:第 1 卷. 大连:大连海事大学出版社,1993.
[3] 吴兆麟,王逢辰. 国际海事条约汇编:第 2 卷. 大连:大连海事大学出版社,1993.
[4] 郑中义,吴兆麟. 船舶安全配员. 大连:大连海事大学出版社,2002.
[5] 中华人民共和国交通部. 2001—2010 年公路水路交通行业政策蓝皮书. 北京:人民交通出版社,2001.
[6] 徐新中,段庆礼. 国内安全管理规则与实施. 大连:大连海事大学出版社,2003.
[7] 张宝晨. ISM 规则与实施. 北京:人民交通出版社,1999.